沖繩媒體報導台灣女工，從標題「砍蔗，就交給勤奮的台灣人吧」可以看出當地對於女工的仰賴。
（翻拍自『オキナワグラフ』，1970年5月號，頁62。）

「南大東村觀光推進協議會」印製的文宣，左下角強調製糖期在冬天。

小暉介紹雲南十八怪，教材都是她自己手繪的。（小暉提供）

瑪莉入班介紹菲律賓的打招呼語及玩具。（邱琡雯攝）

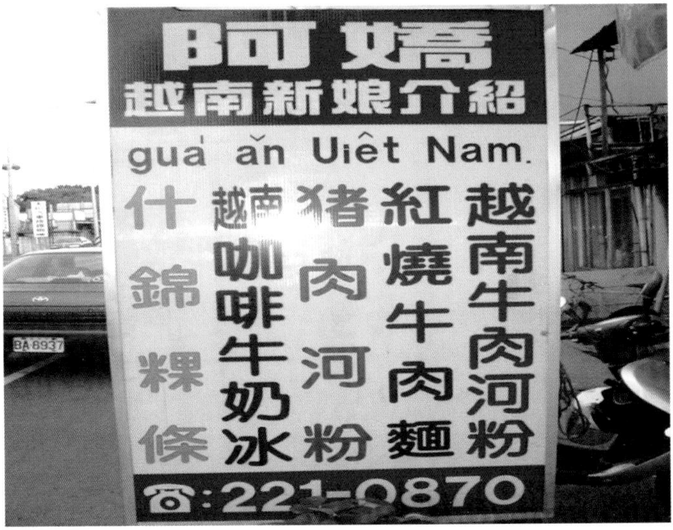

越南小吃店家的看板和菜色，有的兼做婚姻仲介。
（陳曾群攝）

2006-2007年日本亞細亞航空公司（JAA）起用漫才（manzai）女藝人中島知子、松嶋尚美為台灣觀光代言人。

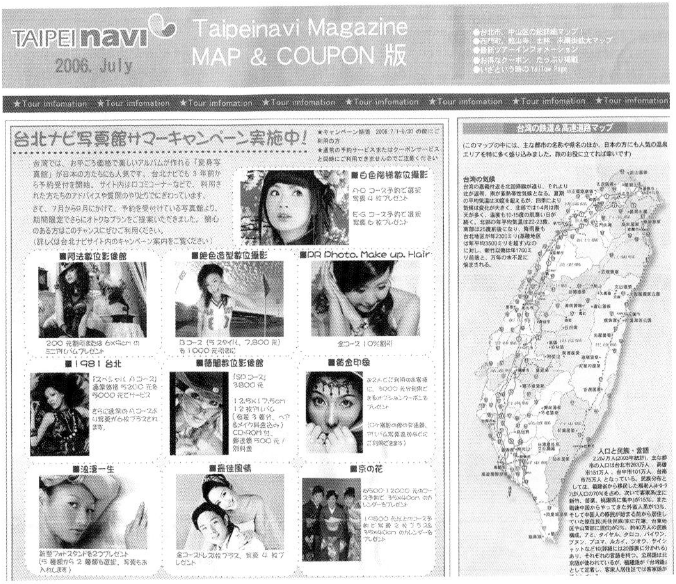

變裝沙龍照強調女遊來台拍出判若兩人的照片。

推薦給女遊的台北行程，有看有吃有體驗，強調抒壓效果。

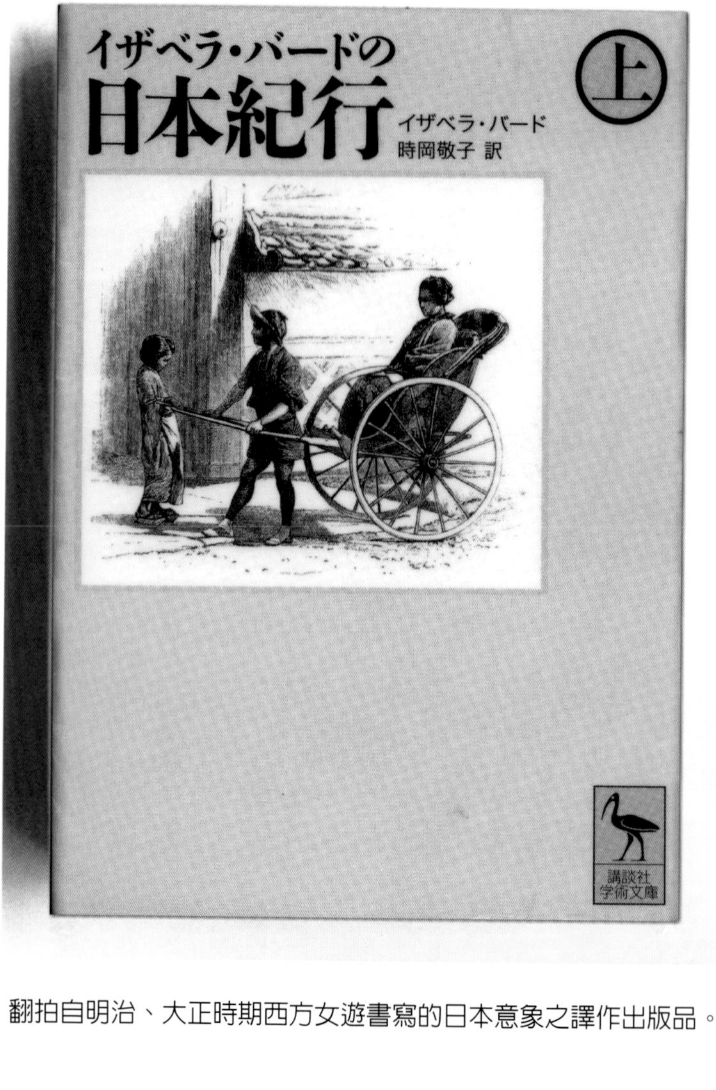

翻拍自明治、大正時期西方女遊書寫的日本意象之譯作出版品。

翻拍自明治、大正時期西方女遊書寫的日本意象之譯作出版品。

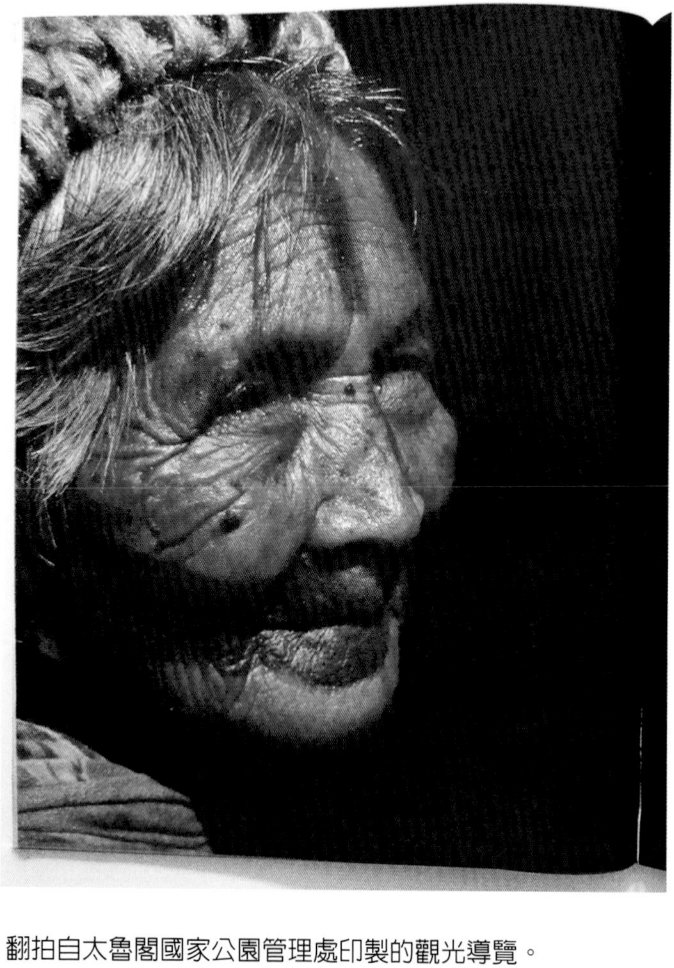

翻拍自太魯閣國家公園管理處印製的觀光導覽。

出外

台日跨國女性的離返經驗

邱琡雯——著

陳芳明 主編
台灣與東亞

《台灣與東亞》發行旨趣

陳芳明

「東亞」觀念進入台灣學術界，大約是近十年的事。但歷史上的東亞，其實像幽靈一樣，早就籠罩在這海島之上。在戰爭結束以前，「東亞」一詞，挾帶著相當程度的侵略性與壟斷性。它是屬於帝國主義論述不可分割的一環，用來概括日本殖民者所具有的權力視野。傲慢的帝國氣象終於禁不起檢驗，而在太平洋戰爭中一敗塗地。所謂東亞概念，從此再也不能由日本單方面來解釋。尤其在跨入一九八〇年代之後，整個東亞地區，包括前殖民地的台灣與韓國，開始經歷史無前例的資本主義改造與民主政治變革。一個新的東亞時期於焉展開。

二十一世紀的國際學界，開始浮現「後東亞」一詞，顯然是相應於後結構主義的思考。所謂「後」，在於強調新的客觀條件已經與過去的歷史情境產生極大差異。在新形勢的要求下，東亞已經成為一個複數的名詞。確切而言，東亞不再是屬於帝國的獨占，而是由東亞不同國家所構成的共同觀念。每一個國家的知識分子都站在自己的立場重新出發，注入殖民時期與戰爭時期的記憶，再定義東亞的政經內容與文化意涵。他們在受害的經驗之外，又具備信心重建主體的價值觀念。因此東亞是一個頗具挑戰性的概念，不僅要找到本身的歷史定位，同時也要照顧到東亞範圍內不同國籍知識分子所提出的文化反省。

東亞的觀念，其實富有繁複的現代性意義。所謂現代性，一方面與西方中心論有千絲萬縷的關係，一方面又與資本主義的引介有相當程度的共謀。當台灣學界開始討論東亞議題時，便立即觸及現代性的核心問題。在歷史上不斷受到帝國支配的台灣，不可能永遠處在被壓抑、被領導的位置。進入一九八〇年代以後，台灣學界開始呈現活潑生動的狀態，許多學術工作已經不能只是限制在海島的格局。凡是發出聲音就必然可以回應國際的學術生態，甚至也可以分庭抗禮。這是一個重要的歷史轉折時期，不僅台灣要與國際接軌，國際也要與台灣接軌。

「台灣與東亞」叢刊的成立，正是鑑於國內學術風氣的日漸成熟，而且也見證研究成果的日益豐碩。這套叢刊希望能夠結合不同領域的研究者，從各自的專業領域嘗試探索東亞議題的可能性。無論是文學、歷史、哲學、社會學、政治學的專業訓練，都可以藉由東亞做爲媒介，展開跨領域的對話。東亞的視野極爲龐大，現代性的議題則極爲複雜，尤其進入全球化的歷史階段，台灣學術研究也因而更加豐富。小小的海島，其實也牽動著當代許多敏感的議題，從歷史記憶到文學審美，從環保行動到反核運動，從民主改革到公民社會，從本土立場到兩岸關係，從經濟升級到勞工遷徙，無不細膩且細緻地開啓東亞思維。本叢刊強調嚴謹的學術精神，卻又不偏廢入世的人文關懷。站在台灣的立場，以開放態度與當代知識分子開啓無盡止的對話。

目次

女性與觀光

序言：爲何不走不行

書寫，是爲了自我救贖，這本書也不例外。

從日本返國後的這十五年來，我主要的教學和研究領域分屬「性別與移動」(gender and migration)和「性別與觀光」(gender and tourism)，兩者的共通點是：從性別的觀點，特別是從女性主體性建構(construction of subjectivity)的觀點，去探討「遷徙」這個日趨頻繁的社會現象到底有什麼樣的意涵。我不僅是一名研究者和觀察者，同時，也是參與者及當事者，本身就是一位長期且周期在城鄉、在國內外移動(亞洲爲主)的人，深刻了解「遷徙」這件事，對於女性建構生命意義的重要與可能。

那麼，爲何女性「不走不行」呢?

她們的動機可能是出於自主或被迫，形式也許是單飛或結伴，目的不外是賺錢、逃避或自我追尋，本書就是試圖從台日兩地跨國女性(包括台籍、日本籍以及其他國籍)的生命經驗中，汲取可能的答案。這本書共收錄了八篇論文，主要是我過去連續五年(二〇〇六—二〇一一年)國科會專案研究計畫以及日本公益財團法人野村財團、橫濱國立大學國際交流基金研究補助(二〇〇七年)的成果結集。八篇論文的特色是：首先，它分屬「性別與移動」和「性別與觀光」兩大研究領域；其次，它架構出送出國、接受國(性別與移動研究)以及客方社會、主方社會(性別與觀光研究)的雙重視角；再則，它涵蓋了台灣和日本兩處實地調查的成果，日本方面，我在二〇〇七年六月—七月取得橫濱國立大學教育人間科學部外國人研修者之資格，以及二〇一〇年一月—二月取得琉球大學國際沖繩研究所客員研究員之資格，分別前往川崎市及南大東島進行田野研究；還有，它涉及了台日兩地跨國女性也就是女工、女遊、女性移民、女性解說員等不同階級、族群的研究對象之生命經驗；最後，它橫跨了一九六〇年代到千禧年之後半世紀之久的時序。

關於本書各章的內容摘要與學術特色，分述如下。

第一章　離返與性別規範：一九六〇至七〇年代沖繩諸島的台灣女工

本章從離返與性別規範的關連性切入，解構一九六〇至七〇年代沖繩諸島台灣女工的跨國生命經驗，並以嘉義縣大林鎮八位女工的訪談內容進行描述與分析。本章凸顯了「夫家」在她們這趟離返過程中發揮的作用力，特別是以夫家爲主、爲尊所延伸出去的性別規範，深刻地影響著女工的移動以及她們日後對於離返經驗的詮釋。研究發現：(一)女工出國工作被當成是一種夫家的家族生存策略，從夫家對於女工出國動機的左右、夫家對於女工移動形式的干預，以及夫家在女工出國期間的支援等三點可以看出，這個策略的決定和行使，不在女工身上而是在於夫家。(二)女工在這趟「苦工旅行」中，必須承擔精神上的苦痛也就是想家，女工返鄉後，確實對於改善夫家家計有所貢獻，但她們對辛苦賺來的金錢無權過問，與夫家成員的關係變化也不大，更沒有去反省身處農村性別規範下的困境與卑微，只能繼續默默地呑忍。究其原因，她們本身對於傳統性別角色的認知根深柢固，而且，農村父權制家庭內的倫常關係確實難以轉變。

本章最大的貢獻是，指出二十年來台灣雖然已成爲東南亞外勞和外傭的重要接受國，但歷史上，台灣也曾經是一個女性移工的送出國，這個事實可能已被遺忘或不願面對。和先行研究對照，本章的主要特色有以下三點：一、本章從「送出國」農村的性別規範去探討台灣女工的離返經驗，這和目前國內以「接受國」觀點爲主流的研究論述，非常不同。同時，本章以一九六〇至七〇年代南台灣的農村爲「性別與移動」研究的時空背景，算是國內的先驅之作。二、本章在研究時序、研究方法、研究對象等三方面，對於既存的「台沖人口移動研究」，也有一定程度的補強。三、本章呼應了先行研究的手法，從「移動動機」、「移動形式」、「移動中的角色遞補」等幾個面向，爬梳了離返與性別規範之間的密切關係。

第二章　東方主義的再思考：南大東島島民與大林女工的雙向凝視

本章從東方主義的再思考這個視角出發，以「沖繩島民和台灣女工雙向的凝視與互動」切入，掌握一九六〇至七〇年代沖繩諸島台灣女工的多元身影。研究發現有三：(一)不同的島民對於女工有不同的凝視，有的正向有的負向，無論是從勤奮的勞動者到省錢達人或消費者，還是從愛人到家人；反之亦然，不同的女工對於島民也有不同的回望，有好有壞，基本上是陌生而遙遠的，但對於蔗農家的評價普遍良好。(二)女工採藥草的技術、節省不浪費的態度、防曬護膚的好習慣，這些都成爲當地人嘖嘖稱奇、學習仿效的對象。(三)女工和蔗農仍無法脫離雇主雇傭的主從關係，但雙方未必一定存在著壓迫關係；女工選擇穩定認份的和平相處，沒有出現什麼日常反抗的舉動，力求彼此相安無事。

透過本章清楚看到的是，確實存在著「各種不同島民」與「各種不同女工」凝視與互動的實況。值得注意的是，女工的某些特質成爲當地人嘖嘖稱奇、學習仿效的對象，此點打破了薩伊德鉅作《東方主義》中殖民者對於被殖民者，或是強勢者對於他者女性慣常性地扭曲地再現，相反地，它呈現出另類的翻轉，凸顯出殖民者並非全然高高在上，他也有向被殖民者學習的一面。此外，本章不刻意強調女工在台沖二元對立的不平等處境下之無奈，而是去凸顯女工在這趟跨海苦工旅行中的「自處之道」，簡言之，殖民者與被殖民者雙方的關係不能被視爲單純的「壓迫—抵抗」而已，倒不如看成是超越「壓迫—抵抗」以外的相互實踐。

第三章　展演與認同：台北縣市國小多元文化週的女性移民

本章的目的在探討文化展演、移民與認同三者之間的關連，並以台北縣市國小多元文化週的女性移民爲研究對象，由她們自身對展演經驗的詮釋去掌握認同的變化。研究發現如下：(一)這些可以現身、願意現身，並出來展演文化的女性移民，確實具備了許多積極參與的正向特質。(二)她們的展演經驗主要是呈現熟悉的今昔以及扭轉台灣人對其母文化的誤解，也就是返回原生或傳統文化去找尋慰藉，其內容通常是沒有太大爭議、早已定著的，但不會觸及她們在台灣的眞實生活。換言之，女性移民並未積極地想去抵抗台灣既存的價值體系，頂多只是透過出來展演的機會，將台灣人對她們母文化的誤解，做了些許澄清或重新詮釋。(三)展演過後，她們從自我的提升、子女的肯認與台灣人的接納中，來省視自/他關係的良性變化，重塑自己在接待社會台灣的認同。

國內的先行研究主要將新移民女性圈限在兩個空間和角色中去討論，一是「教室」：台灣各級政府單位或民間團體主導下的生活適應班、中文識字班、駕訓班、成長班、親職教室裡的聆聽者、學習者或是等待被輔導的人。二是「夫家」：從她們深陷台灣夫家的各種不平等關係或角色切入，去解構其困境或出路。因此，本章最大的特色是：突破了先行研究只將新移民女性圈限在「教室」和「夫家」這兩個空間的狹隘性，進一步挖掘新移民女性扮演其他角色的多元性，她們不再只是教室內被動的學習者，也不再只是夫家家庭內的勞動者、再生產者、經濟提供者或一家老小的照顧者。她們除了學生、人妻、人母、人媳等角色外，還有其他機會去扮演「教室和夫家以外不同的自我」，她們已經是一名站在公開場合侃侃訴說、展演自己母文化的的女性，這是本章提供的一個嶄新視角。

第四章　從國際理解教育看女性移民的社會參與：川崎市的民族文化講師

本章從女性移民日常生活的歧視經驗出發，探討她們在接待社會如何透過國際理解教育進行社會參與，並以日本川崎市的民族文化講師爲例加以說明。透過訪談得到三個研究發現，一是女性移民的參與動機和母職經驗有關，二是她們在課堂中的參與形態主要是異文化的介紹，只有少數人會觸及反歧視的啓蒙，換言之，她們被歧視的經驗並沒有延伸至實際的參與形態上，三是她們的參與回饋，縮限在學校的學童而非教師的觀念變革裡。

主要貢獻有三點：首先，本章跨越出近年來「性別與移動」研究只將女性移民圈限在家務勞動或家庭的這個脈絡，凸顯了「從事非家務勞動、走出家庭場域、在公共空間中進行社會參與、具備一定學經歷」的女性移民之存在價值。其次，先行研究多來自日本的教育學者，其關注的焦點是：國際理解教育因外國人的參與產生了什麼變化，包括教學主旨、授課內容、師資問題、學習成效、對學童異文化觀念型塑等。但是，做為日本國際理解教育主要師資來源的外籍講師這些當事者的想法到底為何？此點，似乎沒有受到太多的注意。筆者跳脫日本教育學者的視角，從移民當事者也就是女性移民的立場切入，藉由國際理解教育這項社會參與的具體實踐，挖掘「女性移民—社會參與—國際理解教育」三者之間的關連，窺探她們在接待社會的生存方式。最後，被歧視的經驗有可能是具備母職的女性移民社會參與之助力，而非如先行研究中強調的全然只是阻力。

此外，二〇〇七年夏天，筆者在川崎市進行本研究調查時，承蒙公共電視製作人王瓊文女士等一行，隨行拍攝川崎市民族文化講師交流事業的實況，並完成紀錄片《幸福的地圖》，已於二〇〇七年十二月二十五—二十六日於公視頻道首播。

第五章　「移民區病理—網絡集結點」的衝突與克服：在台越南女性的店家

本章以在台越南女性的店家為例，探討她們如何面對「移民區病理—網絡集結點」的衝突以及克服的方法，研究發現，因國際通婚而出現在夫方社會的族群自營業店家之女性移民，面對「移民區病理—網絡集結點」的衝突時，針對來自接待社會不同人所加諸的污名，她們會採取不同策略去克服，包括積極柔軟或是消極隱忍等態度。影響這些策略運用的主因是，接待社會中的誰（附近台灣人店家、一般台灣人食客）對她們而言存在什麼樣的利害關係（是否成爲客源），此外，她們個人自身的特質及實力：人好、外表乾淨、吃苦耐勞、親切有禮又健談、主動打招呼、國台語的流暢等也都是影響的因素之一。

主要貢獻有三點：首先，本章旨在處理「族群」議題而非「性別」議題，換言之，越南女性牽引出的性別權力關係，也就是以父權制爲軸心所延伸出去的社會關係或人際關係之衝突與化解，並非本章的焦點，越南女性透過經營小吃店家與台灣人及台灣社會的權力折衝，才是研究的主軸。其次，本章不同於部分先行研究的前提，把族群自營業店家的「客群」只鎖定在東南亞人（特別是外勞），而忽略了族群自營業中的移民也想賺更多的錢、掌握更多不同的客源、做更多台灣人的生意，無論是同國人、其他東南亞人或接待社會的台灣人。還有，克服「移民區病理—網絡集結點」衝突的方法很多，本章也不同於部分先行研究，把店家視爲一個「戰場」，刻意強調移民以對抗他者、文化鬥爭的強硬手段面對接待社會。她們以和善的態度、禮貌及自身的實力，取得台灣人的信賴，化解「移民區病理—網絡集結點」的矛盾，也從台灣人的捧場、肯定與國台語變得流利等過程中，獲得一定的自我肯定。

第六章　過剩與闕如：千禧年後日本女遊書寫下的台灣意象

本章目的在於解構一九九〇年代之後日本女遊書寫下的台灣意象，透過五個不同意象來源做交叉對比，再從女遊書寫中整理出：「過剩的觀光意象」、「台灣療癒日本人的疲勞」、「闕如的觀光意象」等三部分。研究發現，（一）女遊書寫下的台灣意象糾結了觀光資本主義、東方主義、國家機器、父權制等錯綜複雜的結構，它們共同綑綁著女遊以及隨後的女遊書寫，女遊似乎沒有太多選擇，只能被迫地在旅行社推出的行程以及媒體打造的行程之間打轉，特別是在國際大都會的台北。(二)此外，女遊書寫的意象中可以看到，客方社會的旅行社及主方社會的國家機器共同打造出「台灣療癒日本人的疲勞」爲主的訴求，台灣被建構成一個足以提供日本女遊親切款待、順從與體貼的地方，持續了日本人對亞洲不平等的消費及凝視。(三)女遊書寫最爲匱乏的是登山、鐵路、遺跡、建築、殖民、歷史等意象，女遊不想或不敢從事這些活動的原因，可能是父權制對女遊行動的綑綁，她們很難克服來自男性與家的束縛，只能在安全和被默許的範圍內從事觀光旅遊。

多數先行研究解構的是，以先進國家「男遊」爲國際觀光消費主體時所打造出來的觀光意象，其中，東方主義已經和父權制、西方殖民主義、國家機器、觀光資本主義等結構盤根錯節，這些都成爲解構批判的主要焦點。那麼，當解構以先進國家「女遊」爲國際觀光消費主體而打造出來的觀光意象時，又會有什麼發現呢？本章強調，其實和男遊一樣，這些相互糾纏的多重結構仍然牢牢地綑綁著女遊，因此，本章的最大貢獻是：掀開日本女遊書寫下的台灣意象，以及點破這些意象之所以淺薄其背後的原因和機制。

第七章　過猶不及：千禧年後台灣女遊書寫下的日本意象

本章旨在解構千禧年後台灣女遊書寫下的日本意象，並以西方女遊書寫下的日本意象以及日本對於這些書寫的回應做對照，去定位台灣女遊書寫的可能價值。主要研究發現有四：(一)旅行，是女遊展現積極生命態度的重要實踐，女遊書寫，是這項實踐的反芻與記錄，女遊多從「哈日」出發，透過不同的因緣及方式，讓自己和日本產生積極的連結。(二)無論從眾或獨走，女遊書寫的出版品之調性，多屬個人風格強烈的旅遊資訊書。(三)女遊凝視著日本女性的「優雅舉止」、「細心妝扮」以及「認眞對應」，多採遠眺、旁觀或擦身而過的輕描淡抹，並沒有出現深層、長期、多方交流後的描述或自省。女遊也從「新奇有趣」、「專注認眞」和「煩人厭遇」等方面注視著日本男性，依然是從旁眺望或遠觀，彼此並無眞實的互動，只在安全、不厤煩的範疇下，有距離地去想像、去觀看、去接觸。(四)因此，千禧年後台灣女遊書寫下的日本意象之價值在於，提供台灣人了解日本旅遊的一個可能文本，但它只稍縱即逝，滿足了女遊自身或台灣本地出版市場、讀者的短暫需求而已。

回顧「台灣女遊書寫」之相關先行研究，本章找出了女遊書寫研究的四個主要座標軸：文學的價值、女遊的價值、客方社會與主方社會，準此，本章以女遊對於「主方社會」日本的意象書寫做爲主軸，分成「女遊特質概觀」、「個人風格強烈的旅遊資訊書：從眾與獨走」、「若即若離：從凝視到互動」三部曲來做鋪陳。本章最大的貢獻在於，點出了千禧年後台灣女遊書寫下的日本意象之破綻，並借取「西方女遊書寫下的日本意象以及日本對於這些書寫的回應」做爲反思的座標軸，這是國內先行研究中未曾出現過的嶄新視角。

第八章　觀光業原住民女性的勞動身影：太魯閣族解說員對主客互動的詮釋

本章旨在處理特定觀光業中原住民女性的勞動身影，並以太魯閣族女性解說員爲例加以說明，嘗試跳出「性別化的國際關係」或「政治經濟學」等巨視觀點，藉由她們對於主客互動的詮釋，還原原住民女性解說員的勞動實況，從太管處、民宿、社區協會三種正式與非正式、規模大小不同的工作場域切入，以五位太魯閣族女性解說員當事者的立場出發，了解她們對解說這份工作的認知態度。研究發現：(一)她們努力培養勞動條件，從專業知識、情緒管理、體力負荷、外貌形象等四個面向著手，讓自己「變成」原住民女性解說員。(二)她們在勞動現場和遊客互動的過程中，巧妙地處理族群/性別/階級的衝突，在「以客爲尊」的基本原則下，她們的解決之道是各顯神通、剛柔並濟。(三)她們從主客互動的解說工作中獲得很多成果與收穫，連帶地，也影響到原住民女性解說員對於自我、對於太魯閣族文化的重新認識。

本章排除了國內先行研究已討論過的當代台灣觀光業原住民女性的勞動身影(紀念品販賣者、陪照者、理票員、傳統服飾編織者、歌舞表演者、觀光親善大使、原住民風味餐廳的女廚)，而去選擇不同的、晚近才出現的「原住民女性解說員」爲研究對象。可以看到，在個人資質條件、工作場所屬性、勞動特質等因素交疊下，形塑了原住民女性解說員的勞動身影。近年來，她們已逐漸出現在各種以原住民文化爲訴求的正式或非正式、規模大小不等的觀光場所，女性解說員的勞動特質是非家務勞動延伸、必須與遊客互動頻繁、不刻意賣弄女性的身體魅力。本章以主客互動論的角度，還原「原住民」、「女性」、「解說員」的勞動實況，太魯閣族女性解說員的現身說法，提供了我們對主客互動的眞實認識，也肯定了主客互動帶給主方社會女性觀光從業人員的影響，確實不容小覷。

除了平述各章的內容摘要與學術特色外，當然，這本書還有幾種對照式的可能「讀法」。〈離返與性別規範：一九六〇至七〇年代沖繩諸島的台灣女工〉和〈東方主義的再思考：南大東島島民與大林女工的雙向凝視〉這兩篇，分別以「送出國」和「接受國」的觀點，來關照台灣女工的跨國生命經驗。〈展演與認同：台北縣市國小多元文化週的女性移民〉和〈從國際理解教育看女性移民的社會參與：川崎市的民族文化講師〉這兩篇，則以台日雙方類似的校園活動為研究對象，去貼近接待社會中有展演母文化經驗的女性移民。就篇名來看，無庸置疑地，〈過剩與闕如：千禧年後日本女遊書寫下的台灣意象〉和〈過猶不及：千禧年後台灣女遊書寫下的日本意象〉這兩篇，是台日雙方高度的對照之作，女遊書寫的「特色」與「極限」表露無遺。〈「移民區病理—網絡集結點」的衝突與克服：在台越南女性的店家〉與〈觀光業原住民女性的勞動身影：太魯閣族解說員對主客互動的詮釋〉這兩篇，共同處理了女性移民和女性解說員面對食客、遊客時的自處之道，以及她們如何從主客互動中建構自我的主體性。或許，透過這樣的讀法，更可以看到台日兩地跨國女性展開生命經驗時的軌跡，也能嗅出台日雙方存在的「普遍性」及「特殊性」。

在此，想要特別交代一下我和大林、沖繩兩地之所以連結的因緣。

十五年前，我剛到南華大學亞太研究所任教，開啓了和大林這個與世無爭、與世隔絕的小鎮之緣分，這是我有生以來第一次離開都會到農村長期生活。轉眼之間，大林已成為我生命裏不可抹滅的另一個精神原鄉，這個原鄉和我曾經生活過的台北、東京並非截然的斷裂，而是若即若離、若隱若現，我可以在此找到老台北、日本、殖民的種種建物與風情，它們脈脈地映照著過去，過去的台灣、過去的日本以及過往的自己。（參考邱琡雯主編，二〇〇九年，〈凝視大林、凝視自我〉，南華大學社會學研究所，《網路社會學通訊期刊》，第七八期四月十五日）那麼，沖繩呢？位處南台灣的大林，終年風和日麗，放眼望去四處綿延的甘蔗園和鳳梨田，確實讓人聯想到沖繩的地景與氛圍。

但平心而論，沖繩是我生命中意外出現的旅地，也算是另一個意外的日本，如果，沒有這些大林女工的跨國生命經驗，我可能無法和沖繩產生積極的連結，它只是我海外旅遊的一個選項罷了。最後，這本書想要獻給我摯愛的兩位外婆，一位是台北都會區的養女，一位是桃園農村的童養媳，她們幾乎都不識字、中年守寡、子孫成群、終其一生冠夫姓……。和本書中出現的多位大林女工相仿，她們被迫生在一個「貧困、保守，而且男尊女卑的價值觀難以鬆動」之舊社會，卻憑藉著堅定的宗教信仰以及吞忍、良善、柔和的德行，不願向命運低頭，默默地走過坎坷的人生。

二〇〇五年我出版了《性別與移動——日本與台灣的亞洲新娘（增訂一版）》（台北：巨流出版社），對於女性移民或結婚移民婦女的相關議題，做了一定程度的爬梳。即將問世的這本書《出外：台日跨國女性的離返經驗》可以當成姊妹作，算是這些年來研究成果的階段性整理，也是反芻自我移動經驗的紀錄，更是我落腳於美麗的大林後，對於斯土斯人的一種留念，以及對台灣、日本兩地深深眷戀的印記。我要特別感謝的是，南華大學歐洲研究所虞和芳教授、譯作家朱侃如女士兩位友人多年來的分享與源源不絕的鼓勵，福智《菩提道次第廣論》研討班同行善友的扶持，讓我在跌跌撞撞的路途上，繼續無畏地匍匐前行。

衷心地期盼對於移動、觀光所牽涉出的性別、階級、族群、後殖民等議題有興趣的讀者，能以「略帶嚴肅的輕鬆心情」打開此書。

二〇一二年暮夏

女性與移動

第一章

離返與性別規範：

一九六〇至七〇年代沖繩諸島的台灣女工

本章的目的是從「離返與性別規範」的關聯性，去解構一九六〇至七〇年代沖繩諸島台灣女工的跨國生命經驗，主要分成六個部分。首先，是研究的緣起，說明從「送出國的性別規範」此一視角切入的因緣與過程；其次，定義何謂性別規範，闡述離返與性別規範之間的關係，並從發展中國家農村女性的遷徙實例，爬梳移動動機、移動形式、移動中的角色遞補、移動後的權力變化等具體面向；緊接著，回顧台沖人口移動的相關研究，點出本章的位置及特色；再來，介紹台灣女工移出的背景，針對中琉文化經濟協會如何主導移工派遣的業務進行陳述；然後，簡介調查地大林，包括地理與人文環境以及性別規範；最後，進入八位砍蔗女工出發、旅地、回鄉等跨國經驗三部曲的描述與分析，凸顯「夫家」在她們離返過程中發揮的作用力，特別是以夫家爲主、爲尊所延伸出去的性別規範，如何深刻地影響女工的移動以及她們日後對於離返經驗的詮釋。

一、緣起

台灣，曾經是一個送出女性移工的地方，那麼，是在一個什麼樣的社會結構底下造成了這個現象，身處其中的女性移工她們的主體性又是什麼?這是本研究的起點，不從接受國(receiving country)而從送出國(sending country)的立場，探討女性與移動研究的基本課題，那就是：女性如何看待移動、移動加諸給女性的意義到底爲何、女性爲什麼要移動、女性透過移動想追尋什麼、又想擺脫什麼?

目前爲止，國內從「送出國的性別規範」此一視角切入的研究還不很多。曾嬿芬(二〇〇七)回顧近年來台灣移民社會學研究的累積，夏曉鵑編(二〇〇九)歸納《台灣社會研究季刊》移民／工論述的四個面向，兩者的共通點都是將台灣當成「接受國」，去探討移入人口的相關研究論述，確實反映了學界對此議題回應的態度，但相對地，很少看到女性的離返經驗與「送出國的性別規範」之關連性討論，無論是以台灣或以其他國家爲對象者。藍佩嘉(二〇〇八)的書中有零星提到，李美賢(二〇〇三)是專文探討，解構了越南的傳統性別文化以及嫁來台灣的越南女性如何「內化」這些性別文化，並轉爲對原生家庭的大愛，強調這些都是台越跨國婚姻存續背後無可逃脫的「共犯」原因。楊玉鶯(二〇一〇)是越南人，她從越南的神話歷史、歌謠俗語、日常用辭中析出對女性地位的描述，並說明法國殖民和社會主義時代西方文化帶給越南性別關係的影響，楊關注的不單是性別規範本身，也包括返鄉後女性在家庭內的性別關係及地位變化。

誠然，這二十年來，台灣已成爲東南亞外勞和外傭的重要接受國，但歷史上，台灣也曾經是一個女性移工的送出國，可能已被遺忘或不願面對，至少有幾個現象是存在過的。譬如，到日本賣春或做特種營業的台灣女子算是另類移工，此一現象至今仍存，紀錄片導演楊力州的兩部作品《飄浪之女》(二〇〇二)和《新宿驛，東口以東》(二〇〇三)，均探討台灣女子在日本打工的辛酸故事；此外，戰後初期有不少台灣女性單身或攜眷到日本高級華人家裡幫傭，張毅導演的電影《我這樣過了一生》(一九八五)就有些許描繪；又如，一九七〇年代有不少護士到西德醫院當契約工，之後的一九八〇年代也有人到沙烏地阿拉伯或中東地區工作。

筆者在偶然的機緣下，於二〇〇二年八月九日訪談了吳清桂女士，她是鄭自財(一九七〇年四月在美國行刺蔣經國未遂的人物)的第二任妻子，也是女性護理人員到海外工作這股時代潮流中的一人。護校畢業之後，吳就隻身到台北做護士，碰到神父或牧師來醫院尋問是否有意出國工作，無需任何考試，已有護士資格者可馬上勝任，當時，並沒有所謂的商業仲介，她也信任神職人員不會欺騙小老百姓。吳回憶說，周遭的許多護士都躍躍欲試想要出去，因爲，西德是台灣人眼中的先進國家醫療體系健全，重要的是，一九七〇年代初期的台灣，普通人要出國是一件極爲困難的事，有機會誰都想出去看看。但是，當她到達西德後有點感覺被騙，本來答應給半年時間先去學校讀德文，抵達後的第二天就被派到醫院工作，後來才有人到醫院來教她們德文。她也在西德鄉村的基督教醫院碰到菲律賓、韓國的護士，以及來自土耳其、南斯拉夫、希臘的清潔工。吳的工作契約只有三年，快要到期時，她面臨了人生的重要抉擇：回台灣嗎？用什麼方式名義留下來、和留學生或德國人結婚？要不要換家醫院？她很自信地強調，其人生最自主、最充實的就是在婚前於西德工作的這段時光，因爲：「我有工作、有收入、經濟自主、思想開放(開始接觸台灣同鄉會的活動，政治意識逐漸啓蒙)……」這段午後的簡短訪談一直深深地烙印在筆者的腦海，「到先進國家工作」似乎是當年從事護理工作的台灣女性向上流動的一個選項，也因這趟跨國移動的經驗，大大擴展了吳日後的人生格局：「空間上」她從台灣、西德、瑞典、輾轉到加拿大再返台，「角色上」則從護士、人母、政治受難英雄之妻變成國大代表。

四年後，當我在純樸的嘉義大林碰到村婦阿蟬(化名)時，另一股台灣農村女性跨海移動的浪潮更引發了我的好奇。本研究的直接緣起，要追溯到二〇〇六年三月的早春清晨，筆者在南華大學校園內運動時，碰到一位七十幾歲的村婦阿蟬，閒聊中初聞，她曾在四十年前到沖繩做季節性移工[1]，而且還是賺美金回來的，當下令我感到些許震驚。南華大學位於嘉義縣最北的大林鎮，後來也陸續從不少老鎮民口中得知，一九六〇至七〇年代這段期間確實有不少已婚、未婚女性到沖繩打工，從此，大林與沖繩兩地是如何連接起來的這個疑問，開始在腦海中不斷盤旋。同時，基於經年從事女性與移動研究的直覺反應，對於這名村婦爲何以及如何漂洋過海到外地工作賺錢一事充滿好奇，到底，是什麼樣的條件支持她得以向外移出？存在了什麼樣個人、夫家，還是在地社會的特殊背景？透過這種跨國移動，她有可能和前述的吳清桂一樣，大大擴展了日後的人生格局嗎？

當時，筆者來到大林這個與世無爭的寧靜小鎮已近八年，除了終日映入眼簾的美麗風景，對於

---

1 本文依不同脈絡使用琉球、沖繩等字詞，日文的琉球(Ryukyu)意指當今日本國的沖繩縣(Okinawaken)，同時也是對琉球王國(一四二九—一八七九年)、琉球藩(一八七二—一八七九年)、琉球政府(一九五二—一九七二年)等歷史上不同時期施政範圍的通稱；台灣方面也有類似用法，但更強調琉球在歷史上對於中國明、清兩朝的依附與朝貢關係。

校園之外的人事物仍感陌生，心境上也正想透過親身的研究調查，去認識在地社會的不同風貌，走進更多的村落或三合院裡，去了解三、四十年前的「移動」經歷，在這些農村女性生命中到底有何意義。於是，筆者開始著手大林女工的訪談，但過程中仍不免懷疑，這會不會只是嘉義大林的獨特現象？故慢慢想去確認一件事：在一九六〇至七〇年代台灣的其他地方，是否也有農村女性跨海到沖繩工作？逐漸地，透過台沖雙方報章雜誌的檢索搜尋，知道當時台灣的西部農村甚至花蓮都曾存在過，這讓筆者更加明確本研究的推論範圍，不會只限於嘉義大林而已，值得做更深入的挖掘，特別是彰化縣，既是鳳梨產地又有鳳罐工廠，當地女工成爲沖繩鳳罐工廠極重要的人力補充來源。可從以下針對應聘工人的兩則報導中窺知一二：

> 省罐頭公會爲順利完成外銷鳳梨罐頭計畫生產，特於昨（十七）日建議外貿會及省建設廳不予核准鳳梨工廠女工赴琉球工作。該會頃據告：二月初已有人在**南投縣及彰化縣**一帶爲琉球鳳梨罐頭工廠招募鳳梨工人，**報名者已將近千人**，最近將在該兩地舉行技術考選，因此，該會特建議外貿會暨建設廳，迅予制止鳳梨工人赴琉工作。（〈鳳罐廠建議當局禁女工赴琉工作〉，《聯合報》一九六七年二月十八日，第五版。）

> **彰化縣田中區**鳳梨製罐女工，又一批將應聘赴琉球。由於田中地區係中部鳳梨盛產地，因此女工製罐技術出眾，頗爲國內外人士所賞識，此次**田中二水**、**社頭一帶**，又將有**技術熟練女工約二百名**，日內應琉球鳳梨製罐組合之聘，赴那霸市工作。（〈鳳罐女工一批日內赴

琉工作〉，《經濟日報》一九六七年七月一日，第四版。）

又如，一九六〇至七〇年代沖繩諸島合法引進台灣工人的這段期間，沖繩在地媒體都曾陸續報導過這個現象，創立於一九五八年號稱沖繩地區唯一、也最具代表性的圖文月刊新聞雜誌《沖繩影像》（オキナワグラフ），也記錄了當時台灣女工的身影。一九七〇年五月號該刊以「砍蔗就交給她們吧！勤奮的台灣季節工」爲題，描繪來自花蓮的五十名阿美族男女在沖繩本島南端東風平村砍蔗的日常生活，照片分別是：在蔗園中穿梭來回的女工、餘興節目中以原住民衣裳載歌載舞的女工、晚間忙著寫家書的媽媽女工。

接下來，我先試圖重返一九六〇至七〇年代台灣漢人農村女性的生活世界，由於筆者陸續接觸到的大林砍蔗女工去沖繩時都爲已婚，故想了解當時已婚的她們在「夫家」的地位情境到底爲何，比較直接的方法是，找出當時農村女性被描寫的各類文本。

具有代表性也常被提及的是Margery Wolf(1972: 32-33)，她於一九五九年隨人類學家的夫婿住進台北三峽的傳統大家庭進行兩年的田野調查，受訪者中有養女、童養媳和娼妓。她提出子宮家庭(uterine family)的譬喻概念，是指子女以母親爲主體的家庭認同，也是父權家庭內母親和孩子組成次級系統的一股內聚力。簡言之，在父權親屬結構下，從夫居、夫姓的婦女需透過結婚生育，才能成爲一個完整的個人。女人在夫家生活作息，是勞動生產和生育中的重要人物，卻被視爲外人，除非她生了兒子替夫家傳宗接代，否則她的身分地位不會有保障。因此，一位婦女會與她的親生子女聯合起來成爲「子宮家庭」，以獲取她在夫家的生存條件。

1967-1970年斗六農婦的勞動身影。（林銘德提供）

1967-1970年斗六農婦的勞動身影。
（林銘德提供）

1956年斗六農婦的家事身影。（林銘德提供）

1956年斗六農婦的家事身影。(林銘德提供)

1969年斗六農婦的育兒身影。(林銘德提供)

1969年斗六農婦的育兒身影。（林銘德提供）

光復初期大林鹿堀溝清澈豐沛，婦女來此洗衣聊天，是農村女性常見的勞動身影。(翻拍自樊玉純、姚愛敏編著，2003《大林風情之映像》，大林：財團法人樊賜生文化藝術基金會，頁146。)

此外，胡台麗在《媳婦入門》（一九八二：六三—六五）一書中，如此描寫一九七〇年代台中縣的已婚農村女性：「在婆婆面前不像在媽媽面前一樣可以撒嬌、發小脾氣、訴苦。如果與妯娌合作家政，更不能偷懶，否則旁人的冷言冷語難以忍受。有的女孩子婚後仍繼續外出工作，所不同的是以前薪水交給父親，現在要交給公公。等到有一天小家庭獨立，擺脫了公婆、妯娌的牽制，她們的生活會好過一些。生男孩的壓力是每個婦女感受得到的。婦女在家庭中的地位在生了男孩以後才趨穩固。婚後女子的一舉一動可說是在眾目睽睽之下，稍有疏忽就會遭到批評、議論。一個好媳婦的要件是性情好，肯努力工作，身體強健，和會生育男嗣。」

從Wolf和胡台麗的文字中可以看出，一九六〇至七〇年代已婚農村女性在「夫家」的地位是低落的，因爲：她們只被當成生產與再生產的雙重工具，除非透過男嗣的傳宗接代，才能鞏固她們在夫家的名份和地位；此外，身處多重權力位階低層的她們，時時得面對公婆、丈夫的頤指氣使，即便看似水平的妯娌關係，也是暗潮洶湧、危機四伏。換言之，她們被擺在一個高度箝制的天羅地網內，在以男性爲準、爲尊的夫家無可奈何（或習慣）地度過餘生。

找到了描述農村已婚女性在夫家地位情境的這兩本書，讓筆者開始傾向去假設：一九六〇至七〇年代大林農村三代同堂父權制大家庭的女性之處境，可能也是「艱辛的」。附帶一提的是，之所以會傾向這樣的假設，也與個人的生命經驗息息相關。一、本人出身於都會（而非農村）的閩南三代同堂大家庭，從小就深感家中權力落差所產生的壓迫關係，包括親子、婆媳、夫妻與兄弟妯娌，特別是媳婦在夫家地位低落此一事實，幾乎天天上演、經常目睹。二、一九七〇年代筆者在桃園八德的閩南農村外婆家度過幾年的寒暑，得以看到農村女性辛苦生活的片段，就是從早到晚忙進忙出、穿梭家庭裡外的農事、工作、煮食和照料老小的那個繁雜景象。這些個人的生命經驗和Wolf、胡台麗的描述相去不遠，那麼，這些是否同樣出現在一九六〇至七〇年代大林的砍蔗女工身上？如果也是，那麼，這些情境如何與她們之後的離返經驗相結合？將是接下來本章欲探討的主軸。

二、離返與性別規範

Katie Willis and Brenda S.A. Yeoh(2000)曾提到，當女性成爲移動過程中的主體或當事者，並把性別觀點放到移動研究的脈絡時，視角逐漸變多變廣，從勞動市場及經濟活動的巨觀探討，到移動者身處的共同體、村落之性別規範或家族內的性別權力關係等微觀剖視，都可以成爲性別與移動研究的主題。有關農村女性移動的先行研究，常常會提到在地性別規範(gender norms)如何與移動過程、移動者相互牽連的這個環節，所以，須先定義本章所指的「性別規範」爲何，再說明「離返與性別規範」之間的關連，並以「發展中國家農村女性的離返經驗」來做具體闡釋。

首先，本章所指的「性別規範」是根據性別社會建構論大師巴特勒(Judith Butler, 2009: 41-54)之定義，她認爲所謂的規範，是作爲規範化的隱性標準在社會實踐的內部運作的。規範可能是、也可能不是直接的，而當它們作爲社會實踐的標準化法則起作用時，它們通常是含蓄的、難以解讀的，只有在它們製造的結果中才能被最清晰地、生動地體現出來。把性別作爲一種規範，它似乎總是、並且只能是由某個特定社會成員的行爲模糊地體現出來。規範決定行爲的社會清晰性，但它和它控制的行爲本身並不相同。這種規範似乎有著獨立於其控制的行爲的地位和作用。這種規範決定了可理解性，讓某些做法和行爲能夠被承認，決定了相關社會事務能夠被理解，定義了規定什麼會、什麼不會出現在社會領域內的尺度。規範作爲一種規範持續存在，取決於它在社會實踐中實施的程度，取決於它通過肉體生活的日常社會儀式得以重新概念化及重新確定的程度。這種規範沒有固定的本體地位，但它不能被輕易地簡化爲它的實例；它是通過自己的體現、通過試圖利用它的行爲、通過在這些行爲裡對概念的複製而被製造或複製的。性別規範製造的現實領域，構成了性別概念的表面形式的背景。只要性別規範是被複製的，它們就被身體實踐運用及引用，這些實踐也具有在引用的過程中改變規範的能力。

藉由巴特勒對於規範和性別規範的定義闡述，研究者須掌握的至少有以下兩點：一、強調規範是作爲規範化的「隱性標準」在社會實踐的內部運作，故規範背後的那套價值、觀念與習慣等，是必須被檢視出來的。二、強調性別規範總是，並且只能是由某個「特定社會成員的行爲」模糊地體現出來，故這些外顯的、可觀察的公認行爲，也是必須被關注到的。換句話說，當探討農村女性的離返與性別規範之關連時，必須掌握特定文化脈絡中當事者的價值與行爲，包括：(一)性別規範所指涉的價值，它到底期待農村女性是什麼、該扮演什麼「角色」；(二)以及在這種期待下，農村女性於眞實生活中到底履行了哪些外顯的「具體行爲」。

準此，接著要說明的是，離返與性別規範之間到底有何關連、如何關連。P. Guest(1993)、Sylvia H. Chant(ed.)(1992)很早就注意到，發展中國家的性別規範如何影響女性的移動，包括女性在夫妻、家族、村落共同體等不同關係層面中被賦予的角色，女性在生產和再生產(reproduction)活動中被擺放的位置，隨著人子、人妻、人母、人媳等不同生命週期的變化，這些性別規範強烈地左右了女性的留守、移出、返回或是滯留不歸。同樣地，早瀨保子編(二〇〇二)依據聯合國一九九三年提出「影響發展中國家女性移動的因素探討」之資料指出，除了移動者的年齡、配偶關係、教育程度、工作經驗、其他移動經驗、子女數等個人屬性或資質外，女性身處的夫家或娘家狀況、她們與家人的關係、家族或在地社會、村落共同體期待女性扮演什麼角色、鼓勵或壓抑女性移動的性別規範等這些因素，都是研究時極重要的面向。簡言之，強調把女性擺在家庭、家族、在地社會、村落共同體等脈絡中，去解構性別規範與移動過程、移動者之間彼此相互制約、相互影響的過程，的確是值得深究的議題。性別規範不僅因時、因地、因人而有不同，探討範疇也是多層次的，可以是夫妻、代間(between generations)、親屬等家庭層面的關係(intra-household relationship)，也可以是村落、共同體層面的制度或價值。由於本研究的對象是一九六〇至七〇年代大林農村的已婚砍蔗女工，故主要參考發展中國家農村女性的離返經驗，並聚焦在她們家庭層面的關係變化，接下來，從「移動動機」、「移動形式」、「移動中的角色遞補」、「移動後的權力變化」等幾個方面，進一步梳理離返與性別規範之間的關係。

一、移動動機：首先，農村的性別規範對於女性向外移出的動機通常有著一定程度的干預，P. Guest(1993)認爲到底「由誰決定要誰移出」這件事，並非所有成員(甚至連當事者)都能積極介入，在以父權制爲主的社會，移動本身若非單純爲了自我追尋，而是牽涉到家族共同利益或生存延續時，移動者會被父兄、丈夫、長老、族長等男性家族成員積極教化，久而久之也內化移動相關的價值規範。對很多發展中國家的農村女性來說，移出是爲了家族而非全然爲了自己，外出移動工作所獲得的薪資理所當然自動匯款回鄉，或是選擇按時返家，因爲，家族仍是日後保障她們身家性命的極重要來源，這種看似出於爲家族犧牲的利他主義(altruism)，但其背後可能也是不得不然的利己主義(egoism)，既是爲了家族，也是爲了自己。

Douglas S. Massey(1990)提到影響移動能否深化及持續的諸多條件時指出，家族生存策略(strategies for family sustenance and improvement)是不可忽略的環節，它強調的是：移動者的個人意願以及個人隨後的獲利、承擔的風險其實是有限的，移動動機、移動形態、移動網絡、移動後的匯款分配等等，更受到家族生存策略的左右。特別是發展中國家的農村女性到外地或國外工作，普遍被認爲是一種家族生存策略，爲了增加家族的收入以及強化家族未來的發展，指派家族成員中的某人到外地工作，被視爲家族存續發展的有效策略之一。

二、移動形式：出發前夕，農村的性別規範對於女性移動形式的嚴加管控也屢見不鮮，這是娘家或夫家允許女性外出工作之際所設下的重要底線，透過泰國、土耳其貧困農村的例子來說明。木曾惠子(二〇〇七)分析一九七〇年代之後泰國東北Mahasarakham村落女性的移動經驗與性別規範的關連，發現一九七〇年代該地女性剛開始參與國內的移動勞動時，得經由有信賴關係的僧侶之介紹及同行，才被家人允許至曼谷工作；到了一九八〇年代，則有同村男性親友隨行前往，這些男性早已具備移動經驗，男女同行也算是一種集團移動(group migration)；一九九〇年代後，已婚女性還是得和丈夫一同移出，單槍匹馬移動者幾乎不存在；換言之，該地的性別規範對於女性移動形式的管控相當嚴格，僧侶與男性親族的同行可說是必要條件。

同樣地，星山幸子(二〇〇三)研究土耳其農村底層女性的卑微地位與性別勞力分工(gender division of labor)的關係時也指出，出身東南部貧困農村的不識字季節性女工，從事棉花採收及鏟土的單純體力勞動，她們的移動形式有兩類，一類是和同族家人隨行，共同移動也共同勞動，此時，家族中的父兄丈夫等年長男性能持續父權制下性別權力關係的優勢地位。另一類是不和家人隨行，而是和同樣身爲女工的女性族人或鄰人一起移動，她們每天從自家集體坐大卡車到棉花田工作，同一性別的集團移動與集團勞動這件事，會讓女工的娘家或夫家放心。因爲，伊斯蘭農村婦女要單獨移動幾乎是不可能，雖然沒有男性族人同行，但至少集團式的移動與勞動能發揮相互監控的作用，如此一來，女工沒有機會和不認識的男性目光接觸、搭訕聊天，也不會受到大都會惡女的不良影響。這是農村根深柢固的性別規範對於移動中的伊斯蘭女性言行之束縛，在男性家族成員的視線以外，想要淫蕩放縱或有非分之想的女子，被視爲可恥，也會遭受嚴厲的處分。

三、移動中的角色遞補：這種情況發生在許多發展中國家已婚女性向外移動時，原本她們應該履行的再生產責任應該如何轉讓、轉讓給誰的問題上，木曾惠子（二〇〇七）的研究指出，一九七〇年代之後泰國東北Mahasarakham農村女性的移動經驗與性別規範有著諸多關連，例如，佛教教義中女兒、母親等角色被認爲是一種積德行善，這與移動到外地工作、負起養家者的角色並不違背。三、四十年下來，該地女性向外移出工作已然成爲一種常態，無論已婚或未婚，限制女性外出工作的性別規範逐漸鬆綁；但是，對於女性外出工作返鄉之後，須負起家庭內再生產（養育子女、照料老小）義務的看法，並沒有太多的改變。所以，已婚婦女到外地工作時，仍必須透過夫家、娘家、女性親族、鄰人的替代幫忙，履行再生產的天職，而且她們也幾乎選擇一定按時返鄉。這種女性因移動而衍生出的角色遞補和所謂跨國母職（transnational motherhood）現象也有關連，不少女性主義學者關注的正是，女性移動者如何在離返過程中自我定義跨國母職，以及如何用具體行動去回應或反抗社

會期待她們扮演的「好母親」這個角色。(Onica, 2009)

四、移動後的權力變化：女性返鄉之後如何改變她們在家庭內的位階關係，進而撼動傳統的性別規範，這是長久以來許多先行研究共同關注的焦點，分別以菲律賓、越南、墨西哥的實例，去闡述環繞夫妻權力(marital power)消長的相關議題。小瀨木えりの(一九九八)指出，許多到日本、香港工作的菲律賓女性返鄉後，因現金收入大幅增加對家庭經濟改善貢獻良多，甚至超越男性在家庭中的所得收入，這些具體作爲確實提升了一點點她們在家庭中的發言地位，也稍稍抗衡了父兄、丈夫等男性親人在家庭中的傳統威信。但是，男性在家庭中的地位或面子能否維持下去，端賴的不是其收入多寡，而是他能否擁有恆常穩定的工作，家庭經濟的主要收入來源也就是「主要養家者」(breadwinner)到底是仰賴男性或是女性，才是夫妻權力關係折衝時的要件。然而，小ヶ谷千穂(二〇〇〇)研究菲律賓中部呂宋島農村已婚女性海外工作經驗與家庭內性別規範的關連時發現，菲律賓在一般人眼中算是男女地位較爲平等的雙系制(bilateral descent)社會，這些選擇到海外工作的已婚女性並非出身最底層的貧農家庭，出國動機也是在丈夫許可下的出於己願，之後的返鄉不單單是契約到期，而是認爲此乃丈夫對她們情愛、期待和命令等因素加總後的結果，賺回來的錢也比留在原鄉的丈夫多。但是即便如此，她們的海外收入仍只被當成家庭經濟的追加部分罷了，而且，對於到底誰才是「主要養家者」，夫妻雙方也存在了認知差距，但最終這個決定權仍回到丈夫而非妻子的手裡。

此外，在深受儒教三從四德父權思維影響的越南貧困農村中，夫妻間的性別規範並不因妻子的離鄉工作、賺錢回饋而隨之輕易撼動。Bernadette P. Resurreccion & Ha Thi Van Khanh(2007)論及北越農村已婚婦女在河內與原生地之間移動時發現，她們都是短暫的循環移動者(circular migrant)，可以選擇性、機動性地來去城鄉之間，原本就沒有打算(也沒有條件)從農村社會連根拔起，在河內從事廢棄物回收賺取的金錢，對於夫家的經濟改善很有幫助，丈夫也在妻子離家期間承擔多數的家務勞動。但是，妻子仍希望丈夫像個男人(make men feel like men)，返鄉之後，她們也樂於繼續照料子女、煮飯洗衣等家務勞動的工作；丈夫更坦言，家事還是妻子的主要義務，而且也做得最好，研究結論是，在夫妻雙方的共同協商認知下，維繫了傳統性別規範於不墜。楊玉鶯(二〇一〇)以「文化脈絡中的資源論」和「性別角色意識論」這兩個觀點，去探討曾為台灣移工之北越富川縣已婚女性的返鄉經驗，聚焦在她們返鄉後家庭內地位及夫妻關係的變化。研究發現，這些農村出身的返國女性對家庭經濟有所貢獻，並擁有獨立的經濟能力後，她們在家庭中的財務管理與決策主導權上確實有所增加，但家庭內修繕、搬重物以外的家務勞動仍被認為屬於女性份內的工作。該文主張，性別角色意識雖根植於傳統難以改變，但也並非完全無法鬆動，當性別角色意識與夫妻間的資源關係發生衝突時，就是它變化的開始。

還有，山本昭代(二〇〇七)研究墨西哥la Huasteca地區原住民農村的社會變遷與性別規範，一九八〇年代後該地以自給自足作物栽培為主的農業慢慢衰退，村民開始向國內的大都會移動尋找工作機會。過去村民都是以木材、竹子、泥巴等身旁的天然素材建造自己的家屋，隨著近代化的腳步改以混凝土之後，需要很多的建設資金。以前的所謂家屋，是丈夫或父親等男性族長為家族而打造的，近年來，妻子跟著丈夫一起到都市工作成了薪資勞動者後，會自動幫忙出錢蓋屋，這時，傳統的性別規範開始發生變化。簡言之，妻子把小孩留在農村去都會工作，難免受到周遭的非議，但她幫忙出錢蓋屋這件事，多少改變了「妻以夫為貴」的傳統兩性關係。

綜觀這些研究論述可以發現，它們的共通點是：解構發展中國家貧困農村女性的離返經驗到底如何、又為何會對傳統性別規範產生(或不產生)撼動，特別是在女性返鄉之後，如何改變(或改變不了)她們在家庭內的夫妻權力關係，並提出之所以改變或不變的可能原因，包括：女性是否為主要養家者、文化脈絡中的資源論和性別角色意識論等等[2]。但誠如胡台麗(一九八五)所言，這些原因都不會單獨存在，而是彼此影響相互制約，農村婦女地位的變遷本是一個複雜的過程、累進的現象，為了對變遷本質有切實的認識，仍需從基本結構、條件因素、過程等方面做深入的掌握才有可能。準此，本章的定位是：重返三、四十年前的時空，當南台灣偏遠貧困的農村女性成為跨國勞動遷徙(transnational labor migration)的一員時，移動者身處的「大家」家庭之性別規範對於女工的離返經驗到底發揮了什麼樣的影響力？又，女工返鄉之後，能否翻轉或改變家庭中的這些性別規範？透過出發、旅地、回鄉等跨國經驗三部曲的過程描述，並從移動動機、移動形式、移動中的角色遞補、移動後的權力變化等幾點，去分析離返與性別規範之間的緊密關連。

三、台沖人口移動相關論述

在此，透過「台沖人口移動研究回顧」，先來定位本章的位置及特色。翻開沖繩諸島與台灣之

2　也出現在那些未必直接與女性的「遷徙、移動」經驗有關，但其研究主軸圍繞著：「農漁村女性在參與基層薪資勞動後，對於家庭內夫妻的性別規範或位階關係是否有所改變、如何改變？為什麼？」的這些命題裡，參考胡台麗(一九八五)、彭桂枝(二〇〇三)、林雅容(二〇〇五)等。

間的人口移動史，涉及了兩地移出、移入、返回移民(return migration)、來來去去等多種狀況的交錯，先行研究充分地反映出這些移動的歷史軌跡。

以「從沖繩諸島移往台灣」這個角度所做的研究來看，幾乎都環繞著日本殖民台灣(一八九五—一九四五年)的這段期間，朱惠足(二〇〇七)以地處沖繩西南邊陲的八重山諸島爲例，透過該地與台灣之間的人口移動，探討移植到台灣的「日本」與「近代化」等具體特質，後來如何隨著返回移民的牽引，帶給八重山諸島發展一定的影響。同樣地，水田憲治(二〇〇三)、金戸幸子(二〇〇七)、松田ヒロ子(二〇〇八)等人研究一九三〇年代前後八重山諸島的女性到台灣工作以及返鄉後的經驗，台灣因爲被日本殖民，而接受了Tani E. Barlow(ed.)(1997)所指的殖民近代化(colonial modernity)之洗禮，對於當時八重山諸島的女性而言，「去台灣工作」成了提高就業機會、自我向上流動的一大選擇。

無庸置疑地，和本章最有直接關連的並非「從沖繩諸島移往台灣」，而是「從台灣移往沖繩諸島」的這個面向，以這個視角所做之先行研究，台日方面都已有些論述出現，日方研究成果的特徵有四：一、研究地：以離島八重山諸島中的石垣島爲主；二、研究時序：以戰前移入該地的台灣移民爲主，這兩點自然都反映了人口移動的歷史事實；三、研究方法：從移動當事者的角度出發，透過口述的生活史來收集資料；四、研究對象：目前定居或歸化在該地的台灣移民及其後代，這可能是日方學者研究上的「方便」，可以從接待社會的角度就近審視移民、也審視自己。

譬如，小熊誠(一九八九)的研究時序是從戰前的昭和初期到一九七二年沖繩歸還日本之後，採取口述生活史的研究法，他整理出依八種不同路徑時間進入石垣島的台灣移民，他們在當地的定居過程、民族認同、族群邊界(ethnic boundary)的維持與否和樣態方式，包括歸化、飲食、語言、掃墓、拜土地公、通婚、華僑會、改日本姓等。野入直美(二〇〇〇、二〇〇一)研究戰前到一九七二年沖繩歸還日本後石垣島上的台灣人，同樣從他們的口述生活史來看「台灣─石垣島─沖繩─日本」之間充滿位階差序(hierarchical)的族群關係。受訪者中有戰前移住石垣島的農業移民第二代，後來協助石垣島當地企業於一九六〇年代引進台灣女工的仲介商；有的是戰後移住者，一九六〇年代同丈夫一起到石垣島做農業移工，之後選擇定居下來的人。此外，松田良孝(二〇〇四)《八重山的台灣人》是台灣─八重山諸島兩地移動生活的台灣人之訪談紀錄，處於日本殖民時代的台灣和八重山諸島之間並沒有所謂的「國界」，兩地同屬日本。戰前來到八重山的台灣人主要分成兩類：一是昭和初期來到石垣島名藏的農業移民，大多選擇定居下來；另一是大正時代來到西表炭坑的礦工，大多返回台灣。該書著眼於台灣人的認同問題，一八九五年台灣人從中國籍改成日本籍，強迫成爲日本國民；到了一九四五年日本國籍被剝奪，在八重山被當成外國人；一九七二年沖繩歸還日本，國籍問題再次浮現，被迫選擇是否要當日本人。還有，水田憲志(二〇〇八)研究石垣島名藏、嵩田兩地的台灣移民，時序從二次大戰前的一九三〇年代到戰後初期，隨著台灣農業移民的進入，帶來鳳梨栽培技術，引進燒耕開墾和水牛來耕作，但也和當地居民產生對立，對當地社會造成一定程度的正反影響。

至於台灣方面有關「從台灣移往沖繩諸島」的先行研究或論述則有：黃蘭翔(二〇〇二)探討日本殖民台灣時期台灣人在石垣島之移墾與融入；曹永和(一九八九)、陳憲明(二〇〇六)都提及日本殖民台灣的一九三〇年代，台灣人(王能通和林發)移居石垣島的歷史過程及其後的定居情形；簡瑞宏（一九八九）以田野調查的紀錄，從台灣移民的信仰、改姓、唐人墓、家屋建築、飲食文化等方面，介紹石垣島所見之中華文化；吳俐君（二〇〇八）則以成立於一九七一年的琉球華僑總會之原始會員（男性爲主）爲對象，研究一九五〇—一九七〇年代從台灣遷徙至沖繩本島的台灣移民之生活史，分析他們移出的動機目的以及來沖之後的發展、適應與認同過程。綜觀台灣方面的研究論述可以發現，除了吳文是訪談第一代當事者、並以沖繩本島而非離島（石垣島）爲研究地，且聚焦在戰後這個時期的移入外，其餘數篇大多只以二手文獻的收集、整理、引用爲主，鎖定離島爲研究地，時序限於戰前的殖民時代從台灣遷徙至該地的移入者及其後代。

由此看來，透過上述「台沖人口移動研究」之回顧，進一步凸顯出本章在研究手法上的位置及特色，至少有以下三點：一、研究時序：不再是戰前的殖民時代，或只到沖繩歸還日本爲止的一九七二年，而是針對一九六〇至七〇年代，甚至晚到一九八〇年代初這段時期的移動狀況。二、研究方法：不再只仰賴資料文獻的收集、整理或引用，而是透過深度訪談的方式，收集當事者女工對自我跨國生命經驗的詮釋，包括移動目的、過程以及返鄉後帶給自身、家族的可能影響等歷程述說，掌握她們移動的軌跡與意義。三、研究對象：不再聚焦於定居或歸化在沖繩的台灣移民之經驗而已，側重的是季節性女工的離返經驗，希望填補從台灣移往沖繩諸島的返回移民此一研究不足之缺憾。

四、台灣女工移出的背景：中琉文化經濟協會

具體探討一九六〇至七〇年代前往沖繩諸島的台灣女工之跨國生命經驗之前，必須定義當時「沖繩諸島的台灣女工」到底所指爲何？那就是：從台灣的西部或東部農村前往沖繩本島、八重山諸島、南北大東島等地的鳳罐工廠、甘蔗園以及製糖廠的短期季節性女工。台灣女工之所以會前往沖繩諸島，主要歸因於「日本本島→沖繩本島→沖繩離島→台灣」四地薪資的高低落差，而造成「台灣→沖繩離島→沖繩本島→日本本島」四地人口移動的趨向。無庸置疑地，台灣當時具備了諸多有利女工移出的推力因素(push factors)，包括：台沖兩地地理位置鄰近、戰前兩地人口往來頻繁的歷史背景(已充分反映在前述台沖人口移動的先行研究中)、台灣擁有鳳梨甘蔗產業的純熟技術及經驗之勞工、中琉文化經濟協會的主導等，使得台灣女工成了沖繩當地極爲重要，且炙手可熱的外勞來源。其實，沖繩的鳳罐工廠、甘蔗園以及製糖廠需要女工也需要男工，但男女的工作性質及薪資多寡有所不同。以蔗園爲例，就工作性質來說，蔗園的運作必須動員男性及女性兩種不同勞動力，也就是性別勞力分工，砍蔗大多是女工而非男工從事，男工也會參與，但他們做的是更爲粗重、更需要體力的搬運工作，或是車輛駕駛等操作性的技術工作；再則，男女薪資多寡也不一樣，基本上男工高於女工，從當時招募工人的這則報導內容即可看出。

琉球製糖公司頃委託中琉文化經濟協會向本省聘雇一千名砍伐甘蔗的工人前往琉球工作，

目前正在簽訂合約中，近日內即將公開招募。據悉：其工作期間爲半年，自本年十二月初開始，每天工作八小時，**男工每月工資八十美元以上，女工六十美元以上**，供給住宿另加膳食補助費每天美金一點四角，晚間六時以後至十二時加班費加百分之二十五，十二時以後加百分之五十。（〈琉球製糖公司招募伐蔗工人〉，《經濟日報》一九六七年十一月三日，第七版。）

接下來，關於台灣女工移出的時代背景做進一步的說明，主要針對的是，送出國台灣方面的重要推力因素：「中琉文化經濟協會」主導下的移工派遣業務。在此，必須附帶一提的是，當時除了中琉文化經濟協會出面召募工人外，也存在了非法或合法的「商業仲介」，可從以下女工赴沖引發的佣金糾紛之報導看出。

據陳情書說：她們是彰化各鳳梨工廠幹練女工，民國五十二年間受琉球那霸市「鳳梨製罐會社」之聘，訂明爲其工廠服務三個月，每日工資美金二元，至一切出國手續則委由與該組會有聯絡的台中市七振貿易股份有限公司邱尾旺代爲辦理，邱某從中抽取工資佣金一成。這群在琉球服務的女工，所得工資曾**受代辦出國手續的商人剋扣佣金**。據陳情書說：由於她們在琉球爲工資佣金與邱妻發生糾紛，返台後邱某乃施行報復，阻撓她們再去琉球服務。（〈涉嫌利用勞務輸出 走私剋扣工資〉，《聯合報》一九六四年八月二日，第三版。）

此外，也出現「假仲介」的報導，如以下這兩則：

據僑委會昨(二)日說：最近在桃園、屏東等地曾有**不肖之徒未向該會備案**，竟以招募工人前往琉球工作爲名，在報紙刊登廣告騙取登記費，該會據報後，除報請警務處取締外，並希望有意出國的傭工應注意以免受騙。(〈琉球製糖公司 招募伐蔗工人〉，《經濟日報》一九六七年十一月三日，第七版。)

兩名歹徒耍花槍，百餘山胞上惡當，募工人到琉球用日語吹法螺，代辦出國手續每人繳五百元。兩名曾到過琉球做工的男子，**涉嫌假藉僑務委員會派出的人員**，到東部招募工人出國做工，向一百多名阿美族山胞詐騙辦理出國手續費，昨(六)日被花蓮縣警察局刑警隊配合吉安警察分局查獲。(〈兩名歹徒耍花槍 百餘山胞上惡當〉，《聯合報》一九七〇年十月七日，花蓮地方版第三版。)

依照八尾祥平(二〇一〇)的看法，一九六〇年代中期至一九七二年琉球歸還日本、台日斷交爲止，半官半民的中琉文化經濟協會相當程度主導了台沖之間移工派遣的業務。中琉文化經濟協會成立的歷史背景，反映了蔣介石對琉球地位歸屬的個人意願以及當時台灣所處的國際局勢，簡言之，蔣氏勾勒了兩個藍圖：一是希望琉球在中美共同信託管理下，琉球居民公投表示願意歸屬國民政府；二是琉球政府與國民政府加強聯繫，維持其自主的地位。國共內戰失利國民政府遷台後，這兩種藍圖的可行性幾近幻影，但國民政府卻仍堅持其立場，一九七二年成爲全世界唯一不承認琉球回歸日本的外國政府。此外，面對美國統領期間所謂官方的琉球政府(Government of the Ryukyu Islands)，國民政府也無法依循正常外交管道與之接觸，必須另闢方式加強互動友好關係，遂於一九五八年三月十日成立中琉文化經濟協會，初期業務以台沖政界、財界有力人士的互訪交流爲主，但不觸碰政治敏感議題，標榜文化、經濟的友好交流爲主。

移工派遣業務的濫觴可以追溯到一九六二年，當時宮城仁四郎經營的「琉球殖產」以需要農業技術引入爲名，向中琉文化經濟協會請求調派三十七名鳳罐工人支援，是爲試驗性引進的開端，琉球殖產的廠長即爲一九三〇年代從台灣移民到石垣島種植鳳梨、並建立鳳梨王國美名的台僑林發。台灣的鳳罐工人技術熟練精良，效率比琉方工人高出甚多，馬上引發當地業者爭相引進，但琉球政府仍有人數上的設限，直到一九六五年九月《非琉球人雇用相關規則》(非琉球人の雇用に関する規則)法案的施行，聘雇外籍勞工的制度條件才日趨成熟；再加上中琉文化經濟協會在琉的對口單位中琉協會成立，首任會長即爲宮城仁四郎，從此移工派遣的業務得以正式邁入軌道。

那麼，中琉文化經濟協會到底如何「主導」移工派遣的業務呢？可從以下三點看出端倪。第一、請求派遣移工的企業多爲中琉協會琉方幹部所經營的鳳罐業、製糖業、水泥業、畜產業或肥料業[3]，充分反映出中琉文化經濟協會與中琉協會雙方的利害與共。譬如，琉球殖產和大東糖業是兩

3 〈六十八名勞工昨赴琉球工作〉，《聯合報》一九六七年八月六日，第二版、〈琉球製糖公司 招募伐蔗工人〉，《經濟日報》一九六七年十一月三日，第七版、〈我國千餘工人今赴琉球工作〉，《經濟日報》一九六八年十二月十五日，第二版。

大請求派遣移工的產業，也都由中琉協會會長宮城仁四郎旗下所擁有；此外，身爲中琉協會幹部的國場幸太郎經營的國場組，也是僅次於鳳罐業、製糖業之外主要請求派遣移工的建設公司，水泥業者與建築業者多透過國場組召募移工。第二、派遣移工除了百分之八十爲本省台籍者外，還包括在台的反共義士、歸國僑胞、義胞等人[4]，因爲，中琉文化經濟協會首任理事長方治身兼中國大陸災胞救濟總會副理事長，在他的主導之下，將移工派遣與災胞安置、就業等事務相結合。（方治，一九九〇）第三、移工選拔、出國手續及勞務契約等事項，由中琉文化經濟協會會同經濟部、外交部、內政部、僑委會、全國工業總會、省國民就業輔導中心等相關部會統籌辦理[5]，保障台灣移工在琉球當地的薪資權益、勞務與人身安全，出國前夕，還在國民黨黨部或僑委會爲移工辦理講習，內容包括中琉關係、出國須知、琉球勞工法令等，勉勵工人努力工作之餘，也要注意榮譽爲國爭光、保持大國民的風度、加強中琉友好關係[6]。換言之，被視爲民間技術援助、勞務輸出的移工派遣業務，其實也是中琉文化經濟協會爲了促進中琉親善、中琉關係極重要的一環，這個立場直到一九七二年琉球歸還日本、台日斷交爲止都沒有太大的變化，估計從一九六八—一九七二年期間，透過中琉文化經濟協會代爲召募，前往沖繩鳳罐工廠、甘蔗園以及製糖廠的台灣移工約八十餘批近五千人左右。（中琉文化經濟協會編，一九九八：一三）

4 〈技術工人一批昨赴琉球工作〉，《聯合報》一九六七年七月二十三日，第二版。

5 〈工人受僱赴琉當局定四原則〉，《經濟日報》一九六七年十一月四日，第二版。

6 〈琉球求才 需要技術工人月入一百美金〉，《經濟日報》一九六七年四月二十七日，第六版、〈二百名鳳罐工人應聘赴琉球工作〉，《聯合報》一九六八年八月六日，第二版。

五、關於嘉義大林

本節將先簡述調查地大林的地理與人文環境，之後，再針對大林的性別規範做說明。大林位於嘉義縣最北，北以華興溪與雲林縣的大埤鄉、斗南鎮、古坑鄉相鄰，南與嘉義縣的民雄鄉、東與梅山鄉爲鄰，西與溪口鄉相接，整個區域東西長十二公里、南北寬約八公里，土地總面積爲六十四平方公里，全鎭劃分爲二十一里。大林舊名「大莆林」，此地名之由來有兩種說法，一是指本地在開墾初期乃爲廣大的森林地帶，故有此稱；另一說法爲往昔此地有來自潮州府大埔之林地的移民，而有此稱，後來才改爲大林。清康熙年間，由薛大有率眾來此墾拓居住，居民祖先多從福建漳、泉二州及廣東渡海遠來，陸續發展成聚落，政府設衙門於此，相當繁榮。蔡貓東率領農民在三角仔東北端建築水壩，引石龜溪上游溪水，以灌溉三角仔、潭墘、橋仔頭、大湖等數庄農田。一九二〇年台灣地方改制，於本地設置「大林庄」，一九四三年十月升格爲「大林街」，隸屬台南州嘉義郡管轄，戰後初期設置台南縣嘉義區大林鎭，一九五〇年行政區域調整改爲嘉義縣大林鎭至今。

再把時序拉回到一九六〇至七〇年代，農業是當時大林地區經濟的主要支柱，稻米和甘蔗兩大作物居於重要地位，從耕種面積和產值兩點來看，稻米是本區居民的糧食作物，種植面積占總耕地面積從四〇%遞增到六〇%以上，而甘蔗是純經濟作物，種植面積始終占十一%—十七%左右；就農業總產值而言，稻米占農業總產值二分之一以上居首位，甘蔗占五分之一不到仍居第二位。（江芳菁，二〇〇三：八四—八五）關於大林地區的人口總數，從戰後初期的二萬六千多人，增加到一九七〇年代初期的四萬三千多人是爲高峰，之後就逐年遞減。（圖一）大林人口多以務農爲生，但一九六〇年代中期台灣經濟結構開始轉型，逐漸由以農業爲主朝向以工商業爲主，農業開始走向衰落，自然也影響到農業的就業人口。一九六〇年代前期台灣的農業就業人口仍在增加，一九六四年爲重要的分界年，達最高人數一百八十一萬人後逐漸呈現下滑走勢。（于宗先、王金利，二〇〇九：九六）農村的剩餘勞動力必須面臨移轉，大城市的服務業、加工出口區的工業、農村中的非農業以及海外的移工派遣等，都一定程度吸納了這些農村的剩餘勞動力，大林地區的農業就業人口，男性也好女性也好，開始尋求不同的謀生管道，到沖繩做工就是其中的一條出路[7]。

無庸置疑地，筆者更有興趣了解、也是和本章有直接關連的是大林在地的性別規範。從Wolf和胡台麗的文字中可以窺看出，無論是台北三峽或台中縣，一九六〇至七〇年代已婚農村女性在「夫家」的地位是低落的，那麼，嘉義大林又如何呢？藉由前述巴特勒對於性別規範的定義闡述，筆者必須掌握的是，特定文化脈絡中當事者的價值與行爲，包括：一、性別規範所指涉的價值，它到底期待農村女性是什麼、該扮演什麼「角色」；二、以及在這種期待下，農村女性於眞實生活中到底履行了哪些外顯的「具體行爲」。然而，由於欠缺關於大林在地性別規範有系統性的書面資料，爲了重返當年的時空脈絡，筆者只能透過與年長的大林鎭民閒聊的機會（表一），去趨近這個巴特勒所

7　筆者於二〇〇九年十二月一日於大林訪談了一位六十九歲的男性，是受訪女工金葉的表哥石車，一九八一年他以觀光簽證隻身前往西表島糖廠工作三個月。他坦言工作基本上是非法，所以要常常跑到甘蔗園去躲警察，台灣工人被告知就先躲起來，然後當地台灣移民就出來「頂替」這些臨時工，還得用日本假名非常驚險，幾乎每個禮拜都要躲。

圖一　嘉義縣大林鎮人口數變遷

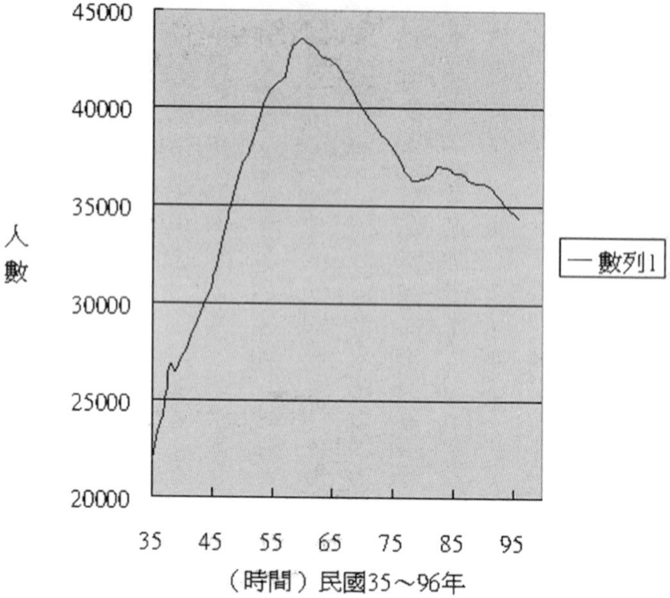

資料來源：大林鎮公所「嘉義縣大林鎮歷年人口統計表」，筆者製作。

定義的「隱性的、難以解讀的、含蓄的、模糊的」性別規範，以及去捕捉她們在這個規範底下的可能身影。研究發現，不少年長的鎮民對於早年農村社會「媳婦」身分的卑微，時時流露出無奈的喟嘆，這從在地性別規範期待媳婦扮演什麼角色中即可看出，包括：她們被夫家當成「私有物」、「勞動者」、「賺食者」以及「生產工具」等等。

筆者和村婦顏氏在清晨的南華校園一起運動已經七、八年了，去年我們聊到了東石鄉婆婆毆傷媳婦的那起事件。

> 嘉義縣東石鄉去年四月發生全國矚目的婆婆毆傷媳

婦紛爭，引發村民聚集分駐所前聲援。本案涉及**毆打媳婦的龔姓婦人**，嘉義地方法院今年二月依誹謗、傷害罪，判處應執行**有期徒刑六月，得易科罰金**。(〈婆毆媳紛爭 東石鄉民圍警所 四人判拘役〉，《聯合報》二〇〇九年七月十七日，第B2版雲嘉綜合新聞。)

顏氏不勝感慨地回想起，村裡多年前曾發生過駭人聽聞的事，受害人是她認識的另一名村婦：

伊的丈夫脾氣很壞，十幾年前聽說她被丈夫綁在樹下當眾懲罰時，外家(娘家)的生母只能在旁觀望，束手無策……，唉，外家就是沒路用啦！結果呢，她們夫妻也沒離婚，現在都才六十幾歲，還是住在一起，以前的媳婦都很會吞忍，不像現在喔。(顏氏)

此外，楊校長的老家曾是大林鎮數一數二的蔗農，他回憶民國四、五十年代採收甘蔗時，這些砍蔗女工的情況是：

當時是農業時代就業不易，村民都以務農爲主，這些女工的夫家當然經濟條件也不是很好，所以才會要她們出來工作。有時遇到小感冒或身體不適時，還是得忍著病痛，照常到蔗園工作，賺錢貼補家用。那時候想來幫忙採收甘蔗、賺食的人很多，所以，不少女工都要巴結原料委員(責任區負責人)及請付(工頭)，爭取雇用，也可避免被無端刁難。譬如，女工希望能被分派到容易工作的蔗園，不願被調去高低不平的窪地砍蔗，減少蔗綑數量被

算錯而被扣錢。（楊校長）

在這些鎮民眼中，那些後來曾去到沖繩的砍蔗女工又如何呢？許多人感嘆地說，那是農村媳婦身分卑微的另一個化身，她們主要還是被夫家當成「生產工具」來對待。愛子是棉被店的老闆娘，也是受訪者遂女的親戚、簡怨的友人，她說周遭很多女性親友都去過沖繩打工，但她大口地感慨：「以前農村就是重男輕女嘛，女性沒有受教育，根本只被當成勞動力來用！不管是在娘家或夫家都一樣。」簡怨年近九十歲，是受訪者中年齡最長的，早年從事仲介（當時並無這種稱謂，而是被喚做領班、班頭或班長）女工的業務，十二年來多次往返台沖兩地，她本身就是家中的經濟「大樑」，一肩挑起大小諸事，她說：「曾經有個村民跑來請託，要求幫忙介紹自己的三太太、四太太一起去沖繩工作，她們賺回來的錢就是要幫丈夫拿去還債的。」

從上述鎮民娓娓道來的內容中，可以窺見到一九六〇至七〇年代大林在地性別規範的蛛絲馬跡，這些性別規範指涉出一定的價值，也就是指涉出期待農村女性在夫家是什麼、該扮演什麼角色，簡言之，她們被視爲是夫家的「私有物」、「勞動者」、「賺食者」以及「生產工具」。然而，農村社會中媳婦身分的低落與卑微，不僅僅只是年長鎮民口中無奈的喟嘆，當這些性別規範與她們的離返經驗相結合時，又會以什麼樣的「具體行爲」展現出來呢？讓我們繼續追蹤下去。

六、大林女工的離返經驗

從上述的說明中，找到一九六〇至七〇年代大林在地性別規範的蛛絲馬跡，接下來，關於大林砍蔗女工的離返經驗和過程，筆者將分成三個部分進行描述與分析：「夫家的推力」、「苦工旅行中的想家」、「返家(枷)：回到原軌」。在此，要特別凸顯「夫家」在她們這趟離返過程中發揮的作用力，特別是以夫家爲主、爲尊所延伸出去的性別規範，深刻地影響著女工的移動以及她們日後對於離返經驗的詮釋。本章強調「夫家」而非丈夫，是因爲一九六〇至七〇年代當時女工身處的家庭脈絡大多是三代同堂的父權制大家庭(extended patriarchal family)，眞實影響著她們移動、工作、生活、意識及權力關係的乃是夫家這個大家庭及其成員，而非現代核心家庭(nuclear family)婚姻關係裡的男性配偶而已。換句話說，本節將聚焦在：當她們從夫家的媳婦變成一名遠渡重洋的女工時，夫家，到底在這件事情上起了什麼樣的影響力呢？

一、夫家的推力

筆者於二〇〇六年五月—二〇一〇年五月這段期間，陸陸續續以閩南語訪談了曾於一九六〇至七〇年代到過沖繩當砍蔗工的八位女性(表二)，主要都是透過(表一)的鎮民輾轉介紹的，他們彼此是多年的老鄰居，或是具備血緣的親友關係，基於信任幾乎都沒有拒絕受訪。但是，這些女工對於三、四十年前的往事不一定想對人訴說，也不覺得有什麼特別意義(除了賺到錢之外)，會好奇詢問筆者的研究動機和目的，大體而言訪談過程還算順利。

首先可以發現的是，她們出國工作的時期，並沒有隨著一九七二年台日斷交而終止，甚至延伸到一九八〇年代初期，主要原因出在，雖然無法透過中琉文化經濟協會的安排前去，但她們仍藉由仲介的管道，以觀光名義非法進入沖繩打工。值得一提的是，這八位大林婦女幾乎都是去到離沖繩本島四〇〇公里東方外海的南大東島當砍蔗工，或許這和大林地區種植甘蔗、設有糖廠、她們曾做過砍蔗工等因素和經驗有關[8]。整體來說，她們還有以下諸多的共同特質，包括：出國當時年齡在三十—四十多歲，正值壯年，體力耐力都還不錯；她們赴沖時均為「已婚者」，除了阿紫膝下無子外，其他人都有母職在身，遂女甚至已經做了祖母[9]；她們幾乎都不識字，中文也好日文也好，沒上過學或僅有短暫的念書機會；赴沖前的生活主要圈限在大林鎮，不少人是從大林的某個莊頭嫁到另一個莊頭，完全沒有長距離的移動經驗，更遑論離鄉背井遠渡重洋了；出國之前，她們都在大林打零工做農事，舉凡養豬、挑磚、播種、插秧、拔草、割稻，或是和糖業有關的種甘蔗、插甘蔗、

8 大林糖廠設立於民國前三年（明治四十二年）九月，當時名為新高製糖株式會社嘉義工場，民國二十四年（昭和十年）與日糖興業株式會社合併，改名為日糖興業株式會社台灣支社大林製糖所，民國二十九年改裝並添置機器製白糖，台灣光復以後，政府於民國三十四年底正式接收，改名為台灣糖業有限公司大林糖廠，但隨著糖業沒落，民國八十五年大林糖廠正式停產。

9 國永美智子（二〇一〇）訪談一九六〇至七〇年代到石垣島鳳罐工廠的台灣女工，其中也有年輕的未婚者，其出國動機不純然是為了改善經濟狀況，也包括好奇心的驅使、想到國外走走看看，以及在分不清沖繩和日本異同的認知下，投射出對外國的高度嚮往。這種情況在筆者二〇一一年一月於石垣島調查時也有遇見，但本文的八位已婚受訪者，幾乎都沒有提及她們「對國外嚮往」的移出動機。

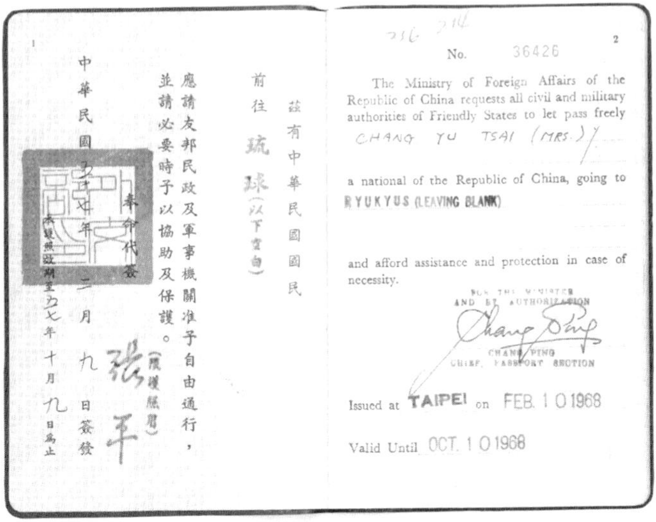
1

茲有中華民國國民

前往 琉球（以下空白）

應請友邦民政及軍事機關准予自由通行，
並請必要時予以協助及保護。

奉命代簽

（限護照用）

張平

中華民國五十七年二月九日簽發

護照有效期至五十七年十月九日為止

No. 36426 2

The Ministry of Foreign Affairs of the Republic of China requests all civil and military authorities of Friendly States to let pass freely

CHANG YU TSAI (MRS.)

a national of the Republic of China, going to

RYUKYUS (LEAVING BLANK)

and afford assistance and protection in case of necessity.

FOR THE MINISTER
AND BY AUTHORIZATION

Chang Ping

CHANG PING
CHIEF, PASSPORT SECTION

Issued at TAIPEI on FEB. 1 0 1968

Valid Until OCT. 1 0 1968

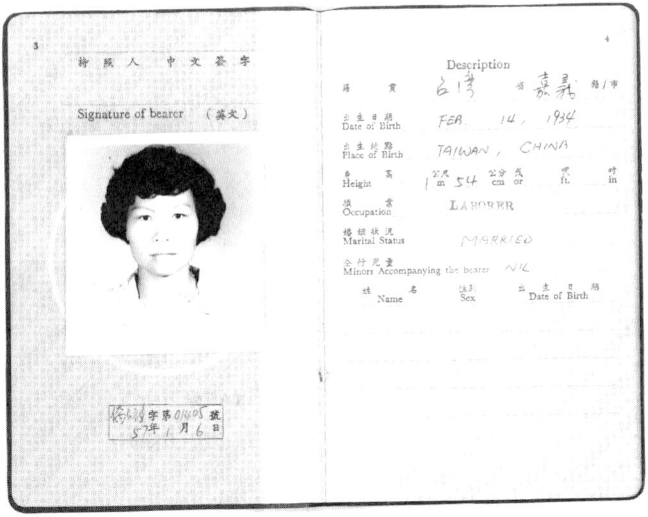
3

持照人中文簽字

Signature of bearer （英文）

字第01405號
57年1月6日

4

Description

籍貫 台灣 省 嘉義 縣/市

出生日期 Date of Birth FEB. 14, 1934

出生地點 Place of Birth TAIWAN, CHINA

身高 Height 1 公尺 m 54 公分 cm or 呎 ft. 吋 in

職業 Occupation LABORER

婚姻狀況 Marital Status MARRIED

偕行兒童 Minors Accompanying the bearer NIL

姓名 Name 性別 Sex 出生日期 Date of Birth

女工出國時的中華民國護照。（阿蟬提供）

當時琉球仍歸美國管轄，護照上印有美國駐台北大使館給予女工六個月的簽證。(阿蟬提供)

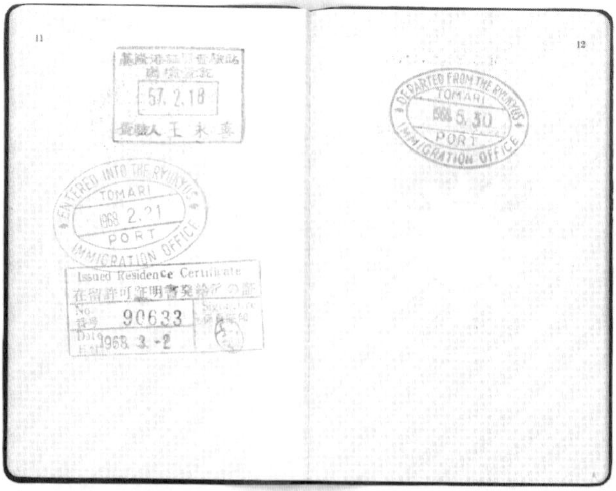

女工於1968年2月從基隆港出境，同年5月底從琉球出境。(阿蟬提供)

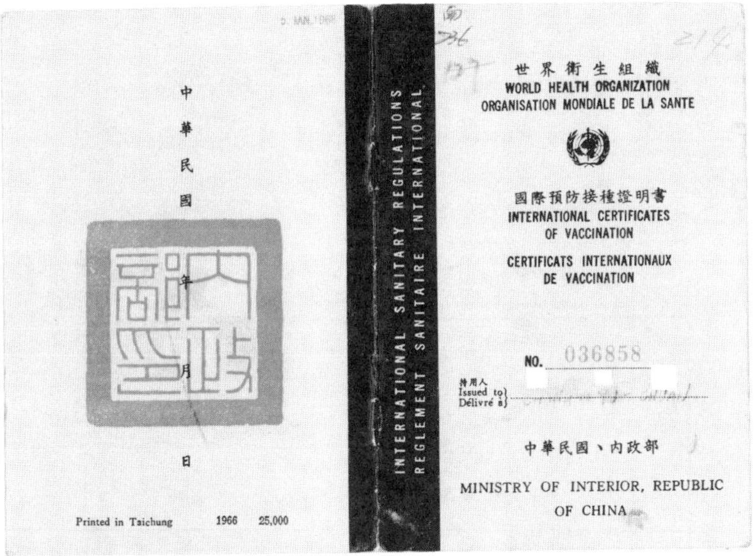

女工出國前必須取得國際預防接種證明書。(阿蟬提供)

剉甘蔗、大林糖廠「會社工」等等，不穩定、低薪資、低技術的各類粗活什麼都做，因此，對於到沖繩砍蔗一事並不陌生也不害怕。

以上諸多的共同特質似乎還不足以構成她們出國打工的必要條件，要追問的是，到底這些農村社會底層的平凡婦女，在對沖繩語言不通、人生地不熟的狀況下，爲什麼又憑什麼可以漂洋過海出國工作呢？除了受訪者她們自身具備些許意願和膽識外，當然，還是得有其他的助力始能成行。筆者彰顯的是，「夫家」在女工出國工作這件事情上發揮了極大的影響力，分別從：「夫家對於女工出國動機的左右」、「夫家對於女工移動形式的干預」，以及「夫家在女工出國期間的支援」三點切入。可以看到，以夫家爲主、爲尊所延伸出去的性別規範期待女工扮演什麼「角色」，以及在這種期待之下，這些遠渡重洋的女工於離返過程中履行了哪些外顯的「具體行為」。

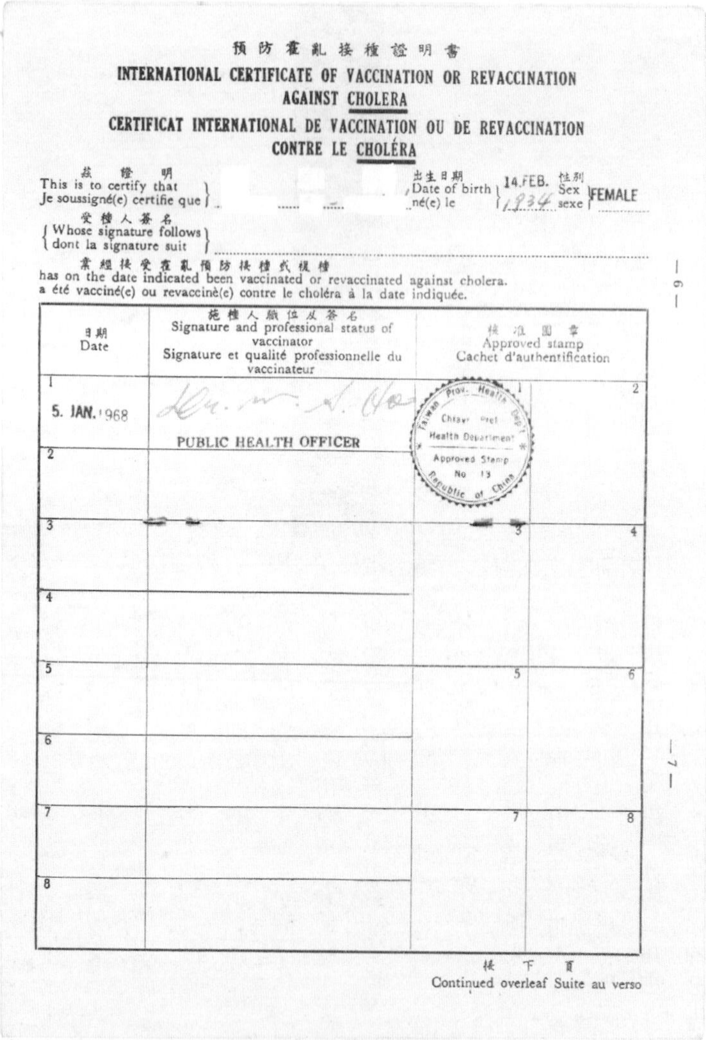

預防霍亂接種證明書

INTERNATIONAL CERTIFICATE OF VACCINATION OR REVACCINATION AGAINST CHOLERA

CERTIFICAT INTERNATIONAL DE VACCINATION OU DE REVACCINATION CONTRE LE CHOLÉRA

茲證明
This is to certify that
Je soussigné(e) certifie que

出生日期
Date of birth
né(e) le 14.FEB. 1934

性別
Sex
sexe FEMALE

受種人簽名
Whose signature follows
dont la signature suit

業經接受霍亂預防接種或複種
has on the date indicated been vaccinated or revaccinated against cholera.
a été vacciné(e) ou revacciné(e) contre le choléra à la date indiquée.

日期 Date	施種人職位及簽名 Signature and professional status of vaccinator Signature et qualité professionnelle du vaccinateur	核准圖章 Approved stamp Cachet d'authentification	
1 5. JAN. 1968	PUBLIC HEALTH OFFICER	1 Taiwan Prov. Health Dept. Chiayi Pref. Health Department Approved Stamp No 13 Republic of China	2
2			
3		3	4
4			
5		5	6
6			
7		7	8
8			

接下頁
Continued overleaf Suite au verso

女工出國前必須取得國際預防接種證明書。(阿蟬提供)

（一）夫家對於女工出國動機的左右

無庸置疑地，她們出去最主要而強烈的動機就是賺錢，但不是爲了自我滿足或自我追尋，也不是爲了接濟娘家，而是爲了改善夫家的經濟狀況而向外移出的。所有受訪者均強調，去沖繩工作是她們生平初次喝鹹水漂洋過海（有的也是此生唯一的一次），主要動機就是爲了改善經濟生活，她們都已婚，在以夫家爲主、爲尊的農村傳統性別規範底下過活，可以說，她們出國工作是被夫家當成一種家族生存策略，爲了改善夫家的經濟狀況，她們不得不選擇向外移出。無論是出於自願或被迫，不管她們的丈夫是有能或無能，其在夫家的角色是被當成一名「勞動者」及「生產者」，無法有太多的發言權或決定權，出國工作這件事，是在夫家的逼促、允許或支持聲中進行的。

譬如，阿紫的丈夫曾做過里長先後娶了四位太太，阿紫是他的第三任，但出國時已家道中落，她算是被命令出國去工作的；阿蟬的丈夫是招贅進來的，同樣不識字，喜歡喝酒賭博，工作也是愛做不做，她爲了生計只好出去賺錢；遂女的丈夫也是好吃懶散不事生產，雖然她已爲人祖母，也只能硬著頭皮出國；秋茶在丈夫死後，婆婆嫌她一家六口（有五個小孩）吃這麼多米，她才毅然決然於隔年出國賺錢。可以看到，這些本身學經歷不高的農村婦女，被夫家期待是家庭中的「生產者」及經濟的「賺食者」，她們在生活貧困的壓力下，似乎毫無選擇、沒有質疑，也責無旁貸地向國外移出。

除了被賦予改善經濟生活這個重要使命外，女工也有因承受來自夫家的精神迫害而不得不向外移出，主要起因於家人彼此間的不睦，以及台灣農村傳統性別規範底下媳婦角色的卑微。坐在雜亂客廳的涼椅上、滿臉苦命相的素錦，是受訪者中去過沖繩次數最多的一位，前後去了七、八次，她欲言又止地道出，不斷移出的背後原因還包括了：

> 公婆根本也不會疼惜我，雖然不至於說是「苦毒」（虐待），這是很難聽的話，而且妯娌之間關係也不好，我覺得很不快活，出去會比較清優，我想好吧就豁出去了，想去外面透透氣，又可賺更多點錢。（素錦）

素錦的出國動機看似「自主」，但平心而論，她還是因爲承受來自夫家的經濟困頓以及精神壓迫而被迫選擇移出，不變的是，她仍被期待扮演「生產者」和經濟的「賺食者」這個角色，此乃當時農村社會根深柢固、難以鬆動的性別規範，也是構成她之所以必須出國工作的主要推力。

(二)夫家對於女工移動形式的干預

其次，就她們的移動形式來看，女工都沒有家人同行，不屬於帶眷型的家族結合移動(associated migration)，但嚴格說來，她們的移動形式也很能算是單槍匹馬、具高度主體性的自律移動(autonomous migration)。因爲，她們幾乎都是和同村的女性親友或鄰人一起前往，彼此熟識有伴而同行。這種集體遷徙的形式，是以同村具有地緣或血緣關係等原級團體(primary group)的同伴爲前提而組成的。所謂原級團體的特徵是：少數成員親密的面對面關係、成員彼此間有連帶感、提供形塑幼年時期道德意識的社會基礎，維持與其他集團的穩定關係，有助於社會秩序的形成。（長田攻一，一九八七：六二—六三）因此，女工們彼此間看似信賴扶持、相互取暖的人際關係中，其實也有互相監視的作用，這個機制的存在，使得夫家願意放人，放心地讓她們出國工作，不太恐懼她們在外地

「出軌或使壞」[10]。

簡怨說她第一年剛辦仲介時，在梅山那邊被認爲是「拐騙」女人去琉球賣身，後來才漸漸被人取信，大林、民雄、梅山、嘉義市大溪厝那邊慢慢都有不少女工過去。淑美說她第一次申請時，就有人曖昧地開玩笑說：「妳們是要去給當別人老婆的啊?!」阿蟬含羞中略帶坦白地講述著，她之所以能夠出國的原委：

> 當時，莊頭十幾個人本來都想去，後來有些人害怕被騙，聽別人說是去賺美金、賺美國仔ㄟ、坐膨椅（沙發）、陪美國仔ㄟ睡……，紛紛拿回報名表，最後只剩下我和同莊另一個叫阿欠的女子，我還比她早去一個禮拜，然後我們才在當地會合，反正，我算是村子裡出國的先鋒就對啦。不怕死，錢也賺到了，算是開了眼界，膽子也變大了！回來後，很多村民都跑來看我，問東問西的，我都照實說，因爲她們都想去，後來很多人都去了好多次，也去得比我久（講了一堆人名……）。（阿蟬）

可以推知，早期保守貧困農村的已婚女性想要單獨向外移出談何容易，性別規範制約著女工應該要扮演「安全的、規矩的、聽話的」角色，否則會被貼上「危險、不安於室」的負面標籤。換言

10　筆者於二〇一一年一月在石垣島訪談一九七〇年代鳳罐工廠的台灣女工，她們未必是同村具有地緣或血緣關係等原級團體的友伴，而是原彰化鳳罐工廠的年輕姊妹淘，以「技術導入」之名共同單身前往沖繩打工的。

之，以同村具有地緣或血緣關係等原級團體同伴爲前提的移動形式，基本上還是在農村性別規範的默認、許可範圍內，也正因如此，女工的夫家能夠容忍願意放人，看似一種對她們人身保護的宣示，其實也是一種變相的監控。

(三)夫家在女工出國期間的支援

另一個不可忽視的因素是家族支援，在女工出國的這段期間，由丈夫、公婆或年長子女代爲照料家務，遞補「母親、媳婦」等角色暫缺的空窗期，可以讓女工無後顧之憂地在國外工作。三、四十年前大林的一般農村家戶大多還是典型的三代同堂的父權制大家庭，這些女工和公婆及夫家的兄弟、妯娌及其子女共同生活，沒有分家，在三合院內彼此形成一個共食、共住、共收支的小小共同體(community)。夫家的這種家庭結構，雖然未必在她們離家期間對於家務給予無條件、全面性的協助，但相當程度提供了她們得以「放夫放子」、順利出國的重要基盤。淑美有四個女兒和兩個兒子，出國時是由前面兩個大女兒幫忙在家煮飯、帶弟妹；金葉的婆婆掌控夫家大權，她會幫忙照顧打點家裡；素錦和公婆及丈夫的兄弟同住同吃，沒有分家，彼此都可幫忙；眞眞的公婆沒有幫忙，丈夫一個大男人帶三個小兒子。但同時，女工移出後的角色遞補以及來自夫家的支援，也可說是另一種家族羈絆，無形中制約著她們勢必得準時返鄉，簡怨就說：「我代辦仲介都會要求女工按時回台灣，不能無故滯留，因爲她們都有家庭，如果有人想多賺、想多留些日子，還是需要先回台再辦一次出國手續。」

由此看來，上述這些諸多條件的配合與俱足，讓這些目不識丁而平凡的農婦，能夠順利地從南台灣的純樸鄉村去到沖繩的偏僻離島，從大林的農事轉換到沖繩的砍蔗，使得這趟跨國之行似乎沒有太大的阻礙。透過「出國動機、移動形式、家族支援」三方面的闡述，進一步窺見到，夫家是決定女工出國工作的極重要因素，它不是阻力，反倒是股推波助瀾的巨大力量，不過，夫家這股推力的背後，可能是牢牢箝制、而非解放女工的性別規範。此處的性別規範與女性出國工作這件事兩相互嵌，出國工作是夫家賦予女工的家族生存策略，這個策略的決定權，幾乎不在女工身上而是在於夫家，簡言之，以夫家爲主、爲尊所延伸出去的性別規範期待女工去扮演「勞動者」、「生產者」、「賺食者」以及「安全的、規矩的、聽話的」角色，夫家在她們出國期間也給予一定的支援，遞補「母親、媳婦」等身分暫缺的空窗期。可以說，從離返歷程的開端，女工的命運就注定要和這些性別規範緊密扣連，它也延伸到旅地，並影響返鄉之後她們在夫家的地位。

二、苦工旅行中的想家

女工出發上路後，看似暫時從夫家三代同堂父權制家庭中鬆脫出來，然而，卻是另一趟苦工旅行的開始，到底去沖繩砍蔗這件事，對她們的人生而言，是從農村性別規範中「鬆綁」，還是被其他的束縛再次「綑綁」？原鄉的性別規範能否改變的因素之一，乃取決於她們在外地時的工作與生活經驗，這個經驗多少影響到她們返鄉之後，對於自己在原生社會在夫家的處境、位置、關係的看待，因此，有必要重返她們在沖繩工作、生活的那個眞實情境。八位受訪的女工幾乎都是去到離沖繩本島四〇〇公里東方外海的南大東島當砍蔗工，異口同聲地強調，這是一趟不折不扣的「苦工旅行」，所謂的痛苦，除了忍受往返台沖時的暈船、剉甘蔗的手痛、體力勞動之苦外，還得承擔精神上的苦痛——想家(homesick)。

台灣女工在當地一天的作息大致如下：天還未亮就得起床輪流煮飯，早餐過後馬上包便當到蔗園上工，主要是剉甘蔗，但也要做鋪路、施肥、除草等其他雜事，中午就在蔗園吃便當，休息片刻後再一直做到天黑爲止，傍晚收工回到女生宿舍，也是由女工輪流煮晚餐，然後是吃飯、洗衣、洗澡、磨刀、縫手套、剝月桃(Alpinia zerumbet)等日常諸事的反反覆覆，接下來就是累垮地呼呼大睡。可以說，女工們從早到晚只在蔗園、宿舍兩地間來回穿梭，晚間收工後或放假休息時，才偶爾有機會到街上或附近逛逛，生活的絕大多數時間，都是和同樣身爲女工的台灣人綁在一起，朝夕相處。

在這趟苦工旅行的過程中，和她們原鄉性別規範較有直接關連的是「想家」，對於剛剛守寡的秋茶來說，最痛苦最害怕的事，莫過於思念那五個沒有父親的孩子，不知他們是否過得安好。金葉一邊回想著過往，眼角開始泛著淺淺的淚光，她是農曆年前搭飛機過去沖繩的，新年、元宵節都是在那邊度過，晚上回到工寮後一直哭，因爲太想家、想三個兒子、想丈夫，也想到自己過年還在做苦工眞得很可憐。同行的素錦是金葉的堂姐，她曾夢到公公突然過世，女工們大家唏哩嘩啦地哭成一團，後來才彼此安慰說：「沒死啦，要是眞的死了，就會打電話過來了！」比較特別的是阿蟬，她的先生是招贅進來的，所以她少了身在夫家的被壓迫感或委屈，但她在六歲時母親就過世，父親再娶，她與繼母關係不好，人在沖繩的那段期間，是由七十幾歲的祖母幫忙帶三個小孩和操持家務，也就是曾祖母帶阿孫的隔隔代教養(great grandparents rearing children)，但她仍非常牽掛。坐船時還做夢說要準備村內農曆三月初三的拜拜，擔心客人來了沒人煮食，常常望著茫茫大海，想家想到掉眼淚，當初去的時候並不知道會做多久，也很不安又沒辦法打電話，不識字當然也就沒寫信(不過，淑美有提到她在南大東島的蔗農頭家，透過翻譯會幫她們寫信給台灣的家人），所以做完四個月後，沒有再轉去鳳梨工廠就直接回台灣了。

綜觀女工對於「想家」的口述可以猜到，出國工作這件事，確實讓她們短暫地從夫家三代同堂父權制家庭的牢籠中鬆脫出來，也無需看到公婆、伯叔、妯娌的臉色，卸除了日常生活中媳婦角色的無奈與悲情。但是，思鄉的情緒仍得自行發洩、自行處理，對照到夫家在女工出國期間的支援，此時，這種支援彷彿成了另一種家族羈絆，魂縈夢繫，牽制著女工必須對夫家不斷地效勞、效忠與效命。整體來說，在沖繩的這段期間，她們仍有身體上（勞動）和情緒上（想家）的其他「綑綁」，這些綑綁占去了她們相當長的時間，也耗盡了她們大部分的精力。因此，推測她們停留沖繩的短時間內，只是在白晝與黑夜、工作與休息的轉換間疲憊地度過，匆匆地走完這趟異地之旅。這在接下來「返家（枷）：回到原軌」的闡述中，更得以窺知，她們又回到農村性別規範主宰的既定軌道，日復一日、年復一年地過著出國前的平常生活，這些陰影從出國前到返鄉後，如影隨形無所不在，緊緊地綑紮著她們的身體與靈魂。

三、返家（枷）：回到原軌

Marta Tienda and Karen Booth（1991）曾提到，移動所引發的「性別秩序與權力關係的變化」是性別與移動研究的重點，並將其變化結果分成三類：改善、惡化、重組之後非對稱（restructured asymmetries）關係的維持。整體而言，透過移動，女性身處性別上的不平等關係或許有部分的改善，但男女之間權力的非對稱性依舊殘存，只是形變而已。這種關係的消長常常受制於：她們是男性的家屬隨員、獨挑家庭責任的女人，還是進入勞動力市場改變自己在家中地位的女性，換言之，「經濟生產角色」的有無扮演及如何扮演，相當程度決定了她們在移動過程中以及返回後性別秩序與權力關係的變化。如前所述，大林女工之所以出國工作，是被夫家當成一種家族生存策略，被期待去扮演「勞動者」、「生產者」、「賺食者」的角色，那麼要問的是，返鄉之後，她們在夫家的地位有何變化？她們與夫家的關係是否改善、惡化還是重組之後非對稱關係的維持呢？

對所有女工而言，這趟遷徙最大的意義就只是「賺錢」，那麼，改善夫家困頓的生計，則是她們最具體的收穫。返家前夕，女工們買了大同小異的各類土產，包括藥品及補品，如養命酒、硫克肝、武田合利他命、救心、征露丸等，還有比台灣製優良的裁縫剪刀、毛線以及當時好吃又好貴的大蘋果；返鄉之後，她們馬上把賺到的錢拿來買地、還債、蓋房子、解決小孩的教育費、張羅夫家的生活費等不一而足。阿蟬回國後把賺來的錢拿去還債，那是養八隻豬欠的肥料錢，所有的錢都花在家中的開銷或小孩的教育費，又買了六分地，還重新蓋了房子，出發前住的是打從她出生以來的竹管仔厝；淑美露出很得意的笑容說，她把賺來的錢拿去翻修舊的土角厝蓋了新房，就是現在路旁的三合院。除了賺到的現金馬上拿來補貼家用外，聰慧的秋茶還把南大東島蔗農家的肥料袋帶回台灣，洗好染好之後，轉賣給生意人換取些小錢，或自己做成衣服來穿。

整體來看，女工返鄉之後對於改善家計確實有所貢獻，但她們對於自己漂洋過海辛苦賺來的錢，全然沒有分配權或使用權，這個權力仍落在掌控夫家經濟的公婆或先生手裡，換言之，她們對夫家的經濟改善有所貢獻，可是，並非由此就改變了她們在夫家的卑微地位。金葉把錢全數交給婆婆，丈夫也沒權，做主分配的輪不到他，家裡從一開始用錢全部都要跟公婆拿，包括小孩生病看醫生花錢都是。素錦前後去過沖繩七、八次之多，前三四年賺的錢原封不動全數交給公婆，後來是分家了，但錢還是交給丈夫，自己身上沒有存任何私房錢。秋茶則把三個多月賺到的美金足足換成台幣一萬元，但也全部交給婆婆，從前丈夫在世時就是這樣處理，家中經濟大權完全掌握在嚴厲的婆婆手中。

如果進一步追究：女工與夫家的丈夫、公婆、叔伯、妯娌以及子女間的關係是否有所改變、如何改變？受訪者幾乎都說沒什麼感覺（還是不想談論），之前侃侃而談卻突然變得拘謹起來的淑美，急著辯解說：

> 我這個人嗎，有錢沒錢都一樣，講話不會因此變大聲。賺回來的錢拿去蓋房子，但丈夫還是對別人說房子是他蓋的，我也不會張揚房子是我出錢蓋的，仍然以丈夫為主，顧及他的面子，這也談不上是什麼尊重啦。（淑美）

本來就有些「逃家、蹺家」念頭的素錦懶洋洋地回說，她和家人的關係沒什麼好或不好，倒是與同年齡丈夫的感情有稍微好轉一點點（露出冷笑）！金葉斬釘截鐵地回說，公婆的態度和她出國前沒有兩樣，還是一樣地「權威」，先生當然也沒變，小孩年幼對母親的態度沒有差別。眞眞覺得丈夫對她的態度「差不多」，回國後她可以自己帶小孩煮飯，讓他們吃得比較好，小孩長大才是她的希望，她唯一賺到的就是賺到小孩長大。命運比較坎坷的是秋茶，她一邊回想一邊語帶哽咽、眼眶泛紅地說：

我眞的好可憐喔！從沖繩回來後不久，奉公婆之命被逼著改嫁，我並不愛小叔，但身旁的女性親戚七嘴八舌、推波助瀾，小叔也說要幫我養五個小孩，算是他開口求婚吧，我曾經爲此哭得很傷心、很厲害……。（秋茶）

由此觀之，這趟海外的離返經驗，女工明確地達成了夫家對她們最原始的要求——賺錢，她們也如實地完成、平安地歸來；但要她們去省思，甚而翻轉農村社會性別規範底下傳統女性的地位與價值，進而重新塑造自我的形象與認同，對夫家而言是無法容許、不能想像的，對她們來說也是天方夜譚。因此，我們看到的光景是：僅剩年幼的子女是她們的慰藉，她們又回到以夫家爲主、爲尊的生活世界中繼續度日，無奈地持續著出國前的樣態和關係。換句話說，移動之後，女工在夫家的地位情境似乎很難全然的改善或惡化，而是重組之後非對稱關係的維持，究其原因，除了她們本身對傳統性別角色也就是「好媳婦」的認知根深柢固外，對她們而言，農村父權制家庭內倫常關係（familial relations）包括夫妻、公媳、婆媳、叔嫂等關係的不對等，確實難以跨越、難以翻動！

最後，進一步總結大林女工的離返經驗與性別規範之間的關連。從出發、旅地、回鄉等跨國經驗三部曲的描述中可以清處看到，夫家打從一開始，就期待她們看待出國工作的意義「簡化」到只有經濟層面，女工返鄉後，也確實對於改善夫家的家計有所貢獻，將海外工作的辛苦收入全數交出，展現經濟上對於夫家的效勞、效忠與效命。但是，她們對這些漂洋過海辛苦賺來的金錢無權過問，從所有、使用到分配等權力都不曾掌握；她們與夫家的公婆、兄弟、妯娌、丈夫的倫常關係，變化也不太大，更沒有去反省身處農村性別規範下的困境與卑微，只能繼續默默地吞忍，才是她們在夫家繼續立足、生存下去的唯一方法。

七、結論

本章從離返與性別規範的觀點，檢視了一九六〇至七〇年代大林女工的跨國生命經驗，這次跨越國界的季節性移動，讓她們暫時脫離了原生社會性別規範的綑綁，但卻沒能因此改變自己在夫家卑微的地位。在此，筆者從女工的「移動地、移動次數、移動後的工作內容」三點再做進一步的連接，以剖析「漂洋過海到沖繩砍甘蔗」這件事，到底對她們返鄉之後造成什麼樣的影響，以及這個影響為何終究難以鬆動夫家家庭內的傳統性別規範。

第一、移動地：這種移動不是國內移動或跨國移動研究中經常提及的城鄉移動(rural-urban migration)，她們只是從貧困的台灣偏鄉遷徙到荒涼的沖繩離島，換言之，她們不是在經濟、生活型態、價值觀等方面落差極大的城鄉兩地之間遷徙，因此，推斷女工所受到的變化、刺激或影響並不強烈。

第二、移動次數：屬於暫時的季節性的移動(temporary migration or seasonal migration)，當初她們之所以渡海到沖繩工作，主要是接受國嚴重缺工，為了補充該地特定產業勞工短缺而出現的一種交替型式，在這種方式下被引進的移工，通常只被允許單次往返於接受國與送出國之間，只被圈限於特定產業的內部，在接受國沒有太多的行動自由。不過，雖說是暫時的季節性的移動，但這和接受國——送出國之間來來去去的循環移動又有不同，所謂循環移動通常是指：兩國之間協定後的一種互惠移動，允許移動者把在接受國獲得的資產及能力，在兩地之間來回搬運遷徙，移動者原本就沒有打算永久離鄉，對於移居地可能也是若即若離，因此，也較少出現返鄉後的適應不良，或難以回到村落共同體而面臨不得不再移出的困局。(Deshingkar & Farrington, 2009)受訪者中素錦去過沖繩七、八次、阿紫三次、淑美兩次，其餘的女工都是單次往返而已。可以說，基於移動地與原生社會兩方差異不大，加上女工多屬單次往返，使得她們在移動地和原生社會兩邊，都不太需要面對適應或抵抗的難題，所以，她們想積極尋求改變自身在夫家卑微地位的可能性也大符降低。

第三、移動後的工作內容：她們沒有因移動而進入工廠或其他現代化的產業部門，而得以從繁重耐操的農事中解脫出來，她們唯一卸下的是在夫家的家務勞動，除此之外，基本上她們去到的蔗園以及從事的工作，都和出國前在大林做的沒有兩樣。簡言之，工作內容屬於「離村不離農」(depart from village but not retire from agriculture)，她們對於工作已有相當程度的熟悉，都是需要勞力、體力、耐力的砍蔗粗活，但同時，這些工作耗盡她們多數的時間與體力，使得她們也難有餘心、餘力去思索改變自我命運的問題。

從女工的「移動地、移動次數、移動後的工作內容」三點之闡述，可以更明白地看到，她們只是從原生社會的偏鄉渡海到沒有太大差異的荒島，在單次的、短期的、圈限的甘蔗園內，跟著一群出身同鄉、具血緣地緣關係的女性，做著類似在原生社會已然熟悉的砍蔗農事，也不需要花太多時間去適應或抵抗接待社會的種種。還有，這趟苦工旅行缺少足夠的外來刺激，無法帶給女工一定的自我省思，讓她們對身處農村性別規範下的困境與卑微有所覺醒。不少研究強調，泰國農村女性到曼谷工作後，大都會的嶄新消費生活及價值觀，對她們日後返鄉的自我認同有一定的影響，對於意識層面的啓蒙與躍升發揮不小作用，甚至翻轉農村社會性別規範底下傳統女性的地位與價值，進而重新塑造自我的形象與認同。（莊韻慧，二〇〇三；Mills, 1999）但這些大林的砍蔗女工呢？可以想像的是，她們在沖繩期間受到的外來刺激相當有限，沒有什麼契機可以去讓自己「大開眼界」。（邱琡雯，二〇一一）因此，返鄉後也沒能有太多的意識覺醒，或想進而翻轉自己在夫家的卑微地位、撼動不平等的家族關係。

那麼，對照到先行研究，本章的貢獻有以下三點：一、本章從「送出國」農村的性別規範去探討女工的離返經驗，這和目前國內以「接受國」觀點爲主的研究論述，非常不同。二、本章在研究時序、研究方法、研究對象等三方面，對於既存的「台沖人口移動研究」，有著一定程度的補強。三、本章呼應先行研究的手法，從「移動動機」、「移動形式」、「移動中的角色遞補」等幾個面向，爬梳了離返與性別規範之間的關係。

最終要提及的是，本章從「離返與性別規範」的關連性這個角度，重返三、四十年前南台灣貧困農村已婚婦女的跨國生命經驗，雖然，它是一個已逝的、被多數人遺忘或根本未曾聽聞的往事，但「貧困農村婦女的跨國遷徙」這個現象，目前仍在許多後進的發展中國家如印度、中國、越南持續發生，研究者值得繼續做的是：挖掘不同文化脈絡下女性移動前後、離返之間生命歷程的具體改變，無論是她們對傳統性別規範的挑戰，或是屈從。

表一　大林鎮的其他報導人

化　名	性別	年齡	身分特質
劉老師	男	70~	國小退休老師，親友有人去沖繩打工。
高老師	男	70~	阿紫的鄰居，國小退休老師。
陳先生	男	70~	退休廠長，世居大林，鄰居有人去沖繩打工。
土水伯	男	70~	簡怨的鄰居，里長伯。
石　車	男	69	金葉的表哥，曾去沖繩西表島糖廠打黑工。
阿川仔	男	60~	簡怨的兒子，同母親往返台沖多次。
楊校長	男	60~	金葉的親戚，國中退休校長，世居大林九代。
簡　怨	女	87	仲介嘉義女工去沖繩工作。
顏　氏	女	70~	阿蟬的鄰居和親戚。
愛　子	女	70	遂女的親戚，簡怨的友人。
美　坊	女	40~	鎮公所職員，世居大林，親戚有人去沖繩打工。

注：依男／女年齡順序排列。

表二　大林鎮的砍蔗女工

受訪者(化名)	年齡	教育程度	居住地	前往沖繩的時間
阿紫	76歲	不識字	明華里	民國57~60年
阿蟬	72歲	不識字	上林里	民國57年2月
遂女	83歲	不識字	明華里	民國60年
淑美	80歲	不識字	三村里	民國58年
金葉	65歲	小學一	上林里	民國67~68年左右
素錦	72歲	不識字	上林里	民國58~69年
秋茶	77歲	小學四	明華里	民國59年1月
眞眞	61歲	不識字	中坑里	民國70年左右

注：依受訪時間順序排列。

第二章
東方主義的再思考：
南大東島島民與大林女工的雙向凝視

本章的探討對象是一九六〇至七〇年代前往沖繩本島、八重山諸島、南北大東島等地的鳳罐工廠、甘蔗園以及製糖廠的短期季節性台灣女工，從「東方主義的再思考」此一視角出發，希望有別於二元對立的角度，以「南大東島島民和大林女工的雙向凝視」切入，掌握一九六〇至七〇年代沖繩諸島台灣女工的多元身影。

首先，從韓籍慰安婦來台完成冥婚的一則報導，簡述本研究的重要緣起；其次，說明本章的問題意識，以《魚群記》中的台灣女工爲例，引出她們被書寫、被研究、被定位的命運，並表明本章希望打破這種被書寫、被研究、被定位的命運；緊接著，闡明何謂「東方主義的再思考」，介紹各家學者如何論述「東方主義的再思考」，並點出本章所採取的基本立場；然後，從接受國沖繩的脈絡，描述之所以引進台灣女工的時代背景；再來，則是進入本章的主軸，描繪並分析「南大東島島民眼中的台灣女工」與「台灣女工回望的南大東島島民」到底爲何，強調不只由沖繩單方、片面地再現台灣女工，也不是以女工的有限記憶重返當時的時空，而是把握台沖兩方的雙重視角，交叉地了解彼此的凝視與互動。

本章同時使用凝視(gaze)與互動(interaction)兩個動詞，前者包含了若即若離的近看、遠觀或眺望之意；後者則強調雙方面對面、眞實交鋒的場景。因爲，從受訪的南大東島島民和台灣女工的口中得知，雙方關係的建立基礎，有的只存在於凝視，有的則是互動。換言之，透過不同脈絡下的凝視和互動，南大東島島民和台灣女工的關係得以成立、得以開展，本章的目的就是在「東方主義的再思考」此一視角下，著眼於這些關係的掌握及分析。

一、楔子

一九九七年盛夏，我剛剛結束在東京的留學生涯返國，對於日本和台灣兩地的複雜情緒，還在起起伏伏、難以收納的階段，卻已嗅到國內瀰漫開來的哈日偶像劇風潮，無獨有偶的，慰安婦的議題也逐漸浮上檯面，在各大媒體頻頻曝光。報紙小角落的這一則內容(林家琛，《聯合報》一九九八年八月二十三日，八版社會傳眞)，顯然與當時撻伐日本軍國主義殘暴不仁的「主流論述」，非常格格不入！因此，反倒大大吸引了我的目光。(粗體爲筆者強調處)

【不渝的情、眞心的愛、戰爭的殘忍 韓籍慰安婦 半世紀等待 昨完成冥婚 來台償宿願】

爲著一段約五十年的誓約，二次世界大戰期間**被日本軍方強徵的韓國籍慰安婦李容洙**，昨天穿著白色喪服，至新竹空軍基地仁愛樓前的草地，即日本自殺飛行中隊——神風特攻隊「下沙崙」慰安所的故址，以韓國「冥婚」習俗，完成她和特攻隊員長谷川的婚禮，她說，「我相信死後可以和長谷川在天上相見，結爲夫妻，過著快樂甜蜜的生活」。

七十一歲的李容洙說，一九四四年她十五歲時，在一個睡夢的夜晚，突然被日軍抓走，送往北朝鮮後，又送到中國大連、上海等地，最後輾轉來到台灣，與另四名韓國慰安婦抵達新竹市的下沙崙慰安所，當時所內共有十四名慰安婦。

她說，**慰安婦與平均年齡廿出頭的神風特攻隊員都是離鄉背井之人**，異地相遇，年輕的男女很容易傾訴衷曲，因此她結識長谷川後，**兩人情投意合，海誓山盟**，並在長谷川出死亡任務之前，一起共度了這一生中最後、最美的三天。

長谷川在這次任務中一去不回，**但李容洙為了長谷川終身不嫁**，戰後她不斷的向聯合國人權單位及日本友人，表明要回台灣新竹找尋慰安所的心願。去年八月，她在中研院研究員胡台麗幫助下，抵達新竹空軍基地，但不得其門而入。

昨天上午十時許，李容洙進入基地，由副聯隊長金乃傑做簡報，並經農民邱阿田的協助指認，找到慰安所故址，可惜房已拆，小山坡也已劃平。李容洙突然詢問可以舉辦某種儀式嗎？李容洙隨即拿出從韓國帶來的一對男女布偶，在白紙上寫著心愛戀人神風特攻隊飛行員長谷川與「無名仙女」的名字，放在新移植的大榕樹下，按韓國冥婚習俗，在布偶旁點起白蠟燭，上香禱告後，完成一場因戰爭而不能實現的婚約。

> 李容洙認爲在風燭殘年的歲月，得以在昔日的慰安所前完成與長谷川至死不渝的盟約，宿願既償，立即開懷而笑，並換了洋裝，**這時她認為自己已是長谷川口唱日本歌謠中的「長谷川容子」，其中長谷川是夫姓，容子是長谷川替她取的名字。……**

從一個被殖民的韓籍慰安婦口中說出的這些話語，辛酸中帶著淒美，來台的救贖之旅，掀開了殖民者與被殖民者之間存在卻不被祝福的族群、階級、男女關係以及姓氏認同。多年來，我也透過不同方式整理自己的日本情結，慶幸的是，台灣社會已經越來越開放，掙脫了戒嚴時期仇日、恨日、恐日的枷鎖，底層百姓的不平之鳴也能發聲，百家爭鳴、百花齊放的驚奇論述，變得不再稀有。就在此時，沖繩，這個距離台灣最近的日本，意外地躍入了我的研究視野，「一九六〇至七〇年代沖繩諸島的台灣女工」，讓我重新思考台日關係中的其他雜音，以及對於「殖民－被殖民」關係的另類看待。

二、《魚群記》中的台灣女工

薩伊德(Edward W. Said)在其鉅作《東方主義》(*Orientalism*)中曾提及，西方人對於異國女性的凝視充滿了東方主義，也就是「爲了支配、再結構並施加權威於東方之上的一種西方形式」(一九九九：四)，譬如，書中指出法國大文豪福樓拜描述他在埃及見到許多當地的奇風異俗時，女性，是展現這些奇風異俗的重要布景：開羅市場中當眾做愛的女人、爲白癡手淫的穆斯林女性，爭相接取教士尿液搓揉自己的不孕婦女……(一九九九：一五〇—一五一)。

可以看到，薩伊德凸顯福樓拜筆下的埃及女性不僅怪誕奇特，並且，她們被再現的脈絡往往都和女性的肉體身體、男女的性愛交歡有關。長期以來，許多文學評論家或後殖民研究者也都從批判東方主義出發，去解構強勢地位者(男女都有)[1]對於他者女性(族群、階級、職業、出身、長相等方面身處相對弱勢的女性)這種扭曲地再現，本章的時空背景「一九六〇至七〇年代沖繩諸島的台灣女工」，就是當時前往沖繩本島、八重山諸島、南北大東島等地的鳳罐工廠、甘蔗園以及製糖廠的短期季節性台灣女工，似乎也難逃這樣被書寫、被研究、被定位的命運。

---

1 Reina Lewis (1995)的《性別化的東方主義：種族、女性主義與再現》(*Gendering Orientalism: Race, Femininity and Representation*)一書是以女性(Henriette Browne、George Eliot、Charlotte Bronte)而非男性藝術工作者之作品爲分析對象，去挑戰男性眼中固定單一的東方主義之眼，強調這些西方女性如何以委婉曲折的方式，參與了帝國主義論述的打造。

眾所周知的，此一時空背景曾經直接而清楚地出現在沖繩作家目取眞俊的《魚群記》（一九八三）這部小說裡。目取眞俊是一九九七年日本芥川文學獎得主，一九六〇年出生於沖繩縣今歸仁村，琉球大學法文學部畢業，主要作品有《魚群記》、《走在名爲和平大街的路上》（平和通りと名付けられた街を歩いて）、《水滴》、《收驚》（魂込め）、《群蝶之木》等，小說幾乎都是短篇小說，他也常常在沖繩當地報紙發表散文，被認爲是反體制的作家，作品多使用方言，發表於一九八三年的著名短篇私小說《魚群記》，曾獲得「第十一屆琉球新報短編小說賞」。在此，必須簡介《魚群記》的內容。

時空是即將回歸日本、也就是一九七二年前夕沖繩本島北部的偏僻農村，當地許多鳳罐工廠林立，工廠周邊河川群聚了Tilapia這種外來低等的臭魚，戲弄這些魚群的少年也結集成群，鳳罐工廠內的台灣女工、覬覦女工的沖繩男人等，又是不同的群聚。換言之，魚群並非單指Tilapia這種魚類而已，作者運用擬人法(personification)，從動物影射到少年、女工、男人等不同性別、階級、種族的群聚，也把Tilapia暗指沖繩，象徵回歸日本之前的歸化魚類，並把自己的童年經驗以及對台灣女工的追憶編入素材，串連出一部個人色彩濃厚的私小說。（西成彥二〇〇三）《魚群記》是以少年的第一人稱來做鋪陳，文中和女性的肉體身體、男女的性愛交歡有關的情節包括了：這些女工被沖繩人蔑稱做「台灣女」（いなぐ），許多沖繩男性仍擺出殖民時代對台灣人的歧視，在女子宿舍外窺伺、徘徊與勾搭；故事主角的少年常跑到河岸邊的鳳罐工廠遛達，無法抑制對台灣女工細白肌膚的垂涎與不斷擴大的性幻想，後來暗戀某位女工，混到工廠或宿舍外想和她親近，竟然發現她和自己的父親有染……。

那麼，後人又如何從批判東方主義或後殖民的脈絡，去解構《魚群記》中被再現出來的台灣女工呢？分別從日、台雙方兩位學者西成彥(二〇〇三)及朱惠足(二〇〇一)的觀點來看。

西成彥(二〇〇三)認爲，《魚群記》凸顯了沖繩人對台灣人的鄙夷，以及台沖雙方不平等的對待關係，作品透過少年對台灣女工性愛的寄託與想像，將沖繩男性和少年們擺在一個「加害者、歧視者、榨取者」的位置，算是「沖繩版的東方主義」[2]。後來，該書作者目取眞俊在《沖縄：草之聲・根的意志》(二〇〇一)中也坦承，透過《魚群記》的書寫讓他反省到，沖繩不再只是大日本帝國壓迫底下的被害者或被歧視者，對台灣女工而言，沖繩儼然成了加害者和歧視者。由此觀之，一八七九年琉球被日本併呑後，「日本—沖繩—台灣」三者間的位階差序，並沒有隨著一九四五年日本殖民台灣的結束而告終，仍舊牢不可破地持續到戰後沖繩引進台灣女工的一九七〇年代，透過小說中男女性愛、族群、階級盤根交錯的結構化，這種後殖民脈絡下的不平等關係更爲糾結、也更爲深刻。

然而，朱惠足(二〇〇一)提出了相似而不盡相同的觀點，她著眼的是，《魚群記》中沖繩男性對台灣女工細白肌膚的垂涎，以及隨後所引發的一連串反應。女工的細白肌膚彷彿是包裹著毒藥的糖衣，她們純粹是來賺錢的短期移工，但她們的現身，攪亂了當地純樸的民風，女工成爲男人情慾投射的對象，夜夜在女工宿舍外徘徊的男人絡繹不絕。朱運用後殖民理論大師巴巴(Homi K. Bhabha)

2　東方主義不僅存在於西方世界，也普遍存在許多國家地區，除了這裡所指「沖繩版的東方主義」外，也有「冷戰時期黑人東方主義」(Cold War Black Orientalism)，這是批判一九五〇年代占領時期日本國內黑人美國士兵與日本女性之間性愛關係的相關論述。(岡田泰弘，二〇〇九)

解構種族主義與膚色的手法，認爲台灣女工細白肌膚的現形，其實並非鞏固、而是破壞了「日本—沖繩—台灣」三者間既存的位階差序。因爲，一八九五年成爲日本殖民地的台灣，在許多沖繩人的眼裡，是一個充斥武裝暴動、傳染病、獵人頭等動盪不安的化外之地，台灣，順理成章地被沖繩人當成是一個替代，替代了沖繩，這個老是被日本人視爲落後於日本其他區域的邊境。朱從女工的細白肌膚切入，指出長久以來，沖繩人被日本人歧視的外顯特徵就在於膚色，沖繩人把對於己身膚色黝黑的自卑，轉化成對白皙肌膚的妒嫉、渴望與羨慕。台灣女工的出現，特別是她們的細白肌膚，正好顚覆了沖繩人對台灣的想像，打破了沖繩人長年以來認爲沖繩優於台灣的看法，更翻轉了沖繩人對台灣的嚴重偏見：台灣替代了沖繩，一個落後於日本其他區域的所在。

西成彥、朱惠足都是以後殖民的觀點解構「台灣女工在沖繩」此一現象，確實有助於了解台沖之間不平等關係底下女工處境的無奈，然而，台灣女工的出現，到底是如西成彥所說的，再製了「日本—沖繩—台灣」三者間既存的位階差序，還是如朱惠足聲稱的，其實它是顚覆了三者間的位階關係呢？答案可能依觀察者的見仁見智。眞實世界乃森羅萬象、詭譎多變，如同前述韓籍慰安婦李容洙的眞情告白一樣，慰安婦與神風特攻隊隊員的惺惺相惜，其實已超出了國族、階級、殖民等固定疆界的劃分脈絡。準此，筆者也希望跳脫小說《魚群記》的文本世界，還原台灣女工的多元身影，尋找台灣女工與沖繩人之間其他的可能凝視與互動。近年來，確實已有不少先行研究試圖以更多樣、變動、辯證的方式，處理殖民者與被殖民者、宗主國與殖民地雙方的相互關係，筆者稱之爲「東方主義的再思考」，本章即以這個視角切入，去捕捉曾經存在、卻未被發掘的台沖關係。

三、東方主義的再思考

在闡述本章所指「東方主義的再思考」到底爲何之前，必須先說明以下兩者的區別：一是東方主義做爲一種學術範疇或專門術語，意指「西方對於東方壓迫性再現系統的知識體系」；另一是冠上書名號，專指薩伊德的著作《東方主義》，也就是批判西方綿延數千年來的東方主義之名著。但《東方主義》自從一九七八年問世以來，即伴隨了海內外各家學派不斷的批評與反省，針對其方法論、認識論或是假設前提、資料來源等，都有人提出不同的見解，薩伊德也陸續予以回應或反駁。(宋國誠，二〇〇三：四〇七—四二七、甘乃迪，二〇〇三：四二一—一〇三)然而，東方主義與《東方主義》卻有一個共同點，那就是：都傾向以二元對立、宰制與被宰制的固定視角作爲論述的前提。因此，配合本章的時空脈絡以及前述的問題意識，筆者在使用「東方主義的再思考」時所指涉的是：如何超越東方主義與《東方主義》兩者中隱含的二元對立、宰制與被宰制的固定視角，如何以更多樣、變動、辯證的方式，處理(原)殖民者與被殖民者、(原)宗主國與殖民地雙方的相互關係。

春日直樹編纂(一九九九)《大洋洲．東方主義》一書的開宗明義時就明白指出，薩伊德批判東方主義的知識觀點確實強而有力，但《東方主義》只注意到西方具高度宰制性格的種種文化論述，卻嚴重忽略了這些文化論述如何被非西方人或被殖民者所解讀、所詮釋，換言之，它漠視了被宰制者的反應或反饋，沒有顧及被宰制者回應時所依存的那個文化體系及其價值，更遑論去關注宰制者與被宰制之間互動、協商、交涉的複雜過程。

譬如，收錄在該書當中，研究大洋洲殖民地文化的人類學家Nicholas Thomas(1999)所寫〈美好的以及被詛咒的事物〉（美しきものと呪われたるもの，原文：The beautiful and damned）一文就指出，研究「西方人對於非西方人的再現」之先行成果已經很多，這些研究的共同點也是盲點是在於：歐洲人自以爲對異文化的理解是「正知正確」的，以爲異文化都是「容易理解」的，在多數歐洲人眼中，所謂的異人幾乎等同於野蠻的、未開化的。翻開十八、九世紀以來，西方人對大洋洲原住民的再現歷史，大抵是在「高貴的野蠻人—卑野的土人」兩端間徘徊，也就是說，這種再現方式排除了對原住民的其他可能理解。所以，Thomas主張去承認原住民是善惡兼具、既高貴又野蠻，以及存在了「各種不同原住民」與「各種不同西方人」頻繁交會的這個事實。

同樣的，Mary Louise Pratt(1992)的《帝國之眼：旅遊書寫與文化匯流》(*Imperial Eyes: Travel Writing and Transculturation*)也出現類似的看法，該書提出接觸區(contact zone)此一概念，是指各種文本互爲指涉的場所，也是強弱懸殊文化互相激盪之地，該書以一七五〇—一九八〇年的西方遊記爲文本，主要處理的議題是：他者如何被再現，以及被再現之後的他者意象如何被(殖民者與被殖民者雙方)流用的曲折過程。該書注意到殖民地與宗主國接觸互動後所引發的一連串文化匯流(transculturation)現象，以及異文化接觸時相互感染的變動過程。譬如，Pratt強調來自被殖民者及原住民的反抗或反應，但她也批判，非洲和南美的被殖民者深受宗主國所打造的他者意象之影響，並經常以此意象做爲自我認同的基礎來源。

除了曾被西方殖民的大洋洲之外，殖民主義與殖民文化所帶來的影響，從十五世紀後的歐洲開始向外蔓延，到了十九世紀末葉，日本，也成爲亞洲的殖民宗主國，關於日本的殖民史與殖民經驗的諸多研究裡，也出現了上述相似的觀點，在此，以曾經被日本統治和殖民過的密克羅尼西亞之馬里亞納群島(Mariana Islands)、韓國的巨文島兩地之先行研究來做說明。

飯高伸五(一九九九)引用了前述Nicholas Thomas(1994)在《殖民文化：人類學、旅行與統治》(*Colonialism's Culture: Anthropology, Travel, and Government*)一書中所提出的「殖民計畫」(colonial project)這個概念，這是指在殖民狀況底下，如何超越「殖民者─被殖民者」二元對立的簡化關係，而去著眼各別行爲者在不同歷史社會狀況中的應對、操演與實踐。Thomas分析了殖民地時代斐濟境內各式各樣的行爲者，包括：殖民地高官、宣教士、人類學家、攝影師、當地原住民等，他們彼此之間存在了複雜矛盾、相互再現的關係，這些行爲者的共同實踐與交錯，才編織出所謂的殖民地文化。更重要的是，Thomas強調他們雙方的關係不能被視爲單純的「壓迫─抵抗」而已，倒不如看成是超越「壓迫─抵抗」以外的相互實踐，有的背叛、有的忠誠、有的選邊站。在Thomas的「殖民計畫」這個基本概念下，飯高分析了日本於一九一四─一九四四年統治密克羅尼西亞的馬里亞納群島期間行政官員、企業家、日本移民、原住民彼此的權力折衝與利害糾結，從這四種人的不同身分、立場與利益考量，去論述當地製糖業的發展過程。

此外，崔吉城主編(一九九四)《日本的殖民地與文化涵化：韓國・巨文島》一書，也承續了近似的看法，巨文島位於濟州島的東北方，島上的民俗文化、漁業、教育、祭祀宗教、外來語(日語)深受日本的影響，日韓兩國人民的互動關係也非常密切。崔吉城認爲，文化涵化(acculturation)的觀點比較有助於了解外來文化從傳入、接受、變化乃至創造的整體過程，它是指兩個不同的文化接觸後，經過一段長久時間，兩者相互採借適應，彼此都產生變化的現象。由此出發，該書定位巨文島研究的特色是：從強調殖民者對殖民地的單向控制或同化，轉爲殖民地對殖民主的逆向影響或回應，包括島民對日本人的抵抗、屈服，以及彼此之間的融合、競爭等詭譎多變的人際往來。

綜觀以上各家論述可以窺看出，它們共同著眼於：如何超越二元對立、宰制與被宰制的固定視角，主張以更多樣、變動、辯證的方式，處理殖民者與被殖民者、宗主國與殖民地雙方的相互關係。準此，本章從「東方主義的再思考」這個問題意識出發，希望去凸顯一九六〇至七〇年代沖繩諸島台灣女工的多元身影，一言以蔽之，這些女工的某些身影確實和《東方主義》、《魚群記》書中的描繪相仿，與女性的肉體身體、男女的性愛交歡有關，仍被置於充滿權力宰制的不平等關係裡，然而，有的身影則與權力位階差序並無太大關連，它們是自然而然地被鑲嵌在「被殖民者—殖民者」、「送出國—接受國」、「雇傭—雇主」、「女—男、女—女」等國族、族群、階級、性別組合的天羅地網中，共同打造出台灣女工在沖繩諸島的可能形貌。換句話說，從「東方主義的再思考」這個面向切入，本章希望有別於「加害者、歧視者、榨取者」—「被害者、被歧視者、被剝削者」二元對立的論述方式，並且，不再只由沖繩單方、片面地再現台灣女工，也不是以女工的有限記憶重返當時的時空，而是把握台沖兩方的雙重視角，交叉地了解彼此的凝視與互動，以捕捉曾經存在、卻未被發掘的台沖關係。

本研究的對象是沖繩縣南大東島上的台灣砍蔗女工，接下來就分別從「引進台灣女工的背景：從缺工到補工」、「南大東島島民眼中的台灣女工」、「台灣女工回望的南大東島島民」三個面向去鋪陳。首先，「引進台灣女工的背景：從缺工到補工」是以接受國沖繩的脈絡，掌握台灣女工之所以出現的時代背景；接著，進入本章的主軸，描述和分析「南大東島島民眼中的台灣女工」與「台灣女工回望的南大東島島民」，在「東方主義的再思考」這個視角底下，它們到底呈現出什麼樣的意涵。

四、引進台灣女工的背景：從缺工到補工

二次大戰結束後的沖繩，不僅從台灣，也從菲律賓、韓國、印度等地引進所謂的外勞，在美軍基地、甘蔗園、製糖廠、鳳罐工廠、伐木場、建築工事等地方工作。引進外勞並非完全沒有限制，美國管轄期間（一九四〇—一九七二年），是以琉球列島美國政府的立場加以認可，隨著一九六五年九月《非琉球人雇用相關規則》（非琉球人の雇用に関する規則）此一法案的施行，改由沖繩人民自治機構下的「琉球政府勞動局」負責統轄沖繩以外地區勞工引進之事宜。一九七二年五月沖繩回歸日本之後的五年內也就是直到一九七七年，仍依據一九七一年十二月底公布的《沖繩回歸特別措施》（沖縄の復帰に伴う特別措置法）繼續引進外勞。與本章最有直接關連的當屬在甘蔗園、製糖廠、鳳罐工廠等地工作的外勞，從缺工到補工，先要說明的是，爲什麼沖繩缺乏這些工人，也就是造成缺工現象的原因到底爲何。

外村大、羅京洙（二〇〇九：七九—八〇）曾研究一九七二—一九七七年這段期間沖繩地區的短期季節性韓國外勞，依他們兩位的看法，外勞之所以會出現在這些地方，與其「工作性質」以及「勞力市場的供需狀況」有密切的關連。

先以工作性質來說，甘蔗和鳳梨這兩種作物都無法長期保存，無論採收或加工都需要投入大量的勞動力，加上砍蔗工作乃極需體力、耐力的重度勞動，鳳罐工廠的薪資又非常低廉，這些工作幾乎很難找到當地人願意從事。之前大多從農村人口中調度，然而，隨著工業化、都市化以及商業化的發展，離農(retirement from agriculture)現象開始出現，許多農村人口紛紛往薪資較高的沖繩本島或日本本島去工作賺錢。昭和四十年(一九六五)左右的日本，正是所謂昭和元祿的時代，也就是昭和經濟發展的全盛時期，對外貿易不斷擴大，國內各項大型建設紛紛展開，是工業生產擴張的黃金年代，大阪萬國博覽會會場的基礎建設，迎接自用車時代來臨而興建東名、名神高速公路，以及民間各地的住宅建築等所有工事，都大量吸收了來自全國各地農村的勞動力，也包括沖繩本島和離島的勞動人口。那時沖繩的本土產業不甚發達，就業機會也有限，比較重要的只有甘蔗和鳳罐兩大產業，但是，鳳罐工廠通常是在沖繩本島北部或石垣島等栽種鳳梨的農業地帶，甘蔗園或製糖廠也位於南北大東島等離島或是本島交通不便的偏僻地區，在地利條件不佳的因素下，這些產業既已無法留住農村人力，更遑論吸引其他地區或都市人口來此工作。

本章的研究對象是沖繩縣南大東島上的台灣砍蔗女工，故先以大量引進台灣女工的「製糖業」和「蔗農」爲例，說明它們如何面臨缺工、又如何進行補工的具體措施。

根據當時沖繩頗爲知名的製糖公司「第一製糖株式會社」社史《第一製糖株式會社二十周年記念誌》(一七八〇)的資料，一九六五年製糖期間還出現不少潛在的失業者，很多當地人自己會跑來糖廠求職；但到了隔年，製糖廠卻面臨連短期季節工都招不到的窘境，勉強找來的臨時工素質低落或參差不齊，對於製糖期間的廠務運作，已經造成了影響。因此，第一製糖株式會社社長決定，直接向琉球政府行政主席陳請，希望准許開放台灣勞工前來，以下是社長在昭和四十三年五月三十一日所寫「關於製糖廠雇用非琉球人季節工」的書信大要（一九八〇：一九二）：

本社之前遭逢前所未有的勞工短缺，面臨慢性的勞力不足，多次被迫歇業，即便如此還是苦撐下來了。製糖業人手不足的原因，不僅出在本地勞動人口總數不足，也與製糖期間過短、製糖業屬季節性工作等特質相關。製糖廠的臨時工人，通常等製糖期間一過又成了失業者，或得再轉到其他職場去當臨時工。這對深受貿易自由化以及國際糖價影響、並高度要求合理化經營的製糖業來說，是個非常嚴肅的問題。可以預見，明年製糖期間勞力不足的現象只會更加嚴重，因此，個人由衷地懇請，准予本社從台灣引進具有經驗的製糖工人，以確保製糖期間的勞力無缺無誤，同時，本社也將盡力維持本地季節工人的水準，並提高其勞動意願，敬請查照。

可以看到，該陳請書中明白指出，造成製糖業缺工問題嚴重的原因，除了勞動人口總數不足外，還加上製糖業本身「短期的、季節性的、臨時的」勞動特質使然，這些都使得當地的招工變成困難重重，於是，引進台灣移工成了不得不的替代方案。表一之一、表一之二是一九六六—一九七二年期間，沖繩地區重要製糖廠引進台灣移工人數一覽，移工有男有女，整體而言，女多於男，移工的勞動內容分成兩類，製糖廠的廠內勞務和蔗園的砍蔗勞務，女工多集中在砍蔗勞務，男工則是廠內勞務。

除了製糖廠的廠內勞務需要女工外，蔗農經營的蔗園之砍蔗勞務更需要女工。創立於一九五八年，號稱是沖繩地區唯一、也最具代表性的圖文月刊新聞雜誌《沖繩影像》曾報導過當時的台灣女工，一九七〇年五月號該刊以「砍蔗就交給她們吧！勤奮的台灣季節工」爲題，描繪來自台灣的原住民阿美族人、外省退役軍人、本省人在沖繩本島南端東風平村砍蔗的日常生活。「勞動者」，是台灣女工被該刊最主要再現的身分，當地蔗農工會的金城組長坦言，之所以引進台灣的砍蔗工人是因爲，台灣工人一天的勞動時間長達十小時，每人每天平均砍收一噸的甘蔗，比起沖繩人只能砍〇・六噸眞是強多了，對台灣砍蔗工人旺盛的勞動意願深感佩服，對其勞動成果更是滿心歡喜。

五、南大東島島民眼中的台灣女工

筆者在二〇一〇年二月初前往沖繩調查之前，已於二〇〇六年五月—二〇〇九年十二月底，陸陸續續在嘉義縣大林鎮訪談了多位高齡的女工(見第一章表二)，她們都是在一九六〇至七〇年代透過仲介、親友或是鄰里熟人的口耳相傳，從大林前往南大東島當砍蔗工。也因此，我決定依尋這些受訪女工的足跡，實地前往該地一看究竟，希望從南大東島島民對於台灣砍蔗女工的口述回憶裡，追溯她們如何被當地人凝視以及與之互動的情形，進而描繪出她們的可能身影。在此，必須簡述的是：南大東島的糖業發展、製糖業勞動人口短缺以及引進台灣女工的背景。

南大東島位於沖繩本島四〇〇公里的東方外海，地處北緯二十五度五十分、東經一百三十一度十四分，面積約三〇・五七平方公里，自古以來琉球人稱之爲「ウファガリジマ」，琉球方言就是東方離島之意，但直到十七世紀前半，它才出現在歐洲人繪製的地圖上，明治十八年（一八八五年）日本命令沖繩縣對大東諸島（南大東島、北大東島、沖大東島）進行探勘，大東諸島才正式劃爲日本國沖繩縣的管轄之下。南大東島最重要的開拓者是八丈島出身的富商玉置半右衛門（一八三八—一九一〇年），他於明治三十一年（一八九八年）視察夏威夷、東海、菲律賓、琉球群島，當遠洋漁船作業出到琉球時發現了南大東島，遂雄心壯志地開展對這座無人島的開發，特別是糖業的開發。南大東島的開發和糖業幾乎可以畫上等號，二次大戰結束前，掌控南大東島製糖業及行政自治權的就是玉置家族所屬的玉置商會，後改名爲東洋製糖及大日本製糖。簡言之，當時該地是日本政府行政權限無法到達的偏遠離島，島上的自治權幾乎由製糖會社一手操控，是名副其實的「社有島」（會社所擁有的島），除了少數管理階層的公職人員外，島民幾乎都是製糖會社所屬的蔗農，島上的店家、學校、郵局、交通也都由會社所把持及營運。一九四六年美軍開始統治沖繩，擺脫由製糖會社操控全島的壟斷局面，一九五〇年改名成立大東糖業株式會社，直到現在仍是南大東島最主要的產業。

研究沖繩離島經濟與人口移動的平岡昭利（一九七八、一九九二）曾提到，南大東島的糖業生產是以「當地人口的流出」與「外籍勞工的流入」這兩股相反形態所構成，製糖業勞動人口短缺的問題，在南大東島特別嚴重。究其原因，除了當地勞動力人口向外流出、地處偏遠、又是海中孤島等諸多不利條件外，還須考量的是：該區蔗園耕地面積非常廣大這個因素。一九七〇年代初期，南大東島的蔗農數約有三百一十二戶，總耕地面積一千零五公頃（一公頃＝一萬平方公尺），平均每戶面積約六公頃，而當時全沖繩平均蔗農的耕地面積只有七十六公畝（一公畝＝一百平方公尺），可說是天壤之別。且南大東島平均每戶蔗農的砍蔗收入約二百三十萬日圓，但超過三百萬圓元的蔗農就有六十

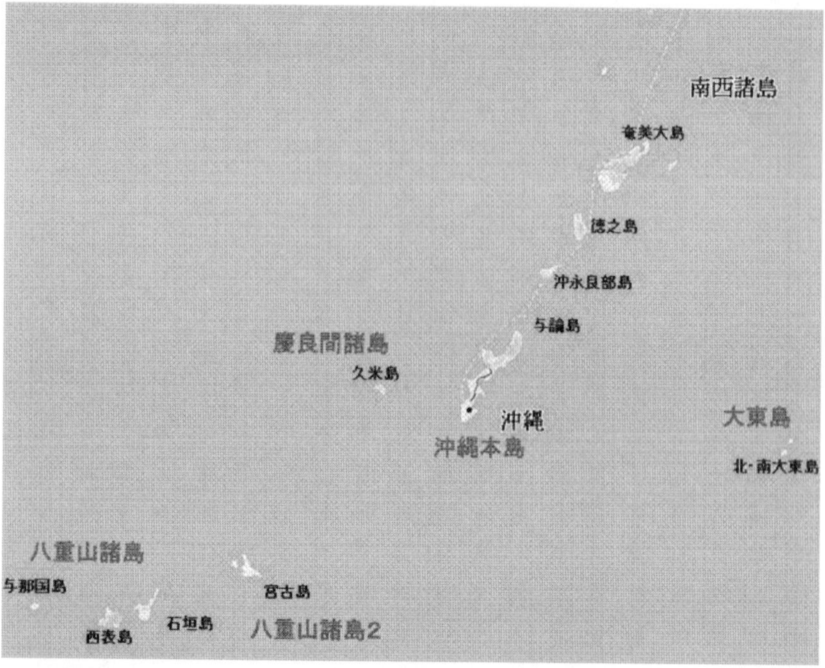

南大東島位置圖
資料來源：沖繩情報うちな〜ぐちフェスタ「沖繩全域地圖」
http://www.uchinajoho.com/okinawa/okinawaichiran/okinawamap/index.htm

南大東島上高齡78歲的西村老夫婦，聘雇了六名台灣砍蔗女工。（翻拍自『オキナワグラフ』，1970年4月號，頁12。）

はるかに国慶を祝う

在琉華僑が民国57年祝賀を開催

中華民国の建国五十七年を祝う国慶双十節が、十月十日午後七時から那覇市内琉球新報ホールで在琉華僑によって催された。

十の字が二つ重なることから双十節と言われるようになったこの日は、中華民国の建国記念日である。一九一一年の辛亥革命は清朝を倒し、翌一二年十月十日、孫文が臨時大統領に就任し、新しい中華民国が興った。以来国民政府は正式年号を民国何年と呼んでいる。

沖縄でも華僑たちは本国での行事に呼応して会合を開いており、ホールには家族づれなど千六百人が参集した。司会の翁世忠さんがこの催しには華僑の代表者が基金を出し合ったことを報告、また毛豊琳、朱錫煊の両氏を在琉華僑の指導者として紹介した。

台湾から技術導入で就職に来ているパイン労働者、建設労務者など二百人も、しばらく見ない故郷をしのんで、民族音楽や舞踊を楽しんでいた。

慶祝　中華民国建国記念双十節

華僑於那霸市琉球新報會館舉行57年國慶雙十晚會，來沖的台灣女工也受邀到場。(翻拍自『オキナワグラフ』，1968年12月號，頁22。)

戶，幾乎占了全數的二〇%。可以想像，在甘蔗採收尚未機械化的年代，人手不足確實是一個每年都令蔗農憂心不已的問題，最直接的影響是，不得不拉長甘蔗採收的時間，甘蔗採收通常是年底到隔年的五月份左右，但因人手不足採收延長至七月的話，甘蔗的甜味會變薄，也減損製糖的品質[3]。

二〇一〇年三月南大東島的人口數是一四〇五人，人口密度是每平方公里四十六人，島上最多時曾有二千人左右居住，早年每當製糖期人力缺乏，蔗農代表得爲了「勞務募集」而四處奔走，從沖繩本島或是久米島、伊是名島、宮古島等附近離島招攬工人以解決當地的缺工問題。一九六六至六七年左右開始從台灣引進工人，男女都有最多時曾超過七百名，主要是製糖期的砍蔗女工（表二），一直到台日斷交的一九七二年爲止，但之後仍有台灣工人以偷渡方式或觀光簽證的名義前往南大東島工作。受訪者菊池是南大東島島上唯一的台灣媳婦，嫁過來時是一九八〇年，因有人密告台灣女工十五人偷渡來砍蔗，她還被警察找去當問訊時的翻譯。

二〇一〇年二月初，筆者從沖繩縣首府那霸市飛抵南大東島進行調查，訪談了許多和台灣女工有過直接接觸的當地人（表三）包括：曾經雇用台灣女工的蔗農及其子弟、管理台灣女工及蔗農雙方的勞務對策委員、負責招募台灣女工來島的勞務募集委員、做台灣女工生意的店家老闆娘、間接聽聞台灣女工軼事的島民（如糖廠員工及村史編纂者）等十九位報導人。除了和明、千惠光、菊池太太、金城四位是後來「間接聽聞」台灣女工的軼事外，其餘的人都和台灣女工有過「眞實接觸」，因此，透過他們的回溯，筆者可以更貼近地掌握島民與台灣女工的互動，並從這些互動經驗的擷

3　「苦悩する離島進む過疎手さぐりの対策」，『沖縄タイムス』一九七三年二月二十七日。

取，捕捉他們彼此的可能關係。

在此，必須交代一下筆者於南大東島的訪談過程以及訪談資料的取得方式。由於南大東島面積不大，人口稀少只有千人出頭，目前仍以製糖業爲主，要鎖定「和台灣女工曾經有過眞實接觸的島民」並不困難，筆者從民宿業者金城太太的介紹開始，順利地以滾雪球方式陸續找到受訪者。他們對於我的到來，大多表示歡迎、驚奇和些許的懷念，畢竟，對這些島民而言，看過「台灣女工的身影」已是三、四十年前的陳年往事了。我一開頭的詢問總是：「您對台灣女工留有什麼印象？」盡量先讓受訪者自然流露、侃侃而談；途中，會提及台灣女工和韓國女工的比較，這不是刻意製造台韓的二元對立，而是爲了更了解島民眼中台灣女工的特質而加入的設問[4]；之後，針對男性受訪者，會穿插對台灣女工有無性幻想之類的話題，針對女性受訪者，也會問到是否耳聞女工與當地人或其他男工的情事。

從受訪者的口中清楚得知，台灣女工的身影絕不只是「女工」二字而已。以蔗農家來說，他們和女工的日常接觸最多，農家無法事先挑選女工，不知她們的來歷或素質，只能事先依自己蔗田面積大小及預估當年收穫量多寡，提出申請所需的砍蔗工人數，然後再等分配到各戶農家。他們眼中

4 一九七二年五月沖繩回歸日本，同年九月日本和台灣斷交，無法再引進台灣移工，一九七二年之後的五年期間，沖繩曾招募韓國移工前來，但因首爾和那霸之間的機票昂貴，且韓國移工不像台灣移工熟悉採收技術，發生許多事故衝突。沖繩縣知事一度想再招募台灣移工，但法律並不允許，當時日本的《勞動法》並不接受無技能的單純外勞，引進韓國的季節性勞工也是基於《沖繩回歸特別措施》這個法條下的例外。（藤野雅之，二〇〇四）

的台灣女工是多樣且參差不齊的，包括：年輕或年長、已婚或未婚、討蔗農家喜歡或不喜歡、砍蔗技術好或不好、抱持不同動機前來等，各色各樣的人都會存在。譬如，「砍甘蔗」雖是台灣女工出國的名義，但似乎也有人抱持「其他動機」來南大東島，蔗農子弟的伊佐就不諱言地指出，曾發生已經在台灣懷孕的女工，隱瞞自己的孕身渡海而來，然後在島上生下小孩，他認爲這個女工出國目的可能是爲了賺錢，也可能本身對外國有些嚮往。有少數年輕未婚不太會砍蔗的女工，她們來此的動機令人好奇，或許想出國見識見識，不會砍、不想砍每天哭哭啼啼的人也不是沒有。

重要的是，回到「東方主義的再思考」這個問題意識，去凸顯一九六〇至七〇年代沖繩諸島台灣女工的多元身影時，是否有以及到底有哪些身影，和《東方主義》、《魚群記》書中的描繪相仿，與女性的肉體身體、男女的性愛交歡有關，仍被置於充滿權力宰制的不平等關係裡？

的的確確，台灣女工是不少當地男性愛慕垂涎的對象，特別是未婚年輕又稚嫩的女工，和男性發展出不尋常關係者時有所聞，譬如，被男雇主誘騙到房間強暴，和其他男工或當地男性有曖昧行爲，有的還因懷孕中途被遣送回國。淺沼一邊回想一邊忿忿不平地抱怨，少數女工晚上會偷偷跑出去約會（還是賣春也不知道），第二天當然沒體力砍蔗，對蔗農家而言也算是損失。新城從一開始受訪就非常大方地承認，他對台灣女工極具好感，當時他也年輕又單身未婚，女工有的才十七、八歲都很不錯，某些女工會主動對他示好，生病時在身旁照顧他，甚至也和她們接吻或發生男女關係，但又很怕她們懷孕，可惜的是，終究沒有和台灣女工成婚。年過六十歲仍一派瀟灑、散發熟男魅力的伊佐，家中雇用台灣女工時，他已經是二十歲的成年男子了。他說男工們主要負責搬運，他也得一起幫忙做，比較需要耐力而非體力的砍蔗則由女工從事；放假時他得負責開車送女工們去街上看電影，大家都很開心。他不諱言地坦承，當時自己已經有要好的女朋友，但還是會對這些台灣女工有點興趣，甚至產生某些無可厚非的性幻想。

然而，要進一步追問的是，除此之外，女工又有哪些身影與權力位階差序並無太大關連，而是自然而然地被鑲嵌在「被殖民者—殖民者」、「送出國—接受國」、「雇傭—雇主」、「女—男、女—女」等國族、族群、階級、性別組合的天羅地網中呢？

筆者從訪談資料中整理出：「稱讚被殖民者」、「向被殖民者學習」、「和被殖民者的家人情誼」三點，試圖趨近島民凝視及互動下的台灣女工。之所以用「被殖民者」而非「女工」這個字詞是因爲：「被殖民者」一詞，較能涵蓋不同島民眼中不同的女工身影，如前所述，所謂的島民就是十九位報導人，包括了曾經雇用台灣女工的蔗農及其子弟、管理台灣女工及蔗農雙方的勞務對策委員、負責招募台灣女工來島的勞務募集委員、做台灣女工生意的店家老闆娘、間接聽聞台灣女工軼事的島民等人，他們眼中的女工身影則涵蓋了勞動者、省錢達人、消費者、愛人、家人。更重要的是，本章旨在從「東方主義的再思考」此一視角，去凸顯一九六〇至七〇年代沖繩諸島台灣女工的多元身影，因此使用「被殖民者」一詞，更能傳達出與殖民者(島民)之間權力關係的轉換及變動。

一、稱讚被殖民者

南大東島的所有受訪者都異口同聲地稱讚，台灣女工砍蔗技術精湛，從早到晚勤奮努力、任勞任怨。近耳順之年、當時也才還不滿二十歲的蔗農子弟沖山，就對台灣女工的砍蔗技術讚譽有加。他觀察到台灣女工砍蔗時，多從甘蔗莖部的下半段一刀砍下去，對蔗農而言，這才算是「技術」！

但從宮古島來的日本女工，則從莖部的上半段剉斷，因爲這樣操作容易，但對蔗農而其實是損失，當時因普遍人手不夠，農家也不好吭聲。台灣女工一人一天平均可以砍到一噸的甘蔗，日本人頂多只砍○．五噸，效率眞的很驚人。

此外，和一九七二年台日斷交後引進的韓國女工相比，更能凸顯出島民眼中台灣女工做爲一名「勤奮的勞動者」之價値所在。

首先，「勤奮」勞動者的重要形象之一就是「很少休息」。滿頭捲髮、宛如相撲選手的菊池是蔗農子弟，家裡曾雇用過台灣女工，他立刻從舊衣櫃中找出泛黃的黑白照片，那是四名台灣女工和一名台灣男工出遊的合照。拍照的人可能是其姐夫，他特別強調，台灣女工幾乎不玩、也不想玩，只在回國前夕、農曆春節、糖廠洗機械休工時才有空出來，應該就是那時候拍下的這張照片。

沖山回憶台灣女工都很拚命，從早到晚，下雨天也穿著雨衣出去砍蔗，一方面她們熟悉工作的內容和技術，主要還是目的清楚，就是爲了賺錢而來。對照到後來的韓國女工未婚者多，一下雨就想休息，回國前都說不想再來砍蔗了，但之後還是再過來賺錢；台灣女工已婚者較多，非常勤勞，下雨天照樣工作，回國時都說還要再來做。

七十多歲的淺沼是當地的蔗農大地主，蔗園面積很廣，最多曾同時雇用十八名台灣女工，也做過「勞務募集委員」到台灣召募女工。他斬釘截鐵地說，台灣女工都沒什麼休息，就是想多賺，女工們彼此也會自行分配工作，更有效率賺更多。至於後來雇用的韓國女工都不能信任，也不夠勤快，互相常吵架，還出現女工懷孕自殺的命案，弄得當地雞飛狗跳、雞犬不寧。

臉上始終堆滿笑容的典子五十出頭，她的娘家也是當地數一數二的蔗農，小時候家裡每年都會雇用到十三－十五名的台灣女工，她回憶這些女工有多麼勤奮，下小雨也照樣出去工作，只有下大雨或糖廠洗機械時才會休息。相對的，後來雇用的韓國女工抱怨就很多，還經常嫌提供的食物難吃、不好吃、不能吃，傍晚早早就回到宿舍，不像台灣和宮古島來的女工都賣命做到天黑才返回休息。

新城已是白髮蒼蒼的六十幾歲老翁，二十五歲時母親剛過世，他必須一人照顧兩萬五千坪面積的蔗園，每年雇用四－五名的台灣女工，對她們勤奮工作的印象極其深刻。但對於後來的韓國女工則頗有微辭，覺得韓國人喜歡說謊，謊報自己的學歷，又經常批評日本蔗農家如何不好，當時他也曾用簡單英語回罵她們。

二、向被殖民者學習

對南大東島島民而言，台灣女工除了是一名勤奮的勞動者外，她們還有個共通的特質：節省，這個特質最常展現在女工對於三餐食材的選用上，但對島民來說更有趣的是，「省錢」達人此一形象竟然和「採草」達人相互連接，此外，女工仍會展現一定的消費，特別是防曬護膚的好習慣，也是受訪者口中直說要「向台灣女工學習」之處。

沖山說台灣女工都很節省，蔗農家給她們一天的食材錢是固定的，但她們都努力省下來，盡量吃得簡單，認為多出來的錢也算是賺到。同樣地，新城回憶家中雇請的台灣女工就是節省，每個月固定給她們的食材費都努力省下來，說是要存錢帶回台灣。但對蔗農家來說，這筆錢不是要她們拿回國的，如果女工沒有體力、沒了健康無法工作或導致效率不佳時，對農家而言損失更大。

典子的父親晚上會出去海釣，當地有一種叫做「インガンダルマ」的夜行性深海魚，禁止販賣，但允許自給自足。父親通常只吃魚身，魚頭部分就會扔棄，台灣女工卻把魚頭揀來煮食，這種魚吃多了皮膚表面會排出油份，味道很臭，或容易引起肚瀉腹痛，她們偶爾會覺得不好意思，但知道此乃珍貴魚肉也就不以爲意了。典子也發現台灣女工都很節省，每回拿料理食材給她們時，都說「還有，還有，不用沒關係！」絕對不浪費，強調這是日本人要向台灣女工「學習」之處。

那麼，「省錢」達人此一形象，又如何與「採草」達人相互連接呢？

奧山是七十多歲的電器行老闆也兼賣些成藥，當時不少台灣女工也去光顧，他認爲台灣女工可能是貧困才如此節省，她們絕不奢侈(相對地，他就曾聽說韓國女工常喝牛奶)，經常出去採野草、藥草、木耳來吃，或煮成藥湯喝，女工覺得天然食物對身體比較好，但基本上還是因爲節省。不只奧山，其他受訪者也都強調台灣女工採草藥的本領，伊佐、淺沼知道家中雇用的台灣女工空閒時會去海邊等地摘野草，枸杞、薄白磯松(*Limonium wrightii forma albolutescens*)等，南大東島本身就是很多野菜藥草的天國，(東和明、中井精一、ダニエル・ロング編，二〇〇九)女工把它們拿來當食材炸天羅婦或曬乾做成中藥，有的可能也帶回台灣。典子也目睹台灣女工以野草做菜，直說從她們身上「學習」到不少，譬如，枇杷葉、木耳、犬酸漿(*Solanum nigrum*)等都拿來做菜用。整體而言，島民認爲她們此舉可能是爲了節省菜錢，但對於女工具備野菜、藥草的豐富知識，還是不斷地「嘖嘖稱奇」！

然而，台灣女工並非只會一味的在餐桌上節省或是外出採免錢的野菜，她們也有展現消費能力的一面，成爲當地店家歡迎的客源。沖山回憶說，通常要等到糖廠清洗機械停工時，砍蔗女工才能休息，以前洗機械是固定的，所以她們的休假也是固定的，二十天清洗一次，她們也就二十天才休息一次，那時候女工們會抽空出去買買東西，街上變得熱鬧，店家也有得賺。女工們回國前，佳麗寶的毛線、自動折傘、征露丸、曬乾的昆布、魷魚等是常買的紀念品。來到奧山電器行兼藥局的女工，大多利用晚上才來家裡選貨，平日會去買中將湯、養命酒、命の母、武田合利他命等保健食品或飲品，甚至有人要求皮下注射安瓶藥劑。回國前女工也買些電鍋和電熱瓶，更指名採購當時最夯的SONY收錄音機當回國禮物，還會嫌棄聲寶牌（SHARP）或國際牌（Panasonic）的品質不夠精良。雖說台灣女工在節省中不忘消費，但所謂的消費仍是有限的，是一種非日常性、非經常性的，只在休息或回國前夕才會從事，終究，在島民眼中她們還是超級的「省錢達人」。博子是奧山的太太，她回憶曾有台灣女工拿戒指來換藥，就是物物交換，女工希望多拿些現金回台，加上當時的現金就是美金，但沒多久換到的那只戒指就斷開了。她也發現，女工們會故意把新買的電器產品包裝成二手貨或弄成已經開封使用過的，這樣帶回台灣才可免稅，而且女工很會殺價，只有在買藥時比較節制不會亂砍價，她們可能認爲藥品越貴對身體越好吧。

涼子母親開的百貨商店已經在南大東島屹立了四十多年之久，當時她還只是個中學生，她回想著說，因女工們白天都在田裡忙砍蔗，幾乎是晚上店家關門後，直接到家裡來挑貨。涼子的母親是現年七十六歲的老闆娘正子，她的店也是資生堂用品的專賣店，四十年來連招牌、看板、櫃檯都沒換過，資生堂的化妝品保養品一直是台灣女工的最愛。她還依稀記得一些簡單的閩南語（譬如女工常買的養命酒），她說台灣女工很會照顧肌膚，出去田裡砍蔗時，從臉部到手臂都會包得緊緊的，南大東島當地的女性也開始「學習」她們的保養工夫。

三、和被殖民者的家人情誼

如前所述，台灣女工除了是當地男性愛慕或幻想的對象外，不可忽略的是，也有蔗農把女工當成自己的姊妹或女兒來看待，可以說，她們彼此間確實存在著擬似的姊妹情誼，是女性之間尊重和充滿情愛互動的情誼，特別是對那些尚在年幼或青春期的女性蔗農子弟來說，女工的存在，也是她們成長記憶裡的重要部分；此外，和台灣女工之間有如「家人」般的關係，也是女性受訪者屢屢強調的，特別是展現在食材的提供以及日常的噓寒問暖。

羊子、典子、輝子都已是五十歲左右的婦人，當年都還是年幼的蔗農子弟，台灣女工住在和自家同一塊庭院內的宿舍，只是不在同個屋簷下，小女孩不僅可以就近觀察到她們的日常生活，而且，和家中雇請的台灣女工之間是有眞實互動的，地點不是女工揮汗如雨的蔗田，而是在自家的庭院、屋內或女工的宿舍裡。典子是受訪者中對台灣女工回憶最多且最深刻的人，她感性而滔滔不絕地訴說著，台灣女工如何地疼愛她，和她父母也像「家人」一樣地互動，用情極深。

> 她們常用麻油炒菜，很香很好吃，負責燒菜的女工總會叫我「呷飯啦，典子！」我對台灣女工印象非常良好，她們的存在，是我童年少年時期非常重要的記憶。一九七二年之後，知道她們不能再來時，我很難過地一直問父母：她們爲什麼不來了呢？每次她們回台灣，我都會去港口送行，邊送邊哭看著船開走。……
>
> 有時候，我會去她們宿舍做功課，女工們也順便學點日語，星期日我不用上學，會去宿舍

找她們玩，我沒有姊姊，所以都把她們當成自己的姊姊，還跟她們一起在蚊帳裡睡覺呢！有個台灣女工和當地日本男工發生戀情，後來未婚生子，她們約會時，我還曾經去當過電燈泡。……回國後她們曾寄椪柑、蜜餞來給我父母，這是島上很稀罕的食物，我拿到學校請小朋友，感覺很得意呢。（典子）

淺沼的太太已年過七十，她不疾不徐地回憶說，自家蔗園面積很大，最多時雇用了十八位台灣女工，她覺得未婚者通常比已婚者較勤快，能做且肯做，當時有位彰化出身的女工叫美玉，都暱稱她「姉さん」（姊姊），至今也仍保持聯絡，每次人到那霸都還會打電話來。當時因為還沒有冰箱，她經常會送女工自己醃漬的鹹豬肉，也送她們些魚肉蔬菜當食材，或是自己做的魚壽司給她們吃，女工都很高興，什麼都吃、從不挑剔。

典子提到她的父母每個月會在家裡舉辦「營養會」或「慰勞會」，準備豐盛的美食犒賞台灣女工的辛苦，雖然，她們五音不全或日語不太靈光，卻也在餐會上賣力唱日本歌、自娛娛人。眞的彼此像「家人」一樣互相體諒，女工都叫她父親「頭さん」（應該就是閩南語的頭家之意），遇到天氣寒冷或是下霰時，母親也會先在屋內生火，等她們下工回來就可以馬上取暖。

同樣地，將台灣女工看做自己女兒的是伊佐的母親，她已高齡八十五歲，指著一張泛黃照片中的七名女工，清楚記得中間笑得很燦爛的三人是來自雲林縣，當年都還小也未婚，而且三年連續來家裡砍蔗。伊佐的母親不斷強調，彼此就像「家人」一樣，照片是甘蔗採收結束後在家舉行的慶祝餐會，大夥坐在榻榻米上用餐，桌上擺著沖繩當地著名的水果飲料「バヤリース」，也是考慮到年輕

伊佐的母親(最後方)為台灣女工(中至右的七位)舉辦送別餐會，考量其年輕不勝酒力，所以用沖繩老牌的「バヤリース」飲料替代。
(伊佐提供)

女工可能不勝酒力吧。

以上從「稱讚被殖民者」、「向被殖民者學習」、「和被殖民者的家人情誼」三點，捕捉了島民眼中台灣女工的不同身影，多數受訪者不是蔗農及其子弟，就是店家的老闆，從他們立場觀察到的台灣女工雖是片面，但仍有一定程度的寫實。回到本章的主軸，在「東方主義的再思考」這個視角的映照下，台灣女工有哪些身影，和《東方主義》、《魚群記》書中的描繪相仿，與女性的肉體身體、男女的性愛交歡有關，仍被置於充滿權力宰制的不平等關係裡？又有哪些身影，則與權力位階差序並無太大關連，而是自然而然地被鑲嵌在「被殖民者—殖民者」、「送出國—接受國」、「雇傭—雇主」、「女—男、女—女」等國族、族群、階級、性別組合的天羅地網中呢？為什麼？有以下兩點發現：

（一）不同的島民對於女工有不同的凝視，先從受訪者的「性別」來看，因受訪者的性別不同而相異，可以看到，和《東方主義》、《魚群記》中描繪的場景相去不遠，男性受訪者將台灣女工當成愛人而產生性幻想之事確實存在，相對地，女性受訪者則呈現較為溫潤的一面，展現如家人般的姊妹情誼。再從受訪者的「身分」著眼，對蔗農及其子弟而言，台灣女工的作息時空其實是被圈限的，她們的日常生活幾乎都在蔗園、宿舍兩地來回穿梭（後詳述），只有在特定的休息時間，才會現身於街上或店家，和一般島民的接觸很少。因此，蔗農及其子弟所觀察到的女工身影算是最頻繁的，無論從勤奮的勞動者到省錢達人，或是從愛人到家人。清楚看到的是，蔗農對於台灣女工多麼「讚譽有加」，所謂勤奮的勞動者此點非常符合蔗農的初衷與利益，也就是以較低廉的工資，雇用到比當地人便宜又勤快的勞動力，而且很少休息任勞任怨。特別是與一九七二年之後引進的韓國女工相比，韓工動輒想休息、不夠勤快等低落的勞動意願與狀態，都令生產者的蔗農搖頭嘆息，也因此，台灣女工的勤奮努力，更加讓他們難以忘懷、再三肯定。至於店家老闆的凝視又是另番光景，台灣女工去到店家買東西雖是非日常性、非經常性之事，但在商言商，基於對消費者的禮貌，店家老闆不太可能採取冷淡或否定的態度，對於女工採買時省錢、挑剔、殺價的態度，記憶猶存。

(二)最值得注意的是，台灣女工「節省不浪費的態度、採藥草的技術、防曬護膚的好習慣」等，都成爲當地人嘖嘖稱奇、學習仿效的對象，此點打破了《東方主義》中殖民者對於被殖民者，或是強勢者對於他者女性慣常性地扭曲地再現，相反的，它呈現出另類的可能翻轉，凸顯了殖民者並非全然高高在上，也有意願向被殖民者學習的一面。

六、台灣女工回望的南大東島島民

爲了凸顯一九六〇至七〇年代沖繩諸島台灣女工的多元身影，本章不僅從南大東島島民的角度凝視台灣女工，同時，也要從台灣女工自身的立場出發，到底，她們如何詮釋自己的跨國生命經驗，又如何地回望這些島民？

提到關於蔗園或農莊女工的先行研究，從被殖民者被壓迫者的處境著眼(Jain and Reddock 1998)，或是從被殖民者被壓迫者的反抗出發(Camp, 2003)，到強調女性移工的主體性建構等積極觀點(White, 1999、宮本なつき，二〇〇七)，不一而足。

譬如，Shobita Jain and Rhoda E. Reddock(1998)關注始於十六世紀中葉的農園這種制度與空間，這是伴隨西班牙、英國、荷蘭、法國等歐洲殖民勢力擴張後，在其熱帶和亞熱帶殖民地廣建的農園型態，農園的種植作物包括甘蔗、茶葉、橡膠、菸草、棕櫚等，隨著四百多年來的時空演變，農園內的管理營運、主從、雇用，包括從奴隸制到奉公契約制(indentureship)、人際互動等也多有更迭。書中有處理到「跨國遷徙的女性移工」，譬如，在牙買加的黑人女性奴工、在千里達和斐濟的印度女工，她們毫無選擇地被擺放在殖民與後殖民的歷史情境下，這些低教育、低技術、被圈限在有限勞動空間的女工，難以脫離殖民主義、種族主義、資本主義與父權制的夾殺。

Stephanie M.H. Camp(2003)描繪美國南北戰爭(Civil War, 1861-1865)期間女性黑奴在農場的日常反抗，像是無故缺席、偷竊、非法組織、破壞規矩、吐露心聲、逃跑等行爲，該書適圖跳脫二元對立的概念，諸如個人與政治、物質與象徵、組織性與日常性的反抗(organized rebellion vs. everyday resistance)、適應與反抗(accommodation vs. resistance)，去解讀女性黑奴反抗行動的可能意涵。

還有，Deborah Gray White(1999)試圖打破從白人信仰(Caucasian belief)衍生出來對蔗園女性黑奴的諸多刻板印象，像是無恥查某(jezebel)、雜種(sambo)、白人小孩的奶媽(mammy)等，透過女性黑奴的自我述說、南方白人的日記傳記等資料，還原農園中女性黑奴眞實的日常生活、工作、家庭角色以及女性網絡的運作，其目的是，一方面強調她們身處邊緣、邊境的奴隸世界之陰暗，但也不忘聚焦女性黑奴展現其主體性的可能。

以積極觀點凝視蔗園女工的是宮本なつき(二〇〇七)，她處理一九二〇年代夏威夷歐胡島(Oahu Island)甘蔗園的日本女性移民參與當地罷工的過程，該文指出，女性移民的相關研究雖然也承認她們是一名勞動者、是薪資所得的擁有者，但大多只關注到女性在家庭中的傳統角色與貢獻，女性移民所發揮的社會功能、參與勞工運動、工運中女性移民的位置等議題，並未受到太多的注意。因此，女性移民不僅只是爲家族犧牲奉獻，也非一味地服從權威，她們如何走出家庭，與外在世界做更有意義的連接，都是要凸顯的嶄新面向。

那麼，要追問的是，這些來自蔗園或農莊女工的反抗甚至積極的主體性建構，是否也曾發生在南大東島的台灣女工身上呢？

本研究中受訪的嘉義縣大林鎮八位砍蔗女工，對於三、四十年前的往事不一定想對人訴說，除了完成「賺到錢」這個夫家期待的重要任務外，也不覺得跨海之行有什麼特別深遠的意義，當筆者問到她們對於旅程、旅地、島民的想法看法時，其回答更是含蓄，甚至略顯貧乏，和前述南大東島島民對於台灣女工的多元凝視相比（勞動者、省錢達人、消費者、愛人、家人），明顯平淡很多。爲什麼？究其原因有二：一是女工本身的背景條件使然，一是和女工在南大東島的實際生活有關。

首先，出在女工本身的背景條件，重返一九六〇至七〇年代那個保守封閉的台灣社會，一位目不識丁的貧困農村已婚女性，要想長距離的向外移動，甚至漂洋過海出國，談何容易。她們來沖的主要目的，就是能在短期內賺到較多的錢，所有受訪的女工都是爲了脫貧，也就是爲了改善夫家的經濟狀況而向外移出。而且，她們均爲已婚者，心繫台灣的夫家及其子女；不識字也不諳日語，和當地工人或一般島民的互動，以比手畫腳、雞同鴨講居多，和頭家也就是蔗農的溝通也差不多，仍得透過翻譯或筆談。因此，女工們大多強調在島上最快樂、最興奮的事就是領薪水而已，對於其他與此無關的人事地景物，似乎沒有太多餘心、餘力關注，也或許根本沒有興趣。

其次，這和女工在南大東島上「停留期間過短」、「生活作息封閉」等實際體驗密不可分。

飯田收治（一九九一、一九九二）研究二十世紀初從東歐遷徙到德意志的短期農民季節性移工，主要是波蘭人和羅馬尼亞人，這些位於德意志農村社會最底層的外來者，延伸了在故鄉的習慣與人際關係，無需多花時間或精力去適應、去理解德意志這個新環境，當然，他們可能也沒有意願或能力。他們在封閉又隔離的營舍空間中，集體共同生活好幾個月，那裡也宛如是個保護膜，唯一能外出的是星期日到教堂做禮拜，順便買買東西和同鄉交換資訊，算是單調打工歲月中的小點綴。移工和當地社會的積極接觸幾乎沒有，當地人對這些外來者卻多投以鄙夷不悅的眼神，他們的口音、服裝、長相、群聚路過的樣子，無一不被嫌棄，所以移工中有不少人是帶著「反德情緒」回國的。

同樣的，類似的情形也發生在台灣女工的身上。她們在沖繩的時間並不長，通常是從年尾到隔年的四、五月這段期間，也就是配合冬季甘蔗採收的季節而停留，頂多五、六個月，少則二、三個月。其次，是生活作息封閉，她們一天的作息是在蔗園、宿舍兩地間來回穿梭，生活的絕大多數時間，都是和同樣身為女工的台灣人綁在一起，朝夕相處。聲音輕脆、滿臉笑容的阿蟬，回想她在南大東島一天的生活：

> 主要就是剉甘蔗，有的甘蔗容易剉有的比較難，這也影響甘蔗剉的把數，也就影響到妳賺多少，甘蔗田是分區域的，工人要排隊等，看被分配到哪一區剉甘蔗。下雨天要除草不能休息，我也不想休息，有做就有賺。……
>
> 許多年輕的女工二十幾歲不會做事，她們就賺得少，有時連生火煮飯都不會，只是幫倒忙，生火變熄火，看我煮飯就在旁邊打盹愛睏，乾脆我自己來做還比較快。早上兩個人一

組先起床，要做十八人份的早餐，順便包中餐的便當，晚上則是一個人天黑前先回工寮煮晚飯。……

我和同村的阿欠通常比較晚回來，所以也比較晚吃飯，因為兩個人有伴不怕黑，別人下工了，我們還繼續在甘蔗田摸黑做到六、七點，晚上吃完飯後，別人都早早躺平休息了，看到我們都問說：「妳們兩人怎麼做這麼晚啊?!」老闆是算你砍多少把甘蔗才給你工錢，所以我們就努力砍了。（阿蟬）

還有，不得不提的是，去南大東島當砍蔗工的她們，訪談中多次異口同聲地強調，這是一趟不折不扣的「苦工旅行」。剉甘蔗的辛苦、勞苦與痛苦，占去了女工絕大多數的時間，耗掉了她們最好的體力，當然，這也影響到她們是否有餘心、餘力和餘情，再對周遭的人事地景物產生太多的關注。

阿紫不假思索地回答：「為了賺錢才過去的，去那邊是生死門，不是養生堂耶！」以女工在當地最主要的工作「剉甘蔗」這件事來看，雖然，她們在大林就做過這些農事，算是駕輕就熟，但阿紫仍感嘆地說，腰痠是常有的，因為剉甘蔗時得蹲下去再站起來，背痛、手痛是家常便飯，自己從台灣帶了鐵牛運功散來吃；還有燒完甘蔗後，全身燻得黑黑髒髒的，味道去不掉不說，也很難完全清洗乾淨。阿蟬回想著所謂痛苦的事，就是手腕關節因剉甘蔗弄到疼痛發炎，貼撒隆巴斯也沒用，頭家還找人幫她按摩，但越按越痛，只好忍耐地邊做邊哭。說話慢條斯理的淑美吐露，去沖繩都是年尾的冬天從台灣出發，在當地剉甘蔗時天氣忽冷忽熱，早晚雖然很涼，但中午大太陽底下真的很難熬，手指都做到皸裂；還有一次眼睛被紅甘蔗刺痛，頭家帶她去診所洗眼睛，不僅價錢昂貴，還差點把眼睛弄瞎了！金葉也提到剉甘蔗導致手痛的事，晚上睡覺前整隻手幾乎僵硬，又麻又痛難以忍受，也不知是太冷、水質不好還是疲勞過度，其實上工時都有戴手套，但似乎並沒有改善。

綜觀「女工本身的背景條件」以及「女工在南大東島的實際生活」兩點之說明，可以推測，女工的異文化體驗也就是旅者對於旅程或旅地中人物、事物、景物所產生的感受、感覺及感知，可能極其短暫而零碎，足以用「隨風而逝」四字來形容。譬如，女工對於旅程的感受似乎是「痛苦」居多，因早期都是從基隆港搭船到沖繩，一九七〇年代晚期之後才有搭飛機。秋茶回憶說好多人都暈船，船艙內不時怪聲四起，她都不想待在那裡。阿蟬是村裡面最早一批過去的開路先鋒，她記得先到基隆港集合，經過五天四夜才抵達沖繩，暈船吐得厲害頭也很痛，非常疲累卻睡不著，日本小孩拿便當過來時都沒吃，全倒在海裡餵魚。同行者中有人暈船暈到斷氣，想乾脆跳海去死算了，在船上要上廁所還要別人攙扶，本來回程想坐飛機，但要好幾千元實在太貴了，而且船票是頭家出錢，只好忍受又再暈了一次，這也是她不想再去沖繩打工的原因。不同於早期出國者得忍受暈船的難熬，金葉是晚期才過去的，所以是先坐飛機到那霸，再轉乘十八人座的小飛機去南大東島，來回總共四趟都是搭機，她說到了中正機場登機口看到長長的紅地毯時，既驚訝又興奮，才知道原來那就是登機坪了，以出國帶來「大開眼界」一事，這算是女工口中少數「正向的」詮釋。

平心而論，筆者從本研究受訪的大林女工身上，實在很難找出上述蔗園或農莊女性先行研究中所提及的，來自被殖民者、被壓迫者的反抗（Camp 2003）乃至積極的主體性建構（White, 1999、宮本なつき，二〇〇七）等情況。那麼，在她們與南大東島島民或蔗農極其有限的接觸過程中，筆者到底能捕捉到她（他）們之間的什麼凝視、互動與關係？又，這個關係如何擺在本章的主軸——「東方主義的再思考」這個視角底下呢？可從「陌生的島民」和「親切的頭家」兩點來看。

阿紫聳聳肩幾許無奈地說，曾聽過沖繩人罵女工是「台灣豬」，但又能怎樣！她也略帶輕蔑地吐說，「阿球語」她聽不懂，也沒有和當地人交流，「阿球仔」愛喝酒衛生不好，看起來髒髒的鬍鬚很長，好像很懶惰，生活也不太好。阿蟬說輪到她煮晚飯時，得提前離開蔗園，回程路上會碰到開甘蔗火車的日本人，常常邀她搭便車載一程，但不會日語的她，連頭家的人名地名都不知道，只能跟他搖手，眞是可惜啊（露出惋惜的表情）！淑美淡淡地提及，她沒碰過什麼其他男工或女工，因爲是住頭家那裡，也沒機會認識什麼人，當地都是老人，年輕人都外出工作了。眞眞直說除了蔗農的家人和司機外，她幾乎沒有見過當地的男性，只有一次晚上去糖廠的路上巧遇，但心裡覺得害怕，後來沒有再出門，也很少再碰到。

可以想見，因爲「聽不懂、不知道、沒機會或心生害怕」，女工和當地人的接觸眞的很少，對於當地人的觀感，只能說是陌生而遙遠。頭家也就是蔗農家，或許就是她們在沖繩停留期間主要看到的「外國人」，因爲，女工的作息都在蔗園、宿舍兩地間來回穿梭，女工宿舍通常就蓋在和蔗農家屋同一塊的庭院內，每天進出多少都會碰面，那麼，站在女工的立場，如何感受到蔗農的對待、如何去觀察蔗農與她們的互動呢？主要展現在以下兩點：蔗農對於她們「平日的食材提供」，以及蔗農對於她們「收工後的休閒安排」。

首先，在平日的食材提供上，阿紫的頭家抓會下蛋的土雞給她們加菜，偶爾請吃大餐慰勞一下，下午還準備香蕉、點心、餅乾、茶水給女工吃。阿蟬不經意露出喜悅而肯定的表情說，在那邊下午都有點心可以吃，頭家泡好整壺咖啡隨你喝，最棒的是酥酥脆脆的牛奶餅乾，回國前半個月她都捨不得吃，打包好回國後，分送那些來看她的村人和小朋友；有時下午的點心是咖哩麵，沒有碗可以盛裝，就用葉子當餐盤用，那邊的清潔衛生也都很好。頭家平常給女工的食材不錯，蘿蔔很大很長她拿味噌去醃漬，頭家的兒子開船去海邊釣旗魚，他們自己吃生魚片，剩下的魚肉魚頭就給女工，她拿來煎一煎把魚頭炸得酥酥的，再放白蘿蔔下去煮湯，旗魚會出油很好吃，當便當的配菜也很新鮮。回台前一晚，頭家殺了頭羊犒賞所有女工，回台當天送每人一盒便當外加蘋果一顆，是當時最好最稀罕的。秋茶的頭家也會拿傍晚港口卸下的鮭魚頭給她們煮湯，或是拿雞蛋及整桶的味噌送她們。眞眞說她的頭家人很好，女工宿舍是旅館改建的，房間廚房都很大，比自己在大林三合院的土角厝還舒適，頭家娘拿自己種的蔬菜或豬肉給她們煮，過年時加菜，平常女工也會要求買豬皮，因爲比較便宜。

再則，是收工後的休閒安排，阿蟬頭家的兒子偶爾晚上會載她們去看電影，分給每人一角美金買電影票，她一次也沒去，把所有的錢都省下來。金葉回想她去到的那邊也沒什麼人煙，都是小山丘，頭家開車載她們環島看看，或偶爾到很遠的市場大街逛一下。秋茶的頭家娘有空會跟她們聊聊天，譬如說當地女人坐月子是吃粥不吃飯，配青菜和醬菜，和台灣吃麻油雞不一樣；頭家也會載她們去其他蔗農家工作，順便一起吃餐聊天。眞眞說她的頭家晚上會請司機開車帶她們去外面溜達，當地並不熱鬧，常常是有路走到沒路。曾經到過沖繩兩次的淑美，娓娓道出她對蔗農家的回憶：

頭家和頭家娘人都不錯，常常跟女工聊天黑白吐，還會幫我們寫信給台灣的家人。會社洗車（糖廠清洗機器）時，我們就可以休息外出了，頭家會帶去街上逛逛，不過南大東島的市街比大林還小，也不太熱鬧，沒什麼好看的，有錢也沒地方花，沒買什麼東西。倒是頭家第一次帶我們去電影院，我就在門口撿到一元美金，如果是十元那就更好了，當時還沒開始剉甘蔗呢，眞的很開心！（淑美）

以上從「陌生的島民」和「親切的頭家」兩個面向，掌握了台灣女工眼中南大東島島民的身影，再回到本章的主軸，從「東方主義的再思考」這個視角切入，台灣女工是否有哪些身影，和《東方主義》、《魚群記》書中的描繪一樣，與女性的肉體身體、男女的性愛交歡有關，仍被置於充滿權力宰制的不平等關係裡？而又有哪些身影，則與權力位階差序並無太大關連，而是自然而然地被鑲嵌在「被殖民者—殖民者」、「送出國—接受國」、「雇傭—雇主」、「女—男、女—女」等國族、族群、階級、性別組合的天羅地網中呢？研究發現：

（一）首先，從女工的口述當中，聽不到與女性的肉體身體、男女的性愛交歡有關的任何內容，即便在訪談中，筆者也曾含蓄地提問。究其原因可能出在，當時她們大多都是中年的已婚者，受訪者遂女甚至已經做到阿嬷，加上島上生活作息封閉、砍蔗工作辛苦，要發生這些事的機率是很低的。此外，即便眞的發生過，和南大東島的男性受訪者相比，這些高齡女工願意（會膽敢）侃侃而談者，恐怕也不多。

（二）其次，和前述「南大東島島民眼中的台灣女工」雷同的是，不同的女工對於島民有著不同的回望，有人覺得受到歧視，認爲島民骯髒懶惰，乃至心生恐懼；但也有人認爲當地衛生清潔還不錯，住的屋舍比大林老家還好，基本上，女工對島民的印象是陌生而遙遠的。

(三)女工對蔗農家的評價普遍良好，似乎沒有太多的怨言或不滿，蔗農給予她們平日的食材提供，算是一種味覺的刺激和滿足，女工在辛苦的砍蔗工作之餘，透過飲食及煮食，轉移注意力、也補充消耗的體力，特別是新奇昂貴的食材(牛奶餅乾、魚類、蘋果)，對於當時不識字、出身貧困農村的她們而言，是異文化體驗中少有的「奢侈享受」。此點，回應了前述「南大東島島民眼中的台灣女工」所提及的「和被殖民者的家人情誼」，特別是雇主和雇傭藉由食材的提供與傳遞，維繫了一種和平安穩的關係。至於，蔗農對於她們收工後的休閒安排，則是女工跳脫平日作息時空，得以在蔗園、宿舍兩地以外短暫喘息的片刻，電影院、其他蔗農家、市場大街成爲她們接觸異文化的稀有機會，但也僅止於蜻蜓點水。

由此推測，雖然女工和蔗農仍無法脫離雇主、雇傭的主從關係，但雙方也未必就存在著如Shobita Jain and Rhoda E. Reddock(1998)所提的，女工因身處殖民主義、種族主義、資本主義與父權制的夾殺而產生的壓迫關係，台灣女工選擇穩定認份的相處，沒有出現什麼日常反抗的舉動，力求雇用期間彼此的相安無事。那麼要問的是，爲何會產生這樣的互動關係？女工之所以採取和蔗農間安穩的相處之道，原因可能出在「女工本身的背景條件」以及「女工在南大東島的實際生活」，換言之，她們本身的意願能力以及來沖之後的生活作息等限制，使得她們「不足以」去積極抗爭或反抗雇主的不友善對待。但平心而論，透過「南大東島島民眼中的台灣女工」與「台灣女工回望的南大東島島民」之雙向映照，也可以感受到，女工或許主觀上並未承受來自雇主太多的苛待，因此，也不認爲有需要去爭取或反抗什麼壓迫了。

七、尾聲

本章從「東方主義的再思考」這個視角出發，掌握一九六〇至七〇年代沖繩諸島台灣女工的多元身影，強調不只由沖繩單方片面地再現台灣女工，也不是以女工的有限記憶重返當時的時空，而是同時把握「南大東島島民眼中的台灣女工」與「台灣女工回望的南大東島島民」之雙重視角，去捕捉哪些曾經存在，卻未被發掘的台沖關係。研究發現：台灣女工的身影是多元的，有的和《東方主義》、《魚群記》書中的描繪一樣，女工的的確確是不少當地男性愛慕垂涎的對象，仍被置於充滿權力宰制的不平等關係；但也有某些身影與權力位階差序並無太大關連，從南大東島島民的立場來看，女工是值得被稱許的勞動者，女工「節省不浪費的態度、採藥草的技術、防曬護膚的好習慣」，也值得島民肯定學習，蔗農和女工更發展出家人般的姊妹情誼；再從台灣女工的角度回望，女工感覺當地人陌生且遙遠，女工與頭家蔗農則穩定相處，沒有日常反抗的舉動，力求雇用期間的相安無事。

必須對照到先行研究，以凸顯本章的貢獻及特色。一言以蔽之，本章以春日直樹編（一九九九）、Nicholas Thomas（1994、1999）、Mary Louise Pratt（1992）、飯高伸五（一九九九）、崔吉城編（一九九四）等人的共同觀點，也就是如何超越二元對立、宰制與被宰制的固定視角，主張以更多樣、變動、辯證的方式，處理殖民者與被殖民者、宗主國與殖民地雙方的相互關係，架構出「東方主義的再思考」此一視角，準此，凸顯了一九六〇至七〇年代沖繩諸島台灣女工的多元身影。可以看到：

一、不同的島民對於女工有著不同的凝視，無論是從勤奮的勞動者到省錢達人或消費者，還是從愛人到家人；反之亦然，不同的女工對於島民也有著不同的回望，基本上是陌生而遙遠，但對於蔗農家的評價普遍良好。此點回應了Nicholas Thomas(1999)的主張，承認「各種不同原住民」與「各種不同西方人」頻繁交會的這個事實，透過本章也讓我們清楚看到，確實存在著「各種不同島民」與「各種不同女工」凝視與互動的實況。

二、値得注意的是，女工「採藥草的技術、節省不浪費的態度、防曬護膚的好習慣」，這些都成爲當地人嘖嘖稱奇、學習仿效的對象。此點打破了薩伊德《東方主義》中殖民者對於被殖民者，或是強勢者對於他者女性慣常性地扭曲地再現，相反的，它呈現出另類的翻轉，凸顯出殖民者並非全然高高在上，他也有向被殖民者學習的一面。

三、雖然，女工和蔗農仍無法脫離雇主雇傭的主從關係，但雙方未必一定存在著壓迫關係，女工選擇穩定認份的和平相處，沒有出現什麼日常反抗的舉動，力求彼此相安無事，也是女工在這趟跨海苦工旅行中的「自處之道」。此點超越了《東方主義》中二元對立、宰制與被宰制的固定視角，呼應Nicholas Thomas(1994)所強調的，殖民者與被殖民者雙方的關係不能被視爲單純的「壓迫—抵抗」而已，倒不如看成是超越「壓迫—抵抗」以外的相互實踐。

最後，「一九六〇至七〇年代沖繩諸島的台灣女工」，讓我重新思考台日關係中的其他雜音，「日本—沖繩—台灣」三者間的位階差序確實存在，但箇中「殖民—被殖民」的關係並非恆常不變，透過訪談所獲得的資料以及研究者隨後的詮釋，都只是這些關係中的間歇漣漪，關係，應該是持續奔流的。

表一之一　沖繩各製糖廠引進台灣移工人數一覽

名稱／年代	北部製糖			中部製糖			琉球製糖			第一製糖			大東糖業			北大東製糖			宮古製糖（多良間）		
1966/1967													-	386	386	-	80	80			
													-	33 353	33 353	-	12 68	12 68			
1967/1968				24	-	24	40	-	40	32	-	32	62	545	607	38	161	199			
				24 0	-	24 0	40 0	-	40 0	32 0	-	32 0	62 0	17 528	79 528	38 0	16 145	54 145			
1968/1969	30	-	30	56	-	56	40	-	40	25	-	25	64	694	758	41	240	281			
	30 0	-	30 0	56 0	-	56 0	40 0	-	40 0	25 0	-	25 0	64 0	23 671	87 671	41 0	22 218	63 218			
1969/1970	30	-	30	61	-	61	40	-	40	25	-	25	73	728	801	42	244	286	12	10	22
	30 0	-	30 0	61 0	-	61 0	40 0	-	40 0	25 0	-	25 0	66 7	43 685	109 692	42 0	26 218	68 218	12 0	10 0	22 0
1970/1971	30	-	30	39	-	39	36	-	36	25	-	25	44	582	626	30	196	226			
	30 0	-	30 0	39 0	-	39 0	36 0	-	36 0	25 0	-	25 0	44 0	95 487	139 487	30 0	43 153	73 153			
1971/1972				27	-	27							45	436	481	24	122	146			
				27 0	-	27 0							45 0	21 415	66 415	24 0	24 98	48 98			

表一之二　沖繩各製糖廠引進台灣移工人數一覽

名稱／年代	石垣島製糖			與那國製糖			西表糖業（西表製糖）			伊是名農協			計		
1966/1967				-	45	45							-	511	511
				-	24 21	24 21							-	69 442	69 442
1967/1968				-	55	55							124	761	885
				-	25 30	25 30							124 0	58 703	182 703
1968/1969				-	40	40	-	41	41				263	1,015	1,278
				-	10 30	10 30	-	21 30	21 30				263 0	76 939	339 939
1969/1970				-	52	52	-	48	48				271	1,072	1,343
				-	20 32	20 32	-	23 25	23 25				264 7	112 960	376 967
1970/1971	-	63	63	-	49	49	-	50	50	14	-	14	230	950	1,180
	-	15 48	15 48	-	17 32	17 32	-	18 32	18 32	14 0	-	14 0	230 0	198 752	428 752
1971/1972				-	27	27				14	-	14	110	585	695
				-	10 17	10 17				14 0	-	14 0	110 0	55 530	165 530

注：此表分成男女、製糖廠勞務和砍蔗勞務兩種。表的上段是合計，下段的上方是男性；表的左段是製糖廠勞務，中段是砍蔗勞務，右方是合計。

資料來源：若夏社編，『琉球製糖株式会社四十周年記念誌』，1992：164-165。

表二　1966-1972年南大東島製糖業勞力概況

區分／性別／年代	自家勞力		國內勞力		台灣勞力		合計		
	男	女	男	女	男	女	男	女	計
1966-1967	353	148	340	6	33	353	726	507	1,233
1967-1968	303	140	227	16	17	528	547	684	1,231
1968-1969	274	116	141	13	23	671	438	800	1,238
1969-1970	251	114	59	4	43	685	353	803	1,156
1970-1971	243	142	53	4	95	487	391	633	1,024
1971-1972	239	146	42	1	21	415	302	562	864

資料來源：南大東村誌編集委員会編，『南大東村誌』，1990：556。

表三　南大東島受訪者一覽

化　名	性別	年齡	和台灣女工的連接
幸　地	男	89歲	村議會議員、勞務對策委員，到台灣8次召募女工。蔗農，家中雇用台灣女工。
新　城	男	67歲	蔗農，家中雇用台灣女工。
沖　山	男	近60歲	蔗農子弟，家中雇用台灣女工。
和　明	男	49歲	寫南大東島村史時，聽說台灣女工到海邊採野草。
千惠光	男	約49歲	糖廠員工，耳聞糖廠雇用台灣女工。
淺　沼	男女(夫婦)	約76歲	蔗農夫婦，家中雇用台灣女工。夫爲勞務募集委員，曾到台灣2~3次召募女工。
奧　山	男女(夫婦)	70多歲	電器行兼賣藥的夫婦，台灣女工來店裡買東西。
伊　佐	男女(子母)	63歲	蔗農子弟，家中雇用台灣女工。
		85歲	蔗農，家中雇用台灣女工。
菊　池	男女(夫婦)	58歲	蔗農子弟，家中雇用台灣女工。
		57歲	島上唯一台灣媳婦，耳聞各蔗農雇用台灣女工。
正　子 涼　子	女女(母女)	76歲	商店老闆娘，台灣女工來店裡買東西。
		50幾歲	商店老闆娘的女兒，台灣女工來店裡買東西。
金　城	女	54歲	無，民宿業者，了解各報導人之背景。
典　子	女	52歲	蔗農子弟，小時家中雇用台灣女工。
羊　子	女	50幾歲	蔗農子弟，小時家中雇用台灣女工。
輝　子	女	約50歲	蔗農子弟，小時家中雇用台灣女工。

注：依男／女年齡順序排列。

第三章

展演與認同：

台北縣市國小多元文化週的女性移民

一、序曲

近幾年來，由東南亞籍或大陸籍新移民女性[1]自我訴求或是以她們爲訴求的各種文化展演，在台灣社會的能見度逐漸提升，無論是美食舞蹈，還是踩街走秀、歌唱藝能。從各地名爲「異國心・台灣情外籍配偶生活適應活動聯誼會」、「多元文化服裝走秀競賽展示會」、「外籍配偶家庭終身學

1 「新移民」一詞的起源是，二〇〇三年婦女新知基金會主辦「『請叫我……』讓新移民女性說自己徵文活動」，由來自東南亞及大陸的外籍配偶以母語或中文表達當她們被稱爲「外籍新娘」及「大陸新娘」的心情，以及她們希望如何被稱呼。徵文活動結束後又舉辦正名活動，由來自東南亞的外籍配偶及大陸配偶選出她們最喜愛的名稱，「新移民女性」獲得最高票，之後以此稱之。

習成果博覽會」、「新住民嘉年華會」等活動中的展演，到校園多元文化週的現身介紹，一般台灣人越來越容易在公共空間看到新移民女性的身影，感受到和她們有關的異文化氣息(邱琡雯編，二〇〇七、邱琡雯編，二〇〇九)。本章主要鎖定曾經在校園多元文化週展演過的女性移民爲研究對象，在此，先以新移民女性人數及其子女數高居全國第二位的台北市校園多元文化週爲例來說明。

依內政部戶政司二〇〇八年九月底的統計數字，台北縣是新移民女性人數(七萬三千八十人)及其子女數(二萬一千六十五人，九十七學年度上學期)最多的地區，次多的是台北市，新移民女性人數是四萬三千六百一十六人，子女數是一萬一千八百零一人(九十六學年度)。根據台北市政府教育局國教科編纂的九十四—九十六學年度《台北市國民小學多元文化週成果匯編》之資料，多元文化週是依照《台北市政府新移民照顧輔導措施工作小組九十四年度第四次會議主席裁示事項》、《教育部推動新移民子女教育輔導計畫》兩項法源舉辦，實施時間在三月中旬，只有短短的一星期。教育局指定了幾個類項的實施方式及內容，除了要求學生蒐集資料製作海報、辦理全校性展覽、多元文化學藝競賽或作品甄選外，與本章最有關連的是：邀請新移民父母到校向師生介紹母國生活及文化特色，提供欣賞學習，結合節慶活動辦理多國文化風情展演等，展演內容是介紹各國(東南亞或大陸爲主)的美食、歌謠、服飾、名勝、遊戲、特殊節慶以及簡單的打招呼用語。

從九十四—九十六學年度《台北市國民小學多元文化週成果匯編》的資料裡，筆者發現，各校負責承辦的教師在給教育局的「回饋與建議」這一欄項中，對於「邀請新移民父母到校展演母文化」此一實施方式，出現了正反兩種不同的意見。簡言之，教師看到了新移民女性及其子女對於現身(coming out, exposure)[2]校園和來校展演母文化態度上的迎拒，還有，教師本身對於這項活動所帶來的正負影響之看法。

首先，持比較否定論的教師發現，很多新移民家長不願曝光，參與也不踴躍，家長不願參與的理由主要是她們多有工作，很難在白天有空閒時間來校，此外，少數新移民家庭對活動抱持懷疑態度，或因夫家反對而無法參與。高年級的新移民子女比較不願暴露身分，不希望被標籤化，中低年級參與意願較高。至於可能產生的影響是，有的教師指出，校園中過度重視或凸顯新移民文化，容易讓新移民子女因太過宣導被貼上標籤，不知不覺中，又再度複製社會對於他們的刻板印象。

其次，持比較肯定論的教師認爲，剛開始邀請新移民女性參與時，本人因自認爲語言表達能力不佳，或是害怕無法勝任而退縮，但與之溝通後願意出面，其子女也滿意自己母親的表現。所以，鼓勵個性內向的家長上台介紹自己的母文化，可以增強家長及其子女的榮譽感，藉由活動參與，外籍母親及其子女也普遍提升自信，對其身分較能悅納，將所知分享他人別具意義。就活動的影響面來看，外籍家長親自現身說法，介紹母文化效果特別好，學生對新移民有更進一步的認識，不再有所偏見，並懂得關懷與尊重新移民及其子女，體諒他們遇到的困難，並思考協助的方式。

從上述教師撰寫的「回饋與建議」中出現的正反兩種意見，讓筆者進一步去思索：到底是什麼樣的因素或背景，讓那些身兼母職的新移民女性願意現身子女的校園，並願意出來展演自己的母文

2　「現身」一詞原是同志研究極重要的概念，也是同性戀認同發展的主要面向，本章的研究對象是新移民女性，她們多少也有現身的壓力，特別是在子女就學後現身於子女校園的這件事情上。

化？她們出來展演的實際經驗是什麼？又，透過展演母文化，她們的認同是否有所改變、如何改變？

在進入「文化展演、移民與認同」關連性的探討之前，必須和目前國內有關新移民女性的先行研究做一對照，以凸顯本章的特色及位置。先行研究主要將新移民女性圈限在兩個空間和角色中去討論：一、「教室」：台灣各級政府單位或民間團體主導下的生活適應班、中文識字班、駕訓班、成長班、親職教室裡的聆聽者、學習者或是等待被輔導的人。二、「夫家」：從她們深陷台灣夫家的各種不平等關係或角色切入，去解構其困境或出路。新移民女性在「夫家」的境遇，和近年來與韓國男性通婚的中國或東南亞女性頗爲類似，因台灣與韓國普遍存在著壓迫女性移民雷同的社會結構，簡言之，這裡的壓迫除了源自西方世界郵購新娘(mail-order bride)的思維，也就是源自種族主義(racism)以及將女性身體商品化(commodification)的思維外，還包括了東方社會「傳統父權制下兩性不平等角色分工」這套意識型態的作祟。當跨國婚姻遇上父權制下兩性不平等角色分工之意識型態時，男性雖然仍是家庭生計的主要提供者，但女性則被期待成行使家務勞動的主婦、一家老小的照料者以及勞動力的生產者，這種意識型態結合了種族、性別、階級等多重不平等的結構，彼此纏繞箝制這些漂洋過海尋求新生的女性(安貞美，二〇〇八)。

譬如，從母職實踐的困境與克服這個角度，探討新移民女性在台的種種生活適應，關於新移民女性在子女入學後的母職經驗之研究，常強調母職功能的不彰，並凸顯阻礙母職實踐的因素，陳雯鈴(二〇〇八)整理國內有關家長參與子女校園生活的文獻時發現，台灣社會「以女性爲主的中產階級家長參與模式」被視爲常態，家長須具備一定的語言和識字能力、了解學校的慣用語言與學校文化、有空閒的時間、具某種經濟能力等，這是家長參與子女學校教育的基礎。換言之，不具這些資質者，難以參與子女的校園生活，許多新移民女性並不具備這些條件。包括教養援助少、經濟壓力大、有心無力、受限的語文能力、缺乏母國支持網絡、居間系統(mezzo system)的封閉性等，但這些外籍母親也會透過參與親職教育工作坊、寄託於安親班、以子職反饋(children undertaking motherhood's duties)、姐代母職等方式去彌補。(陳雯鈴，二〇〇八、王光宗，二〇〇七、黃淑玲，二〇〇七、韓建忠，二〇〇六、林慧卿，二〇〇六、張明慧，二〇〇四)當然不可否認的，近年來有些研究已經注意到她們角色的多面性，張亭婷、張翰璧(二〇〇八)以「客家文化的嶄新傳承者」看待越南和印尼籍的新移民女性，分析她們如何運用飲食烹調策略，可惜的是，仍圈限在「夫家」家庭的廚房和飯桌內打轉，無法跨出家的藩籬。此外，林倩綺、王淑治、林菁眞、闕菊嬑(二〇〇八)初探越南籍新移民女性的休閒行為並加以分類，強調她們已經走出戶外，但該文著重的是行為本身而非角色扮演，也沒有觸及太多關於女性休閒與認同的議題。

由此看來，本章最大的特色是：突破了新移民女性只被圈限在「教室」和「夫家」這兩個空間的狹隘性，進一步挖掘新移民女性扮演其他角色的多元性，她們不再只是教室內被動的學習者，也不再只是夫家家庭內的勞動者、再生產者、經濟提供者或一家老小的照顧者。換言之，她們除了學生、人妻、人母、人媳等角色外，還有其他機會去扮演「教室和夫家以外不同的自我」，她們已經是一名站在公開場合侃侃訴說、展演自己母文化的女性，這是本章試圖提供的一個嶄新視角，接下來，先得定義「文化展演、移民與認同」三者之間的關係。

懷生國小多元文化週的靜態展。（邱琡雯攝）

懷生國小多元文化週的靜態展。(邱琡雯攝)

二、文化展演、移民與認同

文化展演(cultural performance)、移民與認同三者之間有著緊密的關連，簡言之，文化展演是移民在接待社會表達己身認同的重要方式，一般來說，移民在接待社會對於族群性或族群特質到底選擇要如何彰顯、如何隱藏，自有其特定的策略。族群性可以是移民在接待社會的生存資本、謀生工具乃至於認同依據，透過與該族群或族群性相關之企業、學校、媒體的經營，或是利用飲食、樂舞、宗教、節慶等方式的呈現，去表達移民對原生社會與接待社會親疏、遠近之不等距離，以達到移民個人想追求的認同，包括：族群認同、國族認同、政治認同、性別認同、階級認同或宗教認同等。無庸置疑的，文化展演即是其中表達己身認同的重要管道，分別從「展演」、「展演、移民與認同」、「認同」等三個面向，去做更深入的闡述。

首先，本章所指的展演行爲，也就是展演研究(Performance Studies)所關注的展演行爲到底爲何？國內研究原住民文化展演的先行研究很多，譬如，黃貞瑋(二〇〇九)以原住民馬太鞍阿美豐年祭的傳統與現代爲例，探討文化展演與認同的關係；胡台麗(二〇〇三)《文化展演與台灣原住民》涵蓋了三種文化展演的書寫：(一)對於原住民「部落中」實際祭儀樂舞的書寫、(二)這些祭儀樂舞「舞台化之後」的書寫、(三)關於前兩者影像化之後也就是民族誌「紀錄片」的書寫，該書主要處理的是，文化眞實、文化展演以及研究者社會實踐三者之間的關係。

高橋雄一郎(二〇〇五)將展演研究的對象分成三類：(一)舞台上的表演藝術活動、(二)日常生活中的展演、(三)文化儀式中的展演，但長久以來，展演研究常常被誤解爲只局限在第一項，也就是研究舞台上的表演藝術活動而已。若所有事象都可視爲是一種展演的話，那麼，展演研究顧名思義就是以「展演」做爲關鍵概念，去理解、去記述、去批判展演這個現象的一門知識及研究方法。展演做爲研究上的分析概念最早出現於一九五〇年代，學術界逐漸普及要到一九六〇年代的反抗文化(counter culture)研究，特別是指不同於劇場中供人鑑賞、自詡上流的戲劇，那些在街頭或廢棄倉庫裡演出、直接要求觀眾參與的前衛戲劇，算是將既成文化解體或再構築的先例。一九七〇年代以後，展演研究加入後結構主義(post structuralism)等批判理論，研究對象從演劇、舞蹈等舞台藝術擴大到文化實踐和日常生活，文化人類學、精神分析理論、文化研究、同志研究、後殖民研究、口語表達及溝通理論等都與之有所連接。高橋認爲，展演研究在賦予展演行爲的意涵時，至少包含了兩個層面：一是展演者如何去「複製」社會的既有規範，維護一般人習以爲常的價值觀，譬如男性必須是勇猛的，女性必然是纖弱的這種價值觀。二是展演者如何去「推翻」社會的既定規範，特別是那些長久以來被所謂主流或正統價值觀排除、壓抑的人們，如何自我表達、自我再現，成了展演研究的重要課題。像是因種族、族群、宗教、言語、經濟、疾病、障礙、年齡以及性別等差異，而飽受歧視的人們或特定少數集團，爲了確立自我的存在感，對於主流或是當道能夠提出什麼樣的質疑、抵抗或挑戰，都受到展演研究者的矚目。

譬如，探討「展演、女性與認同」關係的是Laura B. Lengel and John T. Warren(2005)合編《塑造性別：跨文化下的女性與展演》(*Casting Gender: Women and Performance in Intercultural Contexts*)，從劇場、說故事、劇本書寫、迪士尼等不同型式或空間出發，有正式劇場中的展演，也有日常生活中的展演，研究者透過和表演者及觀眾雙方的接觸，結合跨文化溝通理論、展演研究、女性研究、文化研究等取向，分析尼加拉瓜、北美、澳大利亞、德國、前南斯拉夫等地區被邊緣化的女性：貧困女性、原住民女性、女遊民、老年女性、黑人女性等，她們如何藉由展演去創造、去賦予社會意涵，以及建構自我認同。該書將文化、性別、認同等一般習以爲常的概念，置於「展演」這個主軸之下，強調它們絕非本質主義、固定不變或單一價值的，而是透過展演者、觀眾、研究者多方互動激盪後不斷被建構出來的，不停地演進且複雜多變。重要的是，對女性的展演當事人而言，展演舞台可否成爲她們賦權的舞台(performative stage as empowering stage)，達到可能的自他增能並強化其主體性，或者展演只是再製父系社會的霸權文化，還是兩者並存同時發生，這些都是值得深究的議題。也就是說，該書主張展演的意義與功能，可從個人、社會、政治等脈絡一一去加以剖析，展演行爲是出於反抗，抑或是迎合社會的主流意識型態，這個判斷得透過展演者自身對於他和觀眾的眞實互動，以及展演者自身接受來自社會評價的感受而決定。

類似的觀點早先出現於Laura B. Lengel(2004)主編的《跨文化溝通與創意實踐：音樂、舞蹈以及女性的文化認同》(*Intercultural Communication and Creative Practice: Music, Dance, and Women's Cultural Identity*)，該書結集了夏威夷、印度、羅馬尼亞、南非、巴貝多、越南、葉門、中國等各地女性展演的實例，包括：用喪歌歌曲保留傳統文化儀式的過程，以及在當代芭蕾舞、歌劇、舞蹈展演中，女性的身體如何成爲對抗權力壓迫(如父權制、階級制及國家機器)的一個可能戰場。該書強調文化與國族認同、族群性、性別、展演以及生活經驗彼此綿密的互動關係，重視音樂、歌曲、儀式及舞蹈對展演者和觀眾雙方所發揮的功能，將展演視爲跨文化溝通的重要手段，探討藉由展演活動這個實踐，女性如何去建構意義、傳遞社會價值、表達己身的政治立場及意識型態。

第二、許多文獻提及移民如何透過文化展演建構自我認同，May Joseph(1999)在《浮游的認同》(*Nomadic Identities: The Performance of Citizenship*)中將市民權、跨國主義或離散(transnationalism or diaspora)、展演這三組目前極重要的知識概念相互結合，指出當代社會人口移動頻繁，透過功夫電影、心靈音樂、戲劇、演講等展演自己的母文化，成了移民表達自我、取得文化市民權的重要手段。該書連接了遷徙者在世界各地的移動軌跡，找出他們如何爭取浮游的市民權(nomadic citizenship)之過程，Joseph關心的是所謂的市民權如何被呈現被表達，並強調文化是一種活生生的舞台裝置，藉由展演，移民的市民權有可能在此出現。類似浮游的認同之相關實例很多，Lon Kurashige(2002)研究第二代的日裔美國人不斷在「同化於美國」或「回歸到日本」兩者之間遊走的過程，他以在洛杉磯舉行的日裔第二代文化週(Nisei Week)也是美國年度規模盛大的日本文化節爲對象，分析從一九三〇年代到一九九〇年代不同世代、階級、性別的日裔美國人文化認同的轉折。還有，翟振孝(二〇〇五)以祖輩從中國遷居到緬甸的華人，一九六〇年代前後遷移到台灣且聚集在中和地區的華人，以及一九七〇年代由緬甸或經由港澳、台灣等地再遷徙至加拿大多倫多的緬華移民爲對象，由文化經驗、環境調適與行爲學習的展演取向(performative approach)出發，透過食物、潑水節、南傳佛教等不同展演方式，探討華人社群內部的認同建構。

直接強調「展演、女性移民與認同」三者關連的是Patricia Tamara Alleyne-Dettmers(2000)，她研究英國諾丁山(Notting Hill)地區的非洲裔加勒比海女性移民在嘉年華會中扮演的角色及自我認同，發現到嘉年華會聯繫了在英加勒比海族人的情感，鞏固了文化種族的意識，譬如，以儀式舞蹈暗喻過去非洲歷史，重回非洲被奴隸制所摧殘的年代，撫慰那些曾被奴隸制殘害的心靈，女性移民也以嘉年華會服飾對抗西方的宗教迷思。除了文化上的特殊意義外，還有性別上的意義，女性移民藉由縫製衣物、記錄、管帳等活動參與，扭轉次於男性移民的地位；並透過服飾的誇張呈現，改變一般人傳統上對誘惑男人的女性Jamettes之刻板印象，使她變爲較有權力的文化創造者。可以看到，作者Alleyne-Dettmers強調女性移民在接待社會的文化展演具備了文化與性別的雙重意涵，簡言之，透過這種參與，讓女性移民的文化認同（非洲—西方）與性別認同（女—男）同時被凸顯出來。

第三、透過上述「展演」、「展演、移民與認同」的闡述可以得知，文化展演、移民與認同三者之間確實有著一定的關連，多數先行研究也都以積極正向的角度，肯定展演對移民在建構自我認同上發揮了一定的作用，是移民表達己見的重要工具，無論其目的是抵抗，或是再製社會既存的價值體系。值得注意的是，探討移民的認同時，不少研究環繞在移民對於接待社會或原生社會中特定族群、族群性、族群特質的認同投射，故處理較多的是族群認同（ethnic identity），也就是Susan E. Keefe（1992）、Jean S. Phinney（1990）所定義的：個人對於所屬族群集團的歸屬感以及伴隨而來的評價及情感，如上述Kurashige和翟振孝的研究屬之。然而，移民的認同投射很多，不單單只有族群認同而已，也包括了Alleyne-Dettmers所凸顯的文化認同與性別認同；此外眾所周知的，社會學中探討的「認同」範圍更廣，並不侷限於族群、文化、性別這些類項而已，還包括了日常生活世界中人與人之間的自他關係。

依照草津攻（一九七八：一〇八—一四二）在〈認同的社會學〉一文中之闡述，認同（identity）是用來指涉「自我人格如何與外在社會文化相互作用」的一個字詞，開始被廣泛使用是在一九六〇年代的先進工業國家，隨著高度管理化的進行、科技的發展、社會結構的分化，伴隨而來的是反抗文化的出現，青年表達對社會控制的不滿，而展開自我的探求與追尋，這種歷程被視為青年邁入成人世界的精神準備期（moratorium）。認同的用法大致有兩種，一是自我對他人的距離：每個人在社會脈絡的相互作用中區隔自他，這是親密度的一種操作，並將狀況朝有利於自己的方向推進。高夫曼（Erving Goffman）把生活世界比喻做舞台或劇場，推衍出演劇理論（dramaturgical approach），強調每個人與他人面對面的相互行為中不斷進行印象操作，這和演員的表演及技法相類似。二是指人格的核心、一貫性與本真性：無論個人或集團，過去、現在或未來，人格的核心其實都保有相當的連續性。代表此一觀點的是愛略克森（Erik H. Erikson），他認為所謂的認同是指個人心理核心的那個部分，每個人在社會中都被賦予不同角色，生活本身就是針對複數自我不斷尋求統合的過程，如果統合失敗會出現認同危機。在發展過程（development process）中經常產生認同危機，發展過程是指個人所熟悉的內外環境突然發生變化，必須面臨新的挑戰，因而陷入糾結紛擾的過程。愛略克森承續佛洛伊德的身心發展理論，特別強調發展過程中的糾結紛擾，正是引導個人成長的重要契機，證明「我真正活過」的大好時期。因此，每個人在生命史的不同階段，都伴隨著他和社會制度之間糾結不清、難以解套的危機；相對地，每個社會也形成它獨特的制度或法典，去應付不同人的不同問題。從一個人的認同狀態中，可以看出個人與社會文化相互纏繞、相互制約的情形，從社會學的觀點來看，認同此一概念，正是提供我們思考社會與個人緊張關係的重要切入點。因此，依循前述〈認同的社會學〉之定義，「移民」因同時受到原生社會與接待社會至少兩種（或兩種以上）文化的夾擊，其處境可能比只受單一社會制約的個人要來得複雜及艱辛，故討論不同世代、性別、階層或宗教信仰的移民之認同議題，長久以來成爲研究者的關注所在。

綜觀上述「展演」、「展演、移民與認同」、「認同」的說明後，可以定位本章的目的就是解構文化展演、移民與認同三者之間的關連，探討主題包括：一、本章所指的展演比較接近舞台上的表演藝術活動，而非日常生活中的展演或文化儀式中的展演；二、從這些文化展演的具體經驗中，找出展演者的女性移民如何抵抗或是再製接待社會既存的價值體系；三、透過女性移民親身的文化展演，梳理她們可能的認同變化，聚焦在日常生活世界中人與人之間自他關係的變動，而非族群、文化或性別等層次的認同轉折。

三、多元文化週的女性移民

爲了捕捉女性移民在台灣的展演經驗與歷程，筆者於二〇〇九年三月中旬至五月初，訪談了十位女性移民以及台北縣市承辦多元文化週的七位國小教師，地點是在學校或是女性移民的家中。十位女性移民是指：曾經於多元文化週期間到過台北市的大理國小、古亭國小、延平國小、志清國小、民生國小、華江國小以及台北縣的安和國小、秀山國小展演母文化的十位女性（表一）；七位老師是指：台北市的東門國小、古亭國小、懷生國小、延平國小、民生國小、華江國小以及台北縣的安和國小等各校輔導室承辦多元文化週的教師。接下來，分別針對：十位女性移民的稱謂及社會屬性，以及七位教師找到她們願意出來展演的原因，再做進一步的說明。

首先，本研究之所以用「女性移民」，而不是「外籍母親」或「新移民女性」來指稱這十位受訪者是因為，受訪者中有九位都是外籍母親，但仍有一位印尼籍的安安，沒有小孩沒有母職在身；此外，珍珍是新加坡華人，很難將她歸在「新移民女性」這個稱謂底下，而她本人也清楚表明不屬於這個範疇（後述），故本研究以「女性移民」，而不是「外籍母親」或「新移民女性」來指稱她們。受訪者中除了阿香、小沛、榮兒三位，是由台北市政府民政局第四科負責新移民會館業務的承辦人員所引介外，其餘七位受訪者是透過上述某四所國小老師的安排，取得聯絡並接受筆者的訪談，女性移民有的是子女在該國小就讀，有的是本人在該國小讀過補校或成人識字班，和老師彼此熟識，故學校教師會優先想到請她們出來展演。但除了阿香、小沛、榮兒三位和新移民會館有較多接觸，得以擴大多元文化週及校園這個時空以外的展演機會，像是北台灣各地的春節、端午節、中秋節、歲末新年等慶典活動，或是如珍珍本身因參與慈濟大愛媽媽的志工活動，而能常常到各校園展演《靜思語》的故事外，本研究的其他六位受訪者大多只有一、兩次於校園多元文化週或其他時段的展演經驗。所以，當筆者訪談這些女性移民如何從現身到展演時，她們是把展演與「走出家庭、向外發展、透透氣、當志工、學習」畫上等號，比較難以從她們口中馬上問出，因展演而影響到族群、文化、性別認同等層面的感受，但對於日常生活中她們和台灣人自他關係的變化，卻是有所感觸。此外，就十位女性移民社會屬性當中的「族群」這個類項來看，除了阿香（越南京族）和安安（印尼爪哇人）兩人外，其他都具備漢人（指相對於中國大陸內的其他族群）及華人（指相對於東南亞國家內的其他族群）血統，中文表達流暢，算是「同種不同文」的跨國婚姻移民，也因為她們的中文流利，故學校教師會優先想到請她們出來展演。

其次，說明七位教師之所以能夠找到她們願意出來展演的原因。筆者選擇這七所國小是因為：

一、各校於九十四—九十七年度辦理多元文化週期間，確實曾邀請女性移民到校展演文化，而非只要求學生蒐集資料製作海報、辦理全校性展覽、多元文化學藝競賽或作品甄選等方式舉行而已。

二、這七所國小分別位於優弱勢學區(school district)，所謂優弱勢學區是指，家長社經地位之高低以及學童學習表現之強弱，優弱勢學區新移民子女就學人數大不相同，且優弱勢學區是影響女性移民及其子女現身校園的因素之一。

譬如，民生國小地處台北市的優勢學區，家長社經地位普遍都高，無形中對新移民女性及其子女現身校園造成壓力。該校老師認爲，這種現象可說是「優越的欺壓」，此區有錢有勢、疼小孩、奉獻學校的家長多，參與晨光活動的父母會買糖果餅乾或禮物請全班小朋友，這種慷慨舉動可能讓經濟弱勢的外籍母親更不敢現身，相形見絀，也怕自己孩子被同儕貼上標籤。會現身校園的外籍母親通常是申請低收入戶或補貼方案時匆匆來去，放了申請表格就走人的，至今該校沒有東南亞籍父母願意出來現身展演，除了來自新加坡的珍珍。相反的，土城的安和國小屬於台北縣的弱勢學區，九十五學年度時該校新住民學童人數就已超過一百人以上，被縣政府教育局列爲重點學校。此外，該校已有太多弱勢標籤，除新住民外，還包括單親、隔代教養、低收入戶等，相關的福利補助(早晚餐券、春節慰問、獎助學金)也很完善，弱勢已經是一種「常態」，家長學生對弱勢都不陌生。該校教師發現，新移民家長的參與度高，可能是學區內太多弱勢標籤，就變成沒有標籤或彼此都忘了標籤。

從七位學校教師的立場看去，之所以能找到這些願意現身，並出來展演母文化的女性移民，是因爲她們平日熱心擔任志工媽媽，參與學校事務，努力學習或適應台灣文化，願意接觸子女的學習環境，換言之，她們出來展演文化是親師彼此熟識了解，且有信任基礎所延伸出來的。此外，教師眼中的她們，大多具備了積極參與的特質或條件，許多教師異口同聲地說，這些願意現身、願意展演的女性移民，至少包括以下兩點特質：一是夫家經濟狀況還算穩定或至少不是很差，她們本身不用工作或是沒在工作，要不然就是做有彈性、可自行調配時間的工作，因此，白天才有空閒到校來參與。二是這些女性移民普遍具有開朗、積極、不太會害羞、勇於嘗試、敢秀又有自信、喜歡學習、中文表達能力好等諸多正向特質，當教師邀請她們參與多元文化週的活動時，只要預期場面是可控制的，本人都樂意現身幫忙。

譬如，延平國小教師指出，該校兩位出來展演的女性移民，校方平常就與之互動，她們也經常在學校現身，其中一位是該校戲劇志工團團員，另一位長期擔任志工媽媽及現任家長會副會長，都屬主動參與而非被迫或應付了事。她們夫家的經濟狀況還可以，至少沒有窘困的壓力。多元文化週的課約四十分鐘左右，兩位的表達能力及流暢度也夠支撐、台風穩健，教材教具都是自行準備，大綱也能自行擬定。同樣的，華江國小教師高度肯定該校出來展演的越南母親，她是一位學習心非常旺盛的人，和婆婆原本一同在成人識字班上課，學歷也不差、學習態度佳、上課認眞，不像有些新移民女性只爲了累積時數換身分證才出席，學習興趣缺缺。承辦老師和婆媳平常就有互動，先尋問婆婆可否讓她出來展演，答應後爽快借出只在喜宴上穿過一次的越南長衫，並在多元文化週的晨光時間出來介紹越南語的打招呼。土城安和國小的主任也說道，該校出來展演的越南母親本身條件很優又很積極，教育和經濟水平都不低，加上夫家的支持，她也認同自己目前的生活模式、認同學校教育、認同教師，願意透過展演自我肯定，還拉自己女兒同台表演，相當出色。

四、我演故我在

本章所指的展演經驗是指：女性移民在公開場合介紹、展演自己的母文化或相關才藝的實際體驗。從場合、場地、型式三點來看，一、場合：公開場合是指校園的多元文化週以及其他的節慶活動。二、場地：校園多元文化週的展演場地有大有小，有的是女性移民入班，有的是在全校朝會的操場講台，或是容納多人的大禮堂內進行；其他的節慶活動則是指異文化交流的室內外公共空間。三、型式：多元文化週的展演方式除了靜態的講述說明外，也會當場動態示範，如代表性的料理或特殊服飾的穿法；其他的節慶活動則更爲活潑多樣，動靜態皆有，歌舞表演是經常出現的內容。接下來，分別從「呈現熟悉的今昔」、「扭轉對母文化的誤解」這兩點，去整理女性移民口述的展演經驗，前者是女性移民遵照校方或主辦單位對展演內容的規範所做出的呈現，後者則可看成女性移民對自身處境省思後所表達的一種回應，透過這樣的整理，試圖找出展演者的她們如何「抵抗」，或是「再製」接待社會台灣既存的價值體系。

一、呈現熟悉的今昔

女性移民實際展演的內容包括了她們所熟悉的過去以及熟悉的現在，這些都是她們生命經驗的重要部分無法割捨，「熟悉的過去」是指存在於母國社會情境中特殊的人事物，譬如古蹟、制度、節慶，「熟悉的現在」則是她們到台灣後仍繼續在日常生活中展演的飲食、舞蹈、語文等。

阿紅說「地上看北京，地下看陝西」，她講陝西講最多的還是自己的故鄉西安，像《西遊記》中的大小雁塔、華山、華清池、楊貴妃、秦始皇、兵馬俑，圖片說明外，還秀出兵馬俑模型戰車、錢幣等實物介紹，播放陝北《黃土高坡》的歌曲帶動氣氛，兒子小學一年級時，也曾入班現場用槓子頭做羊肉泡饃請全班。和丈夫一起開雲南泰緬餐廳的翠翠平日非常忙碌，她在多元文化週時到校介紹緬甸出產的玉石，並帶眞品給小朋友觀看，介紹緬甸字文、食材料理，包括店裡面出的泡菜、甜點椰子糕、椰奶等，教他們現做現吃。重視子女教育並選擇離家較遠的南海學區讓女兒就讀、中午親自做素食便當拿去學校的長玲，在女兒幼稚園的多元文化週時出來介紹越南小吃，如河粉以及用花生麵粉皮做的小豆豆，教唱越南歌，以當地兒歌配上台灣版的《兩隻老虎》旋律；後來國小晨光活動時，成教班老師請她介紹越南的打招呼及簡單會話，如謝謝、吃飯、喝水等，她都義不容辭地答應。

受訪者中的阿香、小沛、榮兒三位，不僅在子女的就讀學校展演過母文化，校園之外各種東南亞文化相關的節慶交流活動，也都出現過她們的身影。從小就喜歡跳舞的阿香，輪廓深邃很像台灣的美麗原住民，她在兒子幼稚園大班結業典禮上，母子同台演出越劇《鼓飯》；中班的父母來校日當天，表演越南的體育舞蹈並介紹越南文字；到了小學一年級園遊會時，自己做春捲和蝦餅一下全都賣光。此外，阿香也是各類新移民女性相關活動的表演常客，到ＹＷＣＡ上烹飪課學台灣菜兼通譯，結業時會做越南菜請大家吃，也經常現身各大小節慶場合，載歌載舞。

外型亮麗大方、穿著洗練並流露時尚風格的小沛，目前擔任通譯、廣播節目主持人及越語老師等受薪工作，也做過多場官方餐會及晚會節目主持人，算是見多識廣又活躍的女性。小沛在女兒學校的多元文化週時，把越南國服、斗笠、裝飾品、下龍灣的石頭、三輪車、壁畫、漫畫等所有道具全部帶到現場，透過講述方式介紹越南，並播放自己展演的影帶和公視拍攝她返鄉故事的影片。小沛說她重視每次的展演機會，盡可能運用巧思帶動現場氣氛，譬如，孩童不了解越南服裝，她就強調服裝會說話，把自己修習空大「服飾與生活」課程所學到的概念運用出來，讓學童知道越南國服、鞋帽到底該怎麼穿，小朋友馬上變得好奇熱絡，紛紛搶著上台試穿。閒暇之餘，她也配合新移民會館、越南辦事處、表演工作坊、紙風車劇團等單位的需求經常演出，還在朱宗慶打擊樂團表演時朗誦越南詩歌。

二、扭轉對母文化的誤解

從受訪者對展演經驗的詮釋中明顯發現到，她們感覺台灣人對其母文化有不少誤解乃至於偏見式的想像，不具華人或漢人血統的是阿香和安安，兩人在夫家都飽受母文化被貶損的經驗。阿香以前請過越南女友來家中，家人不太高興，後來就沒再邀了，而且婆婆不喜歡越南菜，她也不敢再煮了；安安的婆婆不愛她帶印尼朋友回家，更不喜歡吃印尼菜，她是泗水的爪哇人回教徒，在夫家卻開始不得不吃豬肉。而且基於強烈的二元對立，以「台灣是先進優越—東南亞、大陸是落後鄙夷」的方式露骨地表達，可說是東方主義(Orientalism)也就是「為了支配、再結構並施加權威於東方之上的一種西方形式」(Said, 1999：4)的台灣版。具體經驗包括了：台灣人對於她們母國原始、封閉、落後、搶劫、排華的負面聯想，以及對於她們母文化中特定飲食習慣、身體動作、風俗民情的否定或不屑，透過出來展演的機會，女性移民將這些誤解做了澄清或重新詮釋，試圖向台灣人凸顯自己心目中原生社會「眞實的、正確的、先進的、習以爲常的、其來有自的」那個面貌[3]。

小暉說當她自我介紹來自中國雲南時，常被反問到雲南是什麼地方啊？是不是很原始、封閉、落後，是否都沒有紅綠燈、牛兒都在大街上亂跑？因此，她很希望把雲南的「眞實景象」介紹出去。學校輔導室一開始找小暉上台介紹中國時，原本只要她把文字稿念念即可，但她覺得這種方式很無聊，於是改成母女同台脫口秀，透過雲南方言劇的兩個人物，介紹雲南十八怪（第一怪竹筒當煙袋、第二怪草帽當鍋蓋、第三怪這邊下雨那邊曬、第四怪四季服裝同穿戴……）的順口溜，用海報紙做十八張故事畫圖形和情節，把雲南民風民俗含在裡面。

身材圓滾滾、充滿母性、始終堆滿笑容的榮兒滔滔不絕地講道，她想介紹「正確的」印尼文化給台灣，印尼不是只讓台灣人聯想到搶劫、排華等負面訊息。她到學校時用投影片介紹印尼的旅遊風景、學校制度、日常生活、習慣宗教、節慶過年，教唱印尼歌曲及遊戲，介紹各行各業的香料咖哩時也會拿實物給人看。

個性內向寡言的珍珍覺得和一群台灣媽媽在一起時，新加坡總被認爲是「東南亞那一塊的……」，她們對珍珍的態度就是沒有辦法和對台灣人一樣開放或有說有笑，溝通似乎也不是那麼順暢。她希望讓大家了解「新加坡有多麼先進！」本來要在學校朝會時上台介紹新加坡，下雨天改用擴音器向全校廣播，短短十五分鐘內，她介紹了新加坡的基本概況、人口地理面積、校園制度，

3　林津如、王介言、吳紹文（二〇〇八：二七七—二七九）提到，在工作坊中請新移民女性說出她們經歷的跨文化差異，包括吃穿、喪禮、廁所、子女教養等等，並轉爲應邀到各級學校講解多元文化的基本教材，透過眞實的生命經驗及深入淺出的方式，引導台灣人認識差異、理解差異。

強調新加坡雖是多元種族的國家但種族歧視少，這是因為以英語為官方語言考量各族平等[4]。

有點靦腆卻總是笑顏燦爛的安安，深受成教班老師的信賴，邀她出來介紹印尼的飲食文化，挑選的是台灣人一般不太喜歡、卻是印尼人「習以為常」的油炸食物，如蝦米餅片、木薯片、綠豆餅片、花生餅片等，老師還以蝦餅做為多元文化週學童闖關獲勝的禮物。雖然，安安只負責前製作業和幕後的油炸工作，嚴格說來只是出力而未完全現身，但她認為能出來幫忙就很高興，在介紹蝦餅的材料和製造過程時，大家還是覺得很有趣很好吃似乎很捧場。

小沛強調她會介紹越南人的家庭文化，是台灣人難以理解卻「其來有自」的，譬如，很多台灣人在越南小吃店看到越南女性蹺腳或抬腳，感覺非常不雅，其實，這和越南的飲食空間及習慣有關，因為，在越南「床」是用來吃飯及睡覺用的，越南人以前大多是坐在地上吃飯，腳自然會蹺很高，以前能夠在床上或桌上吃飯的是官員及有錢人。還有，台灣人覺得越南人很俗氣，喜歡叮叮噹噹地穿金戴銀在身上，那是因為過去戰爭不斷，為了逃難有錢就趕快買金子放在身上，要離開時才能立刻帶走。

從以上「呈現熟悉的今昔」、「扭轉對母文化的誤解」兩點的陳述中，確實可以窺見到，女性移民遵照校方或主辦單位對展演內容的規範所做出的呈現，以及對於自身處境省思後所表達的一種回應。她們之所以傾向選擇這種方式去展演母文化，是因為少數族裔或外來移民面對來自主流社會

4 珍珍也參加慈濟大愛媽媽的活動走入校園，但不是在介紹「新加坡文化」，而是宣導「感恩關懷、禮貌知足、惜福」的價值觀，兒童節、母親節、聖誕節時到各國小講故事或演戲給小朋友看，透過教師節、畢業典禮舉辦孝親的奉茶、洗腳活動。

或接待社會的壓迫排擠時，通常採取的策略之一就是回到過去(back to the past)，也就是返回熟悉的原生文化或傳統文化去找尋慰藉或資糧。(Mihesuah, 2003)但是，這些展演內容似乎也缺少了些什麼？

回到本章的探討主題：展演者的女性移民到底如何「抵抗」，或是「再製」接待社會台灣既存的價值體系呢？在此，借取後殖民論述(postcolonial discourse)來加以反省，所謂後殖民論述就是在當代文化(包括廣義的文學)、歷史和政治領域中作爲一種「文化抵抗」形式的寫作和批評，既是一種批評實踐，亦是一種策略書寫。(宋國誠，二〇〇三：二)整體而言，本研究中女性移民的展演內容是：(一)沒有觸及她們在台灣的「眞實生活」，(二)也缺少了去殖民(decolonization)的積極作爲。

以Maurice L. Hall, Jennifer Keane-Dawes & Amardo Rodriguez(2004)合著《體現後殖民生活：來自移民的抵抗》(*Embodying the postcolonial life: Immigrant stories of resistance*)一書爲例，該書旨在批判美國學院內的西方理論霸權，多數人拒絕傾聽來自異文化世界的聲音，因此，三位作者才要努力描述加勒比海裔移民學者在美的眞實生活，提供讀者思考認同、國族主義、權力等概念價值，簡言之，如何從移民在接待社會「眞實的日常生活」出發，而非只是「回到過去、回到傳統」的情境中去看待。此外，去殖民是後殖民論述中的核心議題，不少人都提出去殖民的種種手段或策略，Keane-Dawes在該書中建議，以加勒比海的文化去檢證美國的白人男性(backra)，是一種可能的反抗方式，讓始終感到居於劣勢、被邊緣化的移民有機會自我平反，而非只被接待社會的主流價值不斷檢視下去[5]。印度後殖民理論家南地(Ashis Nandy)也曾主張，被壓迫者爲了去殖民可採取「批判性的傳統主義」(critical traditionalism)，就是重新詮釋傳統以創造新的傳統，從聖雄甘地和詩人泰戈爾的思想中，挖掘具有時代性的因子，接合到現實生活裡來創造新的傳統，或是將另類西方(未與殖民主義共謀的西方)與印度傳統結合，找出更高層次的普同主義以對抗西方的宰制。(陳光興，一九九七：一九〇—一九一)

準此，反省本章中女性移民的展演內容，發現大多僅止於「呈現熟悉的今昔」和「扭轉對母文化的誤解」，並未觸及Hall, Keane-Dawes & Rodriguez以及南地等人所主張的眞實生活、去殖民這兩個層面。那麼，要追問的是，爲什麼本研究中女性移民的展演內容，欠缺她們在台灣的眞實生活或去殖民的積極作爲呢？筆者推測其原因，可能來自兩方面：一、主事著的教育局、各校教師或節慶活動主辦者的心態使然，也就是說，承辦單位就是希望她們展演的內容層次僅止於3F：食物(Food)、服裝(Fashion)、節慶(Festival)就好，可能是承辦單位對於異文化展演的認知就僅止於此，也或許是考量到學童的理解程度和觀眾的接受與否，不希望因話題過於敏感，造成展演者與觀眾雙方的尷尬，甚至難堪。二、展演者的女性移民也是言聽計從，不認爲有何不妥，或即使認爲不妥也不敢有所異議，她們不願去碰觸這些敏感話題，不要提及她們在台灣眞實的生活情境，譬如，被排除(朱柔若、孫碧霞，二〇一〇)或是被本地人歧視的痛苦經驗[6]，不會挑戰教育局或校方的指導方

5 王婉容(二〇〇四)也從後殖民主義中少數論述(minority discourse)的劇場實踐這個視角，探討台灣「歡喜扮戲團」與英國「歲月流轉中心」的老人劇場展演的主題內容。

6 水越紀子(二〇〇三)研究在日本的菲律賓女性如何詮釋飽受接待社會邊緣化的歷程，從她們與左鄰右舍、自

針，不想忤逆主辦單位的既定安排，也不去製造和學童、教師或觀眾之間的衝突場面，或許，這就是她們選擇在接待社會的一種安全活法。換句話說，本章中的女性移民並未積極地想去抵抗台灣既存的價值體系，頂多只是透過出來展演的機會，將台灣人對她們母文化的誤解，做了些許澄清或重新詮釋。

五、展演過後：自他關係的變化

那麼，展演母文化對當事者的女性移民而言，到底產生了什麼樣的影響？從認同觀點，特別是「日常生活世界中自他關係的轉變」此一觀點來看，無論是到校參與多元文化週或是校園以外的節慶展演，展演過後，帶給女性移民自身的變化確實是存在的，包括潛能的開發、個性的轉換、自信的增加等。同時，無法輕忽的是，認同不會單獨存在，它必須被擺放在自他關係中來加以檢驗和論述，釋自淳、夏曉鵑(二〇〇二)以及鍾鳳嬌、林苑平、趙善如(二〇〇八)等先行研究，從培力、增能的觀點，探討新移民女性在參與中文識字班或基礎電腦班之後，各種家庭(夫妻、親子、婆媳等)或社區鄰里內自他關係的重組。那麼，透過展演，本研究的女性移民其自他關係的變化會是什麼？又，這裡的「他」所指爲何？分別從「自我的提升」、「子女的肯認」、「台灣人的接納」三個面

(續)

己的家人親族、澡堂的日本人之眞實接觸所感受到的孤立與無助，去解析日本人面對非我族類時歧視性的文化結構。

向，去捕捉她們的認同轉折。

一、自我的提升

受訪者一致強調，因爲出來現身展演，讓原本「沒有發揮的潛能」得以出現、得以長養，特別是個性方面的變化，簡言之，從害羞緊張變得比較開朗大方。阿紅發現自己在公開場合拿麥克風講話越來越嫻熟；珍珍謙虛地說，凡事一回生、二回熟、三回變高手，出來展演讓她改變了原本害羞內向的個性。榮兒婚後的前四年都在家帶小孩，後來去永和社大上識字班，當時老師就鼓勵她出來展演印尼文化。現在回頭看自己第一次介紹印尼菜的影片深覺羞愧，因個性容易緊張，但如果有人鼓勵就不會，大家彼此打氣也就敢站出來了，現在她變得比較不害羞，也是這幾年磨練下來的結果。

受訪者中的榮兒、小沛、阿香三位除了學校的多元文化週外，其他的節慶活動也都出現過她們的身影，透過多次經常性的展演，她們的自信與美麗更是溢於言表，那麼，這些「自信」到底從何而來？榮兒說道，展演時多少都要化妝打扮才能粉墨登場，人漂亮了自然變得有自信，她曾經在母親節的印尼服裝秀上展演，強調說：「那也不是隨隨便便找個人就可以出來的！」言談中流露出滿足自負的神情。還有，她以前不太會做菜，家庭主婦透過煮三餐可以磨練外，後來參加各處的園遊會擺攤，多了不少機會練習廚藝，且常常自創新法，譬如，印尼涼拌加台灣鹹菜，台菜比賽時則放入印尼香料，還因此得過獎呢。在伊甸教越南語、主持越語廣播節目、擔任多場活動節目主持人、上過于美人《WTO姊妹會》的小沛說，以前不注意也不在乎越南文化是什麼，但爲了展演講述母文化，自己要查資料、閱讀複習，所以，她知道自己會不斷成長下去，強調這些成長讓她變得更有自信更有活力。阿香主要的展演經驗是舞蹈，展演所需的化妝、服飾、音樂都要自己準備，還得負責編舞、教舞並登台跳舞，新移民會館開幕時就出去表演，上了國中補校也去比賽還得過不少獎，這些都成爲她自信的重要源頭。

由此觀之，透過展演母文化，女性移民的自我提升是有目共睹的，無論是過程中的付出或隨之而來的收穫；無庸置疑的，展演乃需要現身、走向台前人前的一種行爲，容易讓參與者的個性從害羞緊張變得開朗大方；還有，外表的美麗裝扮、行前的準備工夫、大大小小的得獎紀錄等實質成果，都成爲她們展演過後自信的重要泉源。接下來，將從「日常生活世界中自他關係的轉變」這個角度，進一步掌握女性移民透過展演，如何重塑自己在接待社會台灣的認同，此處的「他」是指子女以及學校的台灣人。

二、子女的肯認

李國基（二〇〇七）以東南亞新移民女性就讀小學高年級子女爲對象，探討其雙族裔認同（biethnic identity）的困境，研究發現，這些子女在不均衡的權力互動中，進行父母雙方族群文化的傳承，形塑出他們失衡的文化載體與碎裂的族裔認同。子女建構母方族群意象的訊息來源有限，容易對母方族群形成刻板印象，因母親身分受到嘲笑，而造成其對母親的賤斥，甚至母親自身的尷尬身分認同，也會滑移至其子女身上，子女往往因對母親族群文化形成斷裂與疏離。但外籍母親也會採取不同策略加以轉換，重構其在家庭以及在子女心目中的地位，包括：強調類同、淡化差異、區隔異類、掩飾、積極融入、寄託孩子學業成就等。

這種情況也多少出現在本研究的受訪者中，出來展演的女性移民絕大多數都有母職在身，透過展演，她們感受到子女的肯認，子女對母親的原生文化越來越能接受，越來越能以母爲榮，不會再在意母親的口音、長相或身分，這些轉變對她們而言都是極大的肯定。譬如，阿香出去展演時都把兒子帶在身邊或安排同台獻藝，刻意教兒子跳舞唱歌，給他零用錢、買玩具送他鼓勵他，兒子長期耳濡目染下，也變得喜歡越南舞曲，很容易就會背舞背歌，訪談時坐在她身旁的兒子當場輕輕哼起越南舞歌。

再以口音(accent)所引發的狀況爲例，如前所述，除了阿香和安安外，八位受訪者都具備漢人及華人血統，中文表達流暢，算是「同種不同文」的跨國婚姻移民，但即便如此，她們仍因「口音不純」受到另眼相看，包括來自她們的子女。玄武岩(二〇〇五)的研究指出，這種因「同種不同文」而衍生出對外來移民口音不純的嘲笑，從嫁到韓國的中國朝鮮族女性身上也可看到，韓國是標榜單一民族、血統主義爲尊的父權制社會，一九九〇年代初中韓建交後，中國出身的朝鮮族女性在「雖不同文、卻還同種」的條件下，比起其他東南亞出身的外籍女性，在跨國婚姻市場中占有一定優勢，卻仍遭受韓國人歧視性的白眼。國營電視台ＫＢＳ節目裡，把中國朝鮮族特有的「延邊腔」拿來揶揄，雖然朝鮮族透過各種民族教育努力學習正確韓語發音，但韓國人對「同種不同文」的外來移民(跨國婚姻者、打工者、偷渡客)說出的腔調，仍視爲「不純粹、雜燴的二流韓語」，刺耳且嗤之以鼻。

阿紅說她不會在意別人叫她「大陸妹」或「大陸新娘」，也不管她和台灣人的口音、氣質之差異，並不想因爲出身不同而躲躲藏藏。她說在中國從小就被灌輸要愛國要認同自己的國家，同樣的，「兒不能嫌母醜，狗不能嫌家貧」，她認爲她的小孩很有自信以她爲傲，可以大聲地告訴別人：「對，我媽媽就是大陸人！」開餐廳很忙很累，還是抽空擔任晨間導護媽媽的翠翠說，兒子上幼稚園時她的口音還很重，學校的小朋友說：「妳講什麼我聽不懂啦！」現在都不會了，兒子很高興她去學校展演，不會因爲她講話不標準而感到丟臉。小沛在女兒小一時去學校參加親職講座，當時女兒警告她：「媽媽，你不要坐太前面，坐第五排之後。」她認爲可能是自己看起來太年輕，別人的媽媽年紀都很大才敢坐前排，也可能是女兒很害羞，因小沛會舉手發問但口音讓女兒覺得丟臉。但小沛是學校多元文化週展演的常客，(後述)不僅台風穩健駕輕就熟，口音也越來越淡，現在女兒們都以母親爲榮了。

三、台灣人的接納

對本章中多數的女性移民而言，儘管來自台灣大社會的歧視或不太友善的對待曾經存在，但不可否認的，透過展演，她們仍渴望得到來自台灣人的正面肯認。法農(Frantz Fanon)在其經典名著《黑皮膚、白面具》中曾提過瑪諾尼(O. Mannoni)的《殖民心理學》一書，認爲它掌握了「土著—殖民者」兩者關係之所以存續其背後的心理現象，關於被殖民者的部分，有所謂被殖民者的依賴情結，也就是殖民者的白人依循著一種權威情結和領袖情結，但相對的，被殖民的馬爾加什人則依循了依賴情結(dependency complex)，他們得依賴著白人，而讓白人成爲被等待的主人。(陳瑞樺，二〇〇五：一五三—一六九)可以說，對弱勢者而言，來自強勢者的肯定與關愛，常常是自我肯定的重要基礎來源，當弱勢者被文化或經濟上相對強勢者所肯認時，他也才能完成進一步的自我肯認。筆者認為，本章的女性移民在詮釋展演帶來自他關係的改變時，來自台灣人的正面回應，也是她們看重的部分。阿香的展演經驗相當豐富，她說出來展演也間接學習台灣的各種風俗，認識很多台灣人，台灣人也教她很多事，讓她學到很多。在大安森林公園表演時，台灣人要求一起拍照留念，《聯合報》刊出她和兒子母親節當天登台前一起吃便當的斗大照片，移民署海報則是兒子吃越南鴨仔蛋的圖片，這些來自台灣人的正向回饋，令她非常欣慰。

不過，本研究多數受訪者大多只有一、兩次在學校多元文化週的展演經驗，因此，在問到她們和台灣大社會的關係變化時，只能先從「學校」這個場域去觀察。那麼，學校對於這些願意現身、出來展演的女性移民而言，到底是一個怎樣的所在？幾乎所有受訪者都一致肯定，校方和老師們親切有禮，學校，是一個相對公平親善的地方，她們願意現身校園，也是因為在此可以得到些許喘息，乃至於一定的肯認，她們也感受到，校園中的台灣人包括：孩童、教師，還有其他家長，都慢慢對她們投以善意的回報。

（一）來自孩童：台北市國小的多元文化週至今只舉辦過四屆，「邀請新移民父母到校展演文化」雖是教育局的指定項目之一，但各校未必年年舉辦，受訪教師普遍認為，現階段討論此項活動對於學童的影響還言之過早。因多數學童對這項活動多是初體驗，反應只是好奇或開心，體驗活動的吃喝玩樂沒有學習壓力，故學習效果也有限，打招呼或問候語短時間內體會一下，如玩遊戲般很快就被遺忘，因此，目前無法測出展演帶給教育現場學童的確切影響。

然而，女性移民在多元文化週現身、展演之後，她們最直接感受到的效應是，被小朋友一舉認了出來。阿紅說學童在走廊看到她的反應是：「啊！我知道了，阿姨，妳是陝西人。」演講時碰到會叫：「愛心媽媽好！阿姨好！」她感覺自己受到尊重，學校是平等的，沒有階級沒有歧視的地方。月音也說學童的反應是傻眼，「原來妳是馬來西亞人喔。」看到她會叫：「馬來西亞的媽媽好。」珍珍展演完畢，有三位小朋友對她說：「我今天聽到妳在講新加坡的事喔！」「今天講新加坡的是不是妳啊？」長玲表演介紹越南文化不久，就有小朋友認出她說：「妳是黃○○的媽媽！黃媽媽，妳好！」小沛是在學校的大講堂內連續進行四個月多元文化週的課程，小一到小六的學生幾乎都聽過她的課，女兒回來對她說：「有小朋友跟我講，你媽媽很正耶！」兩個禮拜後，女兒把這個小朋友帶到家裡來做布丁。除了母親本人外，小暉的女兒自從在多元文化週母女同台演出後一舉成名，成爲全校風雲人物，被人認同被人肯定，男學生故意經過女兒班級門口大叫說：「陳○○，你好棒喔！」她也變得更加自我肯定。

(二)來自教師：女性移民和學校老師的良性互動也變得密切，這種互動有的是直接回饋到她們身上，有的則還原到子女身上。首先，月音說學校很安全沒有歧視，阿紅也說校方對志工很鼓勵很親切，她們只是付出一點點，校方就給予高度肯定，而且有求必應馬上處理，不會推來推去，讓她覺得很溫暖。長玲本來就常現身校園，對學校並不陌生，老師對她也有印象，畢業典禮時還特別爲她準備素食，感謝志工媽媽的協助，也常主動通知她一些重要訊息，如母親節有關外籍媽媽的活動資訊。翠翠後來也現身在自然科的教室裡，老師教小朋友炒菜請她在旁邊幫忙實做，因爲知道她是開餐廳的。其次，既然是到子女就讀的學校展演母文化，良性互動牽引出的實質效應就是，子女受到教師更多的關注，珍珍說她到校展演雖然只有一次，但老師都滿肯定她的表現，認爲母親的參與有助於子女的學習，老師也對她和她的子女多一份印象。阿香到學校現身展演之後，學校老師都很熱心幫忙，免費幫她兒子安排課輔，主動協助學習。

(三)來自家長：這個層面的善意回應也慢慢出現，翠翠說去學校展演後，小孩同班的家長很熱情地帶朋友來她的餐廳吃飯。外型活潑開朗的小沛展演經驗多、知名度也高，出席家長會時，其他父母親主動來打招呼，讓她感動不已，在多元文化週當志工的家長幫她拍照，沖洗完照片後轉交給女兒，她深深感受到，現在台灣家長比較能接受外籍母親了。小暉回想馬英九總統就職大典時，女兒的學校推出十位東南亞和大陸籍新移民子女參與表演，因為她常在校園現身而被選為負責指導學生練舞的老師，三個月的練習經常需要拖到很晚，學童得由家長接送，剛開始有人抱怨「我小孩幹麼要來參加?!」她就苦口婆心地解釋給他們聽，這是萬中選一、千載難逢的機會。有位老阿公的媳婦是越南人，剛開始也抱怨接送時間太晚，經勸說後逐漸諒解，肯定這個活動在小孫子生命中的積極意義，也對小暉的態度變得更加善意[7]。

六、後跋

本章探討了「文化展演、移民與認同」三者之間的關連，以台北縣市國小多元文化週的女性移

7 除了來自台灣學童及其家長的善意回應外，小暉說其他外籍學童和家長受到鼓舞也開始嚮往展演，「她行，我為什麼不行?」「陳〇〇，其實我也想表演，下次我也想參加。」一位曾做過節目主持人卻始終不願現身的印尼媽媽，開始鼓勵自己小孩出來，也在家教小孩表演排練。

民爲研究對象，由她們自身對展演經驗的詮釋，去掌握認同的可能變化。研究發現如下：(一)這些可以現身、願意現身，並出來展演文化的女性移民，確實具備了許多積極參與的正向特質。(二)她們的展演經驗主要是「呈現熟悉的今昔」以及「扭轉對母文化的誤解」，也就是返回原生或傳統文化去找尋慰藉，其內容通常是沒有太大爭議、早已定著的，但不會觸及她們在台灣的眞實生活。換言之，女性移民並未積極地想去抵抗台灣既存的價值體系，頂多只是透過出來展演的機會，將台灣人對她們母文化的誤解，做了些許澄清或重新詮釋。(三)展演過後，她們從自我的提升、子女的肯認與台灣人的接納中，來省視自他關係的良性變化，重塑自己在接待社會台灣的認同。

最後，本章後續研究的可能議題之一是：無論是校園的多元文化週或是其他的節慶活動，除了「呈現熟悉的今昔」以及「扭轉對母文化的誤解」外，新移民女性文化展演的內容能否有更大揮舞的空間，能否跳脫現有的框架呢？

David M. Guss(2000)認爲，文化本身就是一個不斷爭議、沒有定論的場域，特別是在公共空間的文化展演提供了一個平台，可以表達特定族群的集體意識，經常充滿了顛覆性和爆炸性，他在《節慶國家》(*The Festive State*)一書中，描繪了非洲裔委內瑞拉人透過節慶San Juan的展演，去挑戰及再定義種族、族群、性別、國族等概念。Diane Negra(2006)也強調，透過展演及流行文化去傳遞愛爾蘭特質的重要，愛爾蘭確實給人一股奇特的魅力，卻總是帶點醜聞般的刻板印象(scandalous stereotype)，但過去這十幾年來，愛爾蘭特質逐漸展現出一種理想型的族群性，在世界各地特別是在美國，它成爲白人認同的可能選項。Negra反對以本質主義方式再現愛爾蘭(essentialized representations)，而是以更複雜多元的取徑觀照愛爾蘭的歷史文化，將愛爾蘭過去給人的鈍感特質

表一　展演母文化的女性移民

化名	國籍	族群	學歷	年齡	來台年數
小暉	中國	漢人	大學畢	40~	2年多
阿紅	中國	漢人	高中畢	40~	11年
翠翠	緬甸	華人	高中畢	40~	10多年
月音	馬來西亞	華人	二專畢	36	5年
珍珍	新加坡	華人	專科畢	43	18年
阿香	越南	京族	大學肄，國中補校畢	40~	9年
小沛	越南	華人	高中畢，空大	34	14年
長玲	越南	華人、京族	高中畢，國小成教班肄	29	7年
榮兒	印尼	華人	大學畢，國中補校畢	40	10年
安安	印尼	爪哇人	高中畢，國小成教班肄	32	9年

(obtuseness of Irishness)撇除，重新放在全球化流行商品的嶄新情境中，Van Morrison(1945-)的音樂、Frank McCourt(1930-2009)的作品、電影《哭泣遊戲》(*The Crying Game*)等都是代表性的實例。

隨著新移民女性在台灣公共空間內展演母文化機會的增加，其展演內容也可能受到越來越多的關注、批判乃至於質疑，除了本章所指出的沒有觸及她們在台灣的眞實生活，也少了去殖民的積極作爲等層面外，Guss和Negra的觀點值得拿來省思，或許不久的將來，新移民女性展演的母文化也有可能發展成在地的流行文化，或是台灣人認同的一種新選項。

第四章

從國際理解教育看女性移民的社會參與：

川崎市的民族文化講師

本章旨在探討接待社會的女性移民如何透過國際理解教育進行社會參與，並以日本川崎市的民族文化講師爲例加以說明。先評析日本「國際理解教育中的移民」之相關探討，並提出這些論述的盲點；緊接著，從女性移民的社會(政治)參與切入本章要旨，強調除了某些激進的反對運動或是國家層級乃至跨國層級的參與外，不少女性移民的社會參與和在地日常生活經驗更加息息相關。從「被日本人歧視、排除、當成異類」的日常生活經驗這個角度出發，然後，依序說明選擇川崎市做爲研究調查地的原因以及採用的研究方法，透過女性民族文化講師的參與動機、參與形態、參與回饋三個面向之整理，捕捉她們社會參與的歷程。

一、國際理解教育中的移民

首先，有必要對國際理解教育的定義以及國際理解教育在日本的實施概況先做闡述。邀請移民或在地外國人[1]到中小學校講授、展演異文化的這種課程設計，在許多接受移民的先進國家都已行之有年，而且，常常被擺在所謂國際理解教育(International Awareness Education)的範疇中，這是當今不少先進國家中小學裡和既存教科平行的一種課程，歐美將此學習活動稱做世界學習(World Studies)、全球學習(Global Studies)、全球公民素養(Global Citizenship)、國際理解教育(Education for International Understanding: EIU)、永續發展教育(Education for Sustainable Development: ESD)等。國際理解教育可說是教導一般人認識差異、理解差異、接受差異的啓蒙教育。以日本爲例，這是二次大戰戰敗國的日本於一九五〇年代初期爲了重返國際社會，響應聯合國教科文組織(UNESCO)推動的國際理解教育而引進的，一九五一年日本加入聯合國教科文組織，一九五三年以該組織的理念及方法正式將國際理解教育引入日本，在日本國內設置常設委員會，開始於六所實驗學校推動國際理解教育。

回顧日本國際理解教育政策方針之演變，依照米田伸次(二〇〇二)的整理，一九七〇年代隨著

1 日文很少用「移民」來指稱日本國內居住的外國人，反而是「外國人」此一用語比較常見，因此，本研究在談到日本國內的狀況時以外國人行文，但其他先行研究涉及日本以外地區者，以移民或外國居民等用語行文。

日本高度經濟發展以及日本在國際間能見度的逐漸提升，國際理解教育慢慢成爲日本教育體系中不可忽略的一環，此時的教育目標是培養「國際社會中活躍的日本人」，並將英語當成異文化理解與異文化溝通的重要工具，英語教育遂成爲國際理解教育的主要課程，國際交流也成爲國際理解教育最主要的活動，這種思維與做法持續至今並無太多改變，可說是日本國際理解教育的主要核心。

接著是一九八〇到一九九〇年代，也就是所謂國際化全球化的年代，國與國之間的相互依存關係不斷深化，日本人與外國人的接觸機會大增，日本人開始被要求一種符合國際化、全球化的生活態度與思維方式。同時，有越來越多外國人移居到日本，日本人如何「與住在國內的外國人共生」也成爲重要的課題。還有，國際社會共通面對的諸多議題，譬如，世界貧富差距、地球環境惡化等，日本人對這些議題的自覺意識不斷提高，因應此一潮流，日本的國際理解教育開始朝向國際化、全球化議題解決的課程設計邁進。換言之，除了之前強調的異文化理解與英語教學外，培養具有國際觀與全球觀視野的日本人，也就是培養正確理解並解決國際社會共通問題的日本人，成了國際理解教育的另一主要目標。

無庸置疑的，和本章最直接相關的是如何「與住在國內的外國人共生」這個部分，從一九九〇年代左右開始，日本國際理解教育的師資來源之一，就是聘請在地外國人到校介紹自己的母文化，許多地區將外國人做爲國際理解教育的主要師資來源，各地方政府國際交流協會的招募文宣中，也會熱切邀請外國人來授課。然而，「國際理解教育與在地外國人」之間存在了許多問題，從矢野泉、藤原孝章兩位教育學者的觀點來思考，他們關注的是：國際理解教育因這些外國人的參與產生了什麼變化，包括教學主旨、授課內容、師資問題、學習成效、對學童異文化觀念型塑等方面的影響。

首先，是矢野泉（二〇〇七）的論點[2]，她認爲戰後以來日本國際理解教育的主旨是，培養活躍於世界舞台上的日本人、在國際社會中「發光發熱」的日本人，因此，對於身旁的外國人、在地社會中的外國人並沒有太多的興趣。雖然，形式上會邀請外國人到校介紹自己的文化，但日本正規學校中實施的國際理解教育大多不具「社會改革」的精神或內涵，沒有太多的政治意味；也不太去碰觸外國人在日本社會的眞實生活，特別是對於外國人切身的反歧視問題與人權問題也漠不關心，譬如，很少在課堂上提到外國人在日本租屋時被拒絕或受到的刁難，然而，人權議題卻是聯合國教科文組織推動國際理解教育的主要重點。她進一步批評，邀請外國人參與的國際理解教育，現階段在日本僅止於異文化教育、異文化理解、異文化介紹等內容而已。

藤原孝章（二〇〇五）提到師資來源的問題點，他指出招募外國人做爲國際理解教育的師資來源無可厚非，學校中「總合學習時段」[3]所進行的國際理解教育，也經常請在地外國人或留學生到校介紹母國文化。然而，以「國家」爲單位介紹異文化本身就令人存疑，對於那些由多元民族組成的國家來說，根本無法以特定外籍講師的單一文化代表全體的國家文化。此外，這些外籍講師的授課

2 筆者於二〇〇七年夏天，取得橫濱國立大學教育人間科學部外國人研修者之身分在川崎市進行調查，此爲七月三日訪談該校矢野泉副教授之內容。

3 「總合學習時段」在日本是指學童自發性的、橫斷式的整合性學習時段，或是指教育課程中某種特定時段的用語，各級學校採用的名稱不一，目的是因應國際化資訊化時代的來臨，培養學童自我學習、自我思考能力的一種全面性教育，它超越了一般科別分類，重視體驗學習以及問題解決的學習，學校、家庭、在地社會的相互連接，課程內容包括國際理解、資訊化、環境、社會福祉、健康等。

內容也不無爭議，現階段很多是流於3F也就是食物、服裝、節慶等表象程度的展演。重要的是，這些課程內容對學童所產生的影響，事實上難以深化學童對異文化的眞正了解，頂多只是提供他們接觸異文化的機會罷了。

教育學家的觀點之外，實際在校園推動國際理解教育的執行單位也有不同意見，東京都武藏野市國際交流協會（MIA）反省到上述的問題點，試圖從突破性的角度，搭起外國人與國際理解教育的橋梁。首先質疑的是，邀請外國人到學校授課的意義到底爲何？外國人只是到校傳達、介紹自己的母文化嗎？從這個問題意識出發，MIA積極思索國際理解教育如何與社區、與在地外國人連接的健全方式，讓在地外國人及學校共同合作，發展出所謂「參與型共同授課」的教學，強調不是由外國人到校單向介紹或展演母文化而已，這裡的外國人既是授課老師，也是學童學習調查的對象，外國人必須與校方的教師及學童面對共同議題，透過不同文化及觀點一起思考解決途徑，從過程中意識彼此的異同，體會可能的驚奇與樂趣。簡言之，這種課程設計不單只是知識的學習或取得，更重要的是，從和他人的互動中發現自我，從和他人共同面對、解決問題的過程中去改變周遭環境，進一步確認自我可以學習到改變環境的具體方法。譬如，邀請外國人來到總合學習時段，題目是「做一個和外國人共生的社區公園」，外國人和校方的學童教師透過不斷溝通討論，認識到彼此觀點的異同，試圖找出問題的解決之道，透過共同製作一個虛擬的社區公園，享受自他互動、互相協助的樂趣。MIA和在地中小學及高中教師合作，花了兩年時間進行實踐研究，編纂成報告書《哇，外國人來到教室了！》（二〇〇二），以理論篇、實踐篇、座談會三部曲的方式編寫，書中強調「和在地外國人共同授課」的精神。

上述教育學者及執行單位ＭＩＡ的觀點都頗具批判性，簡言之，其關注的焦點是：國際理解教育因外國人的參與產生了什麼變化，包括教學主旨、授課內容、師資問題、學習成效、對學童異文化觀念型塑等等。但同時，縱觀以上的批判卻也發現，做爲日本國際理解教育主要師資來源的外籍講師這些當事者的想法到底爲何？此點，似乎沒有受到太多的注意。筆者進一步檢索「日本國際理解教育學會」的研究期刊《國際理解教育》（一九九五年創刊號—二〇〇六年十二號），發現其成果主要集中在三方面：（一）教材與課程研發、（二）各國國際理解教育的介紹或比較、（三）學童學習成果的檢測，石塚美枝（二〇〇四）、中川和代（二〇〇五）兩篇是極少數提到國際理解教育與在地外國人（留學生、俄羅斯籍船員）關係的文獻，但並不是把外國人當成「師資」來探討，而是把外國人當成「國際交流的對象」而已，可以說，做爲國際理解教育師資來源的外籍講師這些當事者的想法，在先行研究中幾乎沒有被反映出來。

然而，這正是筆者想要追問的所在：對這些外籍講師而言，國際理解教育的參與有什麼意義？在接待社會訴說、展演自己的母文化，到底象徵了什麼？他們願意出來擔任授課老師的參與動機爲何？他們在日本國際理解教育的參與形態上，和上述學者的意見是否一致？從國際理解教育中所得到的參與回饋，特別是學童異文化觀念的型塑，對他們來說有何意涵？換言之，筆者想跳脫日本人尤其是教育學者的問題意識，試圖從移民當事者也就是女性移民的立場切入，藉由國際理解教育這項社會參與的具體實踐，挖掘「女性移民—社會參與—國際理解教育」三者之間的關連，窺探她們在接待社會的生存方式。

二、女性移民的社會（政治）參與

Ernesto Kofman（2004）指出近年來「性別與移動」研究的趨勢之一是，聚焦在那些被邊緣化的女性移民身上，特別是來自發展中國家、從事家務勞動或是被圈限在家庭當中的女性，如家庭幫傭及看護工，不論她們是家族移動還是單獨移動，換言之，這些研究忽略了其他女性移民的存在，譬如，越來越多具專門職能、技術並選擇單獨移動的女性。本章即有修正Kofman所指先行研究窄化之意圖，特別針對「從事非家務勞動、走出家庭場域、在公共空間中進行社會參與、具備一定學經歷」的女性移民，設定的是川崎市「民族文化講師交流事業」中的主要師資來源，也就是外籍女性民族文化講師。那麼，先行研究如何探討女性移民的社會參與這個議題呢？

人是社會的動物，人類大多數的活動都是在特定的社會脈絡及組織建制中進行，因此，在賦予個人及活動特殊意義時，研究者必須釐清個人與這些活動、建制之間的關係。有關移民社會（政治）參與的先行研究，筆者認為，至少可分成兩方面：一是從制度或法律層面去討論，著眼的是接待社會在制度或法律層面提供（或阻礙）移民社會參與怎樣的條件及保障，以及移民到底透過什麼樣的形態（抗爭、結社、選舉）進行社會參與。二是從社會參與的主體者，也就是移民的立場出發，研究鎖定的是，移民之所以能夠社會參與的個人條件、動機、過程以及主體性的可能變化。宮島喬主編（二〇〇〇）《外國市民與政治參與》是探討在日外國人政治參與的一本專書，內容也是從這兩方面出發：一是建制層面，探討日本的同化制度、政策史（國籍條例及選舉權）、參與制度的機能與盲點、多元文化教育體系等；二是外國人自身的立場，論及各國籍或異文化背景的在日外國人之分類（中國人、南美日裔、越南人、外籍子女），以及這些外國人政治參與的社會、文化、個人等諸多條件。換句話說，討論移民的社會參與這個議題時，勢必聚焦在：特定屬性的移民透過一定的建制進行什麼樣的社會參與。

本章以「女性移民的社會參與」爲探討對象，國內關於女性移民政治參與的研究逐漸出爐，張雅翕（二〇〇六）以「南洋姊妹會」爲例，採取蹲點式的參與觀察法與深入訪談法，由移民社會網絡及政治參與的角度切入，探討女性移民如何自組非營利組織、善用其他社會網絡，共組「移民移住人權修法聯盟」（簡稱移盟），進而影響政府的移民政策及帶動社會的討論。該文著重於描繪「移盟」政治參與的實際行動，包括：召開記者會、發動連署、舉辦抗議活動、拜訪與遊說立委，帶領新移民女性表達心聲，草擬移盟版本法案，尋求立委提案，影響移民政策法案如《內政部入出國及移民署組織法》、《入出國及移民法修正草案》[4]、《國籍法》的修訂，針對立委發表歧視性言論採取強烈反彈，透過新移民女性投書、記者會與抗議，迫使立委道歉，減少新移民女性受到不當言論之傷害。但是，張文的受訪者仍以台灣人居多、新移民女性極少，她們的立場很難眞實反映，可能原因在於張是圈外人，加上現階段「南洋姊妹會」或「移盟」仍由台灣人掌舵，並非全然是新移民女性主導，只能說是以新移民女性「議題」爲訴求的政治參與，而不是新移民女性當事人眞正做主的政治參與。換言之，該文確實讓我們了解到「南洋姊妹會」及「移盟」針對新移民女性議題採

---

4 《入出國及移民法修正草案》已於二〇〇七年十一月三十日在立法院三讀通過。

取了哪些政治參與的實際行動，可是，對於新移民女性本身參與的動機、心聲以及隨後的改變著墨並不太多。

彌補這個研究缺口的是夏曉鵑和趙彥寧，夏曉鵑（二〇〇六）以圈內人角度分析新移民運動在台灣的形成過程，她結合社會運動、女性主義以及性別與發展等相關理論，採取社會性運動（societal movement）的概念，關注新移民女性參與識字班、南洋姊妹會、移盟、論壇劇場、繪本製作等之主體化過程，批判既有社會運動文獻忽視基層參與者主體性形成過程的重要性，指出運動形成並非僅是馬其維利的策略運用，關鍵是行動者的主體化，是情緒與理性複雜交錯的過程。此外，趙彥寧（二〇〇六）長期關注大陸配偶的公民權利以及身分歸屬，她以三次由兩岸婚姻者組織、動員並參與的「反居留延長抗爭」社會運動爲例，透過參與觀察以及爲期三年針對運動組織和參與者的深度訪談，輔以相關法規的分析，探究法規設計如何影響大陸配偶的日常生活實踐與規劃、參與社會運動的方式以及對移入國社會正義之理解和想像，她主張爲求實踐社會正義，必須將情感政治納入多元文化公民身分的設計，是諸多移民國家必須面對的首要課題。

談到國外女性移民的政治參與此一議題時，近年來深受世人矚目的是，二〇〇三年三月初在巴黎有近三萬名伊斯蘭女性移民在「不是賣春女，也非隱忍順從之女」（Ni Putes Ni Soumises）的口號下走上街頭，運動領袖的當事者Fadela Amara（2006）將其過程記錄成書，她們要問的是，在努力克服社會分裂的過程中，到底最需要的是什麼？這群在巴黎郊外集團社區成長的伊斯蘭女性移民第二代（以出身北非及加勒比海地區者爲主），自稱不是賣春女，也非隱忍順從之女，她們拒絕戴面紗，追求的是政教分離、平等、混血的法蘭西共和國，可說是一本伊斯蘭女性移民追尋自我解放、眞實發聲的紀錄。然而，森千香子(二〇〇四)分析此運動發展時發現，原本鼓勵女性移民從「郊區的貧困」及「男性的支配」兩大牢籠中解放出來，但後來的演變是將問題只還原到伊斯蘭基本教義上，簡化了女性移民所面臨的困境癥結。女性移民以國家層級的政治議題爲訴求進行參與也出現在日本，在日女性學者徐阿貴(二〇〇一)提到在日韓國・朝鮮人女性的政治參與時，發現她們的結社主要依附在兩大民族社團「總連」、「民團」底下的女性分會，其中，以改變國家政策爲訴求的激進反對運動包括了：韓國國內的民主化運動及祖國統一、在日朝鮮人的人權運動、慰安婦問題解決的運動等。

不過值得一提的是，並非所有女性移民的社會(政治)參與都如前述一樣，是以改變國家政策爲訴求的激進反對運動，相反的，不少女性移民傾向以溫和手段爭取自我權益，抗爭特質未必鮮明，訴諸標的不在國家層次的憲法或法案之修正，多是接待社會而非原生社會在地的、日常生活世界(daily life world)層次的問題解決及改善。

研究法國境內非洲裔女性移民結社活動的Catherine Quiminal(2000)曾指出，男性與女性移民的結社活動大不同，男性移民傾向將原生社會的關係或人脈延伸至接待社會，他們對原生社會建設基金的提供通常不遺餘力，這是男性移民結社的重要特徵之一。但相對的，女性移民在原生社會通常就不太具有主導權，到了接待社會後，又要面對住宅、統合、排除等各種實際問題，她們的結社傾向是以接待社會居住地日常生活問題之改善爲主。類似觀點Michael Jones-Correa(1998)也提過，他想凸顯移民社會參與的過程中男女、階級、職業、出身等因素到底發揮什麼作用以及產生什麼影響，研究發現，男性似乎傾向內縮在安定的移民共同體內部(如同鄉會)，這樣可以延續他們在原生社會的關係人脈及利益。然而，移民社會參與的條件及目的有別，結社類型也很多種，是否眞如

Quiminal、Jones-Correa所言而能推論出「移民結社與性別」之普遍性命題，還有待更多地區相關研究的挖掘。

志柿禎子（二〇〇一）的論文是處理美國境內波多黎各女性移民的政治參與，發現一九七〇年代以來她們的活動訴求很少達到國家層級（如兩大政黨或聯邦政府），而是各州、在地社會的層級，參與的事務主要是關於拉丁裔移民福祉的生活環保運動，或是要求公立學校推動包含母語的雙語教育，以及希望大學設立波多黎各研究機構等議題，近年來，也曾出現支持波多黎各國內畢耶克斯（Vieques）島美軍基地撤離的反對運動，但整體而言，女性移民關心及參與的主要層級和議題，還是圍繞在接待社會內部在地的、日常生活層次的問題改善。

此外，園部裕子（二〇〇一）的研究也提到，一九八一年法國廢除了一九三九年以來限制移民結社的法案後，法國境內撒哈拉沙漠以南地區出生的非洲裔女性移民之結社活動也開始蓬勃發展，她們集結住在同一區域或近鄰、具備相同經驗及知識的女性移民，以互助或交流爲主要目的，包括日常生活問題的解決、節慶活動的舉辦、標會互助會的產生等，也積極扮演地方政府與移民之間溝通的橋梁，取得雙方的信任與認可。總體來說，這些女性移民的結社活動政治意圖並不明顯，女性移民透過這類型結社進行的社會參與未必能馬上獲致主控權，或是得到她們在接待社會應享有的權利，也不見得能立即提升在移民共同體內邊緣的地位，但是，參與是女性移民踏出家庭、走入公共空間的重要一步，也是摸索及重新建構自我社會地位的管道。

從上述的說明中可以發現，除了某些激進的反對運動或是國家層級乃至跨國層級的政治參與外，不少女性移民的社會參與和在地日常生活經驗更加息息相關，這種參與的確帶給女性移民自身不小的影響，對於接待社會也可能造成一定的社會變革，在此，要先闡述社會學中的「日常生活經驗」到底所指爲何。依社會學大師Peter L. Berger和Thomas Luckmann的經典之作《知識社會學：社會實體的建構》（一九九七）的定義，日常生活的世界本是社會學此一經驗科學研究的主題，要適當了解日常生活的現實，在進行社會學分析之前，必須掌握它的內在性質。什麼是它的內在性質？簡言之，日常生活是以人們詮釋的事實來做呈現，並且，是生活中的人在主觀上認爲具意義和一致性的世界。這種事實是社會學分析的對象，社會學將此現實視爲既存的現象，然後從中擇取特定的現象做爲研究素材。日常生活的世界，不僅是人們在主觀上具意義行爲中視爲當然的現實，也是源自人們的思想和行動，並予之生生不息的世界。在各種現實中，日常生活的現實最爲突出，日常生活中人們意識的張力也最大，這是因爲日常生活以巨大、急迫與深密的方式，把自己強諸於意識當中。於是，日常生活的現實迫使人必須全神貫注，正因如此，人是在清晰明朗的狀況下經驗日常生活，而這種對生活現實的存在與理解之清晰狀態，是一種自明之事，也構成了人在生活中的自然態度[5]。那麼，社會學重視日常生活的這種觀點，如何擺放在女性移民的社會參與此一脈絡呢？

女性移民的在地日常生活經驗因人而異、非常繁多，社會參與中的母職經驗之探討，是先行研究的主要成果之一，Louise Ryan（2007）研究愛爾蘭裔女性移民護士在英國的社會網絡與母職經驗時

5 葉啓政（二〇〇八）整理西方「日常生活」此一概念的轉折，從崇高感談起、到二十世紀初藝文領域的運動流變與日常生活概念的浮現、馬克思主義對日常生活概念的期待、從大眾觀察運動肯定日常生活意義的社會運動、從國際情境主義賦予日常生活概念的社會學意涵以及後現代的日常生活概念等，準此，回到人做爲具自我意識狀態之行動主體的立場。

提到，母職經驗是許多女性的普遍經驗，女性移民和一般女性或許沒什麼兩樣，然而，大多數女性移民必須面臨幾乎從零開始的困境，包括缺乏親族網絡的支持以及對於接待社會當地育嬰托育制度的知識缺乏等，因此，她們如何建立新的網絡及支持系統以幫助自己度過難關等都值得研究。有些研究強調不只「母職」而是「親職」，Gustavo Pérez Carreón, Corey Drake, and Angela Calabrese Barton(2005)研究都會區貧困勞工階級的移民父母親如何參與子女的校園生活，維持可能的網絡關係，文中強調父母現身校園及其他非正式場域的重要性，這是參與的不二法門。Mariolga Reyes-Cruz(2008)探討美國中西部小鎮貧困的墨西哥裔父母如何爭取自己小孩在公立學校就學的諸多權利，他們不相信校方會提供孩童應有的學習機會與環境，過程中校方運用傲慢的權力、知識與殖民心態，去淹沒學童家長所欲爭取的尊嚴與權利，這些移民父母則透過各種管道極力協調乃至抗議。

本章要凸顯的在地日常生活經驗並不是母職，而是「被日本人歧視、排除、當成異類」的這種經驗，當然，這種經驗和母職經驗也有所重疊(後詳述)。在此，必須定義何謂歧視(discrimination)，它是指對特定領域的人做出「迴避與排除」的行爲，無論這個行爲主體是有意還是無意，無論特定領域是實存或架空，也無論被歧視的行爲客體是個人或集團，歧視就是賦予偏見的負面意義，由此產生非對稱性的標籤化之事實，它同時包括了遠離和鄙視這兩種意涵，迴避與排除的行爲會把日常生活的事實扭曲或隱蔽，讓歧視者與被歧視者雙方，都處在一種權力差序的天羅地網中(Simpson & Yinger, 1953)。本章之所以凸顯女性移民「被日本人歧視、排除、當成異類」的這種在地日常生活經驗，是因爲這種經驗非常普遍存在於外國人包括女性移民的身上(Epp, Iacovetta, & Swyripa, 2004; Agnew, 1996)，是外國人在日本社會日常生活中經常面臨的眞實情景，當然更重要的是，外國人切身的反歧視問題與人權問題是國際理解教育的核心價值之一，值得從當事者的女性移民立場出發去加以深掘。如前所言，在地外國人已成爲日本國際理解教育的重要師資來源，探索「女性移民—社會參與—國際理解教育」三者之間的關連是本章的目的，因此，以川崎市政府推動的業務「民族文化講師交流事業」爲對象，聚焦於主要師資來源的外籍講師女性移民，從她們在地日常生活經驗中「被日本人歧視、排除、當成異類」的經驗出發，探究她們的社會參與歷程確實有其意義。本研究的課題有以下三點：(一)參與動機：在地日常生活經驗如何連接到她們社會參與的動機當中；(二)參與形態：在地日常生活經驗是否反映，以及如何反映到她們參與國際理解教育時的具體實踐方式；(三)參與回饋：對於己身所參與的國際理解教育能否產生社會變革她們有何看法，這些看法如何再回應到她們的在地日常生活經驗裡。

三、關於川崎市

本章以川崎市的民族文化講師爲例，闡述國際理解教育和女性移民社會參與之間的關係，在此，必須先交代爲何筆者選擇川崎市做爲研究調查地。

川崎市位於東京與橫濱之間京濱工業地帶的中心區，一個面向關東平原的內陸區域，是上班族和勞工階級爲主的通勤住宅城(bed town)，依川崎市政府公布的「川崎市住民基本資料人口統計表」，到二〇〇六年十二月底止，川崎市人口數爲一百三十五萬四千九百一十三人，入籍川崎市的外國人總數是二萬八千七百七十五人，外國人占川崎市全體住民總數的二・一四%，以韓國・朝鮮人爲最多有九千一百四十五人，依次是中國人七千八百八十二人、菲律賓人三千六百九十八人、巴西(日裔)人一千三百五十三人，外國人包括兩類，舊來者(old comer)與新來者(new comer)。

所謂的舊來者，必須提及川崎市外國人存在的歷史，這要追溯到日本殖民朝鮮半島時期，許多被強行接運到此地工作的朝鮮人，他們被迫從事軍需產業的底層勞動，一九五二年當時川崎市外國人約五千七百八十六人，有九六%是朝鮮人和韓國人。二次大戰之後，他們無法回國仍舊留在該地，只能從事土木業或小規模的自營業，生活十分艱辛，即便第二代、第三代已經誕生，國籍法上他們仍被歸類於外國人，在國民年金或相關權利如公務人員任用、地方參政權、廢除押指紋義務等事務上都未得到保障，長期以來，在日韓國・朝鮮人努力爭取自身權益，川崎市政府也給予適當回應。

新來者是指相對於前殖民地出身的舊來者而言，專指一九八〇年代之後進入日本的外國人，他們很多是因日圓升值、日本國內勞動力不足、日本與亞洲各國的經濟落差等原因而來日本工作，還有因留學、就學、研習等名義進入者也不少。另外，一九九〇年日本《出入國管理法》的修正，設立了「定住者」這項新的在留資格，賦予日裔第一代到第三代都可在日本工作的權利，加上當時日本泡沫經濟，企業主渴望引進外勞，造成大量巴西、秘魯等地日裔回流日本定居生活，日裔此一身分使得他們比其他外國人較易取得定居資格。但新來者的社會問題也很多，包括日語能力、生活習慣、住宅、醫療保健、教育機會等，這些難題迫使川崎市政府必須面對並提出具體的解決之道。

其次，選擇川崎市爲調查地是因爲，川崎市是一個對外國人施政及推動外國人人權相當前進的城市，一九七〇年代以來，爲了消除國籍的藩籬和民族間的歧視，各類由在地外國人主導發起的市民運動已慢慢展開，川崎市政府爲了因應外國人的要求，陸續推動國民健康保險對外國人的適用（一九七二年）、任用外國人爲川崎市政府職員（一九九六年）、外國人教育基本方針之制定（一九八六年、一九九八年改定）、交流館的開設（一九八八年，後詳述）、歧視外國人入住住宅基本條例之廢除（二〇〇〇年）、兒童權利相關條例的頒布（二〇〇一年）等主要施政，努力打造和外國市民共生的在地社會。並以二〇〇〇年版《川崎市人權施策推進指針》爲藍本，於二〇〇五年三月正式頒布《川崎市多文化共生社會推進指針》，此一法源明訂川崎市如何實現多元文化共生社會的基本方針以及施政的具體內容，並在川崎市政府內設置「市民局人權・男女共同參與室」的專屬局室負責統籌，以及配置「外國人市民施策擔當主管」的專職人員。施政推進的基本方針有下列五項：行政體系的充實、多元文化共生教育的推動、社會參與的促進、共生社會的形成、施政推動體制的完備等（山崎信喜，二〇〇五），和本章最直接相關的是，多元文化共生教育的推動與社會參與的促進這兩項，將在「參與動機」這節中詳述。

本章選擇川崎市爲調查地更重要的原因是，女性移民的社會參與此一現象及議題是筆者的關心所在，這是承續二〇〇一年夏天個人於川崎市進行「女性移民的社會參與：川崎市菲律賓女性」調查的問題意識，希望能繼續挖掘女性移民社會參與的條件、社會參與帶給女性移民自身及接待社會的可能變革。值得一提的是，本研究的問題意識雖承續二〇〇一年之脈絡，但仍有許多研究方法上的突破，依序說明如下三點。

第一，二〇〇一年的調查主要是透過日本人主導的民間團體去接洽訪談者（邱琡雯，二〇〇三），此次則直接鎖定外國人爲主體或外國人主導的兩個民間團體，也就是特定非營利活動法人「K

FV：Kawasaki Foreigner Volunteer」（以下簡稱KFV）以及官辦民營的「交流館」（ふれあい館），準此，希望能看到移民社會參與過程中自主性、自發性更高的層面。

第二，二○○一年的調查是從菲律賓女性社會參與的經歷中，了解到接待社會的日本提供了移民參與的六項公私建制（外國人市民代表者會議、川崎市人權啓發推進審議會、日本語指導、民族文化講師交流事業、公民館、國際交流活動），是從個人到制度的掌握。但相反地，這次調查一開始就鎖定公部門的「民族文化講師交流事業」，也就是從特定建制出發，再回頭分析移民社會參與的心路歷程。

第三，二○○一年的調查是以菲律賓的女性移民爲研究對象，截至一九九七年爲止，菲律賓女性是和日本男性通婚人數最多的外籍婚姻移民，此次則包含各國女性移民，計有韓國人、中國人、在日韓國人第二代、巴西日裔第二代、羅馬尼亞人、菲律賓人。換言之，有亞洲人也有歐洲人（黃種人和白種人），有土生土長的在日韓國人第二代，也有和日本人「同種不同文」的巴西日裔第二代，更有「既不同文又不同種」的韓國人、中國人、羅馬尼亞人及菲律賓人。除了文化上及種族上的差異外，她們進入及定居日本的背景也不盡相同，包括婚姻移民、一九九○年放寬日裔返國優惠法案下的返回移民（return immigrant）以及土生土長的外國人，簡言之，透過訪談文化種族、出身背景迥異的女性民族文化講師，希望掌握她們社會參與的不同脈絡及可能的共通條件。

女性移民的自我敘說及詮釋是本研究的主軸，她們的談話內容構成主要的資料來源，但這些談話內容的意義，必須透過三角交叉檢測法得到的其他資料做進一步確認。準此，爲凸顯外籍女性講師發言的確切位置，本章也掌握與「民族文化講師交流事業」有關的各級單位或個人，像學校老師的意見、學童的感想、行政單位川崎市教育委員會的政策、負責派遣外籍講師的民間組織（KFV、交流館）之立場，以及爲凸顯性別差異而訪談的中國籍男性講師楊君的看法等。筆者於二〇〇七年六月二十二日—七月二十一日期間於日本川崎市進行調查，除了從教育委員會、KFV、交流館、「川崎市外國人代表者會議代表會議」（以下簡稱代表者會議）等四個機構取得各類書面資料外，還有訪談資料及非參與式的觀察（non-participant observation）資料。

先說明訪談資料，出現在本研究中的民族文化講師共有九位，其中接受筆者直接訪談的有七位，張娟與楊君（唯一男性）兩位是中國人，筆者同時以日語、國語進行訪談，其餘五位受訪者（千田、佐藤、金淑、瑪莉、崔妍）均以日語訪談（表一）。此外還有相關報導人，包括：教育委員會的主管二名、前川崎市外國人市民施策專門調查員一名、交流館的館長及事務員各一名（表二）。其次是非參與式的觀察資料，聆聽KFV理事長金淑於橫濱市立大學國際總合科學部的專題演講，講題是外國人的社會參與；實地參觀川崎市「御幸小學」六年級的國際理解教育授課情形，當天的民族文化講師是本研究受訪者的菲律賓女性瑪莉[6]；列席代表者會議，旁聽不同國籍代表的發言，包括了同樣身爲民族文化講師卻無法接受訪談的李晴和朴貞，以及在場的本研究其他四位民族文化講師張娟、千田、佐藤、楊君，這六位既是現任代表者會議的代表、也是民族文化講師，可說是川崎市積極社會參與的外國人。

6 此次授課由台灣公共電視拍成紀錄片《幸福的地圖》（製作人王瓊文），已於二〇〇七年十二月二十五—二十六日晚間十時於公視頻道首播。

在此，要特別闡述成立於一九九六年的代表者會議，對於川崎市的外國居民而言，它是極其重要且深具影響力的社會參與管道。代表者會議的管轄機構是「川崎市市民局・人權男女共同參與室・外國人代表者會議代表會議事務局」，是一個讓在地外國人參與市政的特殊組織，其特色有三：(一)只要在川崎市登錄爲外國居民一年以上、年滿十八歲、具日語聽說讀寫能力者，都有機會報名參加，是一個廣開參與門路、提高參與意願的機構，並以外國人國籍人數做代表名額的比例分配。(二)代表者會議的代表希望保有會議的獨立性，設有條文保障會議的自主運作。(三)川崎市市長必須尊重會議的建言，建言可以直接被採納，也有機會成爲法案(樋口直人，二〇〇〇)。代表者會議代表的徵選方式採一般公開召募，因須閱讀大量法律或行政條文，議程中也必須發言，被選爲代表者會議代表的外國人，在日語的聽說讀寫方面都已具備一定水準，原則上允許代表攜伴翻譯，也設有翻譯志工，但幾乎沒有這樣的情況發生。本研究的九位民族文化講師當中有七位是代表者會議的代表，在筆者進行訪談以及非參與式的觀察過程裡，他們的日語表達都相當流暢，雖然仍有些外國人的口音，但神情多充滿自信、落落大方，語文能力可說是移民在接待社會參與時極其重要的條件。

緊接著，將從這些書面資料、訪談資料以及非參與式的觀察資料當中，凸顯女性民族文化講師「被日本人歧視、排除、當成異類」的在地日常生活經驗，並透過參與動機、參與形態、參與回饋三個面向的整理，捕捉她們社會參與的真實歷程。

四、參與動機

本章的民族文化講師是指：日本川崎市政府推動「民族文化講師交流事業」（民族文化講師ふれあい事業）中的外籍講師，此一制度於一九九七年創設，依據一九八六年頒布的《川崎市外國人教育基本方針》這項法源辦理，該法曾於一九九八年四月改定爲《川崎市外國人教育基本方針：邁向多元文化共生的社會》。「民族文化講師交流事業」由川崎市政府教育委員會統籌，負責支援或派遣在地外國人爲民族文化講師，到全市各中小學、高中、聾啞學校、身心障礙者的養護學校授課，歷來年教育委員會派遣的講師以韓國・朝鮮背景出身者占了絕大多數，反映了川崎市外國人的人口結構比率。

教育委員會對於「民族文化講師交流事業」的具體支援內容有以下兩點：（一）給付民族文化講師本人的鐘點費，以及給付民間團體安排民族文化講師的介紹費，主要的民間團體是指ＫＦＶ和交流館。（二）協助民族文化講師的選定，民族文化講師的選定由各校自主性進行，教育委員會提供並收集民族文化講師人選的相關資訊，以利此項業務的順利推展。可以想見，民族文化講師的選定過程是教育委員會、學校、民間團體三者間的共同協調，民間團體扮演了相當重要的角色，教育委員會訂定招募方式，透過民間團體的口耳相傳及介紹，讓有參與意願及授課能力的外國人配合學區及時段安排前往授課，民間團體就是負責尋覓足以勝任此項工作的在地外國人，推薦給校方及教育委員會的中介者。本節主要目的就在於：說明ＫＦＶ和交流館這兩個民間團體的成立經過，以及它們參與「民族文化講師交流事業」的歷程，著重的是，外國人爲何及如何去打造一個民間團體，外國人社會參與的動機爲何，並描繪隸屬於這兩個民間團體的女性民族文化講師她們個人的參與動機，特別是在她們「被日本人歧視、排除、當成異類」的經驗和母職經驗相遇時。

（一）ＫＦＶ：ＫＦＶ於二〇〇〇年二月成立，是代表者會議第一—二期的代表卸任後提案產生的團體，當時，代表者會議的李委員長提出「從要求到參與」的口號，認爲外國人住在川崎市不能一味要求地方政府或日本人給予權益，而是要開始積極參與在地社會的公共事務。那麼，外國人到底該如何社會參與呢？當時，不少代表者會議的代表已有擔任民族文化講師的經歷，他們結集眾人之力，認爲外國人是國際理解教育的重要推手，派遣民族文化講師也是在地外國人義不容辭之事，重要的是他們認知到，相對於地方參政權、選舉投票等門檻較高的活動來說，國際理解教育是外國人在接待社會日本比較容易參與的一項活動，因此，ＫＦＶ做爲一個由外國人結集、主導，鼓勵外國人社會參與的機構，並以「教育」做爲外國人社會參與的著力點。ＫＦＶ的主要業務有以下幾項：協助正規學校教育中的國際理解教育，也就是本章所指的「民族文化講師交流事業」之推動，負責協調教育委員會、學校、民族文化講師三者，派遣各國民族文化講師到校授課；協助正規學校教育以外川崎市公共施設中針對一般市民的國際理解教育之推動，ＫＦＶ會派遣外籍講師前往授課或分享經驗；定期舉辦國際理解教育研討會，強化外籍講師在教學法、教材等方面的專業素質；成立短劇團，透過戲碼演出讓一般人容易了解在地外國人遇到的問題及處境。曾是代表者會議第一—二期的代表、現任ＫＦＶ理事長的金淑出身韓國首爾，一九八八年赴日攻讀到博士班，後來與日本男性通婚，目前是川崎市高中和大學的韓語老師，也擔任多年民族文化講師，做爲一名組織的領導者，她語氣堅定地強調：

日本人常自以爲是援助者，把外國人當成小孩子、弱者、等待援助的人，外國人從被拒絕、被排斥的經驗出發，以當事者、主體者的自覺進行社會參與，外國人不再是等待援助的人，而是可以付出、援助別人的人。（金淑）

（二）交流館：另一個派遣民族文化講師的重要民間團體是交流館，成立於一九八八年六月，是川崎市政府與在日韓國・朝鮮人共同打造、全國首創官辦民營的機構。交流館所在地的櫻本地區，是川崎市內在日韓國・朝鮮人較多居住的地區，該館爲了促進日本人與在日韓國・朝鮮人彼此間的相互理解，克服種族文化上的歧視而設置，希望在日韓國・朝鮮人於在地社會能有機會接觸母文化，也提供日本人接觸異文化的場所。交流館的開設可說是一波三折，初始川崎市政府委託社會福祉法人青丘社營運，該社從一九六九年開始，就以在日大韓基督教川崎教會附屬櫻本保育園之名，從事兒童保育及青少年健全教育的相關活動，經驗豐富歷史悠久。在地居民自治會並不反對設置會館，但反對把會館當成日本人和在日韓國・朝鮮人交流的場所，日本人害怕的是，一旦會館成立，可能被少數的在日韓國・朝鮮人「反向支配」，無疑地，這種反對聲浪的背後，充分反映出日本人長期以來對在日韓國・朝鮮人的不解與不屑。幾經川崎市政府、在地居民自治會、青丘社、媒體、川崎市議員等多方強力交涉，終於達成共識，一九九〇年之後全面交由青丘社負責營運，也由在日韓國・朝鮮人第二代出任館長（星野修美，二〇〇五：一四九—一九八）。交流館目前的主要業務是：成年人日語及母語朝鮮語教室的開設、針對韓國・朝鮮或菲律賓文化背景學童的課輔及安親教育、身心障礙學齡兒童的支援活動、老年人的支援活動、民族文化講師的派遣等。簡言之，交流館是在日韓國・朝鮮人要求在日本社會立足、爭取社會參與的重要據點，從支援學童教養、教育起家，也包括支援成年人、老年人、身心障礙者的社會教育及社會福祉等相關活動，本章探討的民族文化講師之派遣，也是在如此濃厚反歧視、要求人權的背景下去推展。依在日本韓國人出身的現任交流館裴館長之言，參與「民族文化講師交流事業」的目的，就是希望營造一個讓在日韓國人「不再受到歧視的環境」，派遣民族文化講師不單只是到校介紹韓國文化而已，也是要讓在日韓國人的孩童活得自信而有尊嚴。

以上是兩大民間團體參與「民族文化講師交流事業」的歷程及動機，可以發現兩點特色：一是ＫＦＶ及交流館的屬性接近Vijay Agnew（1993）所說的倡議性組織（advocacy-oriented organization），但也並非完全沒有服務性組織（service-oriented organization）的功能，前者傾向改變不公平不正義的宰制關係，將社會中特定族群的訴求轉化成立法政策或計畫法案，參與者通常具有高度的性別或種族自覺，受過教育的中產階級婦女爲多，在促進各種意識的提升上不遺餘力。二是外國人「被日本人歧視、排除、當成異類」的日常生活經驗確實存在，那麼，隸屬於這兩個民間團體的女性民族文化講師她們個人的參與動機和這樣的經驗又有何關連呢？

首先，必須強調的是，「民族文化講師交流事業」中的外籍講師以女性占絕大多數，ＫＦＶ理事長金淑充滿自信地指出，ＫＦＶ派遣的外籍講師之特質是：定居者多，特別是婚姻移民的女性很多；她們大多經濟獨立、自給自足，很少是完全依賴丈夫收入的純家庭主婦；具備志工精神，樂於幫

交流館内訴求老人、身心障礙者、外國人居住權的舊海報。(邱琡雯攝)

助別人；學歷高，高中畢業者少，至少都有大學畢業；自立意識高，很多是拚命三郎型的人物；她們個性上喜好外出，不會整天窩在家裡等等，這些特質也出現在本研究受訪者的女性民族文化講師身上。

此外，本研究受訪者中除了ＫＦＶ理事長金淑婚後沒有生養小孩外，其他女性都必須履行母職，她們想擔任民族文化講師的動機，多少也和她們履行母職這件事情有關，雖然每個人的母職經驗各不相同。要追問的是，當外國人「被日本人歧視、排除、當成異類」的經驗和母職相遇時，是否會激發出女性移民的社會參與？還是讓她們更加退縮、拒絕參與？Soomin Sohn and X. Christine Wang(2006)兩位亞裔學者探究美籍韓裔移民母親參與子女校園生活的障礙，指出語言文化的隔閡、感覺受到歧視、校方的支援體系不足等都是移民母親參與的「阻力」。國內關於新移民女性在子女入學後的母職經驗之研究，著重母職功能的不彰以及無法實踐母職的因素之探討，但相對地，將「社會參與—母職—子女教育」三者做積極正向連結者也所在多有，山中啓子(二〇〇四)、Michael Jones-Correa(1998)、Nazli Kibria(1993)屬之。換言之，也存在著因被歧視的這種活生生經驗，而激發出來社會參與的移民母親，被歧視的經驗反倒成了社會參與的「助力」。本研究中許多受訪者因爲自己有小孩，爲了陪伴小孩的成長，她們願意屈就去做時間上比較有彈性、非正式的打工或以鐘點費計算的工作，也容易配合白天校方的要求前往授課，此時若能力許可並具備參與意願，就出來擔任民族文化講師了。再加上小孩正在就學或即將入學，外籍母親難免會碰到校園中對外籍學童不太友好的氛圍，也就是在地日常生活經驗中「被日本人歧視、排除、當成異類」的這種經驗，當她們希望改善這種氛圍時，母職的召喚也會促使她們出來擔任民族文化講師。

遠從羅馬尼亞嫁來日本八年的千田是一位相當自信的母親，擁有大學學歷，來日本之前已有英語及生物學教師的資格，也做過護士，爲了扮演好母職也盡情享受母職，照料在小學就讀的獨子，目前做的都是時間上比較有彈性的工作，包括：到附近小學教英文和在家開英文補習班、幫旅遊電視節目翻譯英文字幕、擔任英文口譯、負責ＫＦＶ外國人育兒經驗分享的晨間談話活動等，她提到之所以出來做民族文化講師的動機是：

有次我牽著孩子靠右行經陸橋，突然，背後一位日本老太太破口大罵：「滾出日本！外國人，給我滾出去！」日本是靠左走，但當時我還不太習慣，這個經驗讓我想要出來當民族文化講師。我們同樣都是人，我想先從小學的孩子開始教，看能不能有點改善，將來對日本小孩和我自己的小孩都好吧。（千田）

另外，擁有大學學歷，通曉法德義英日菲六國語言，做過美容師、設計師以及導遊的瑪莉是一位學習力相當旺盛的人，從菲律賓改嫁來日本已經十多年了，一九九七年開始在交流館領受專職的工作，如前所述，交流館的主要業務是兒童保育及青少年健全教育活動，該館和各校間的連接本來就很強，像學校的課後輔導和各類工作坊的協助以及安排民族文化講師的派遣等，因此，參與「民族文化講師交流事業」並自己擔任授課老師，可說是職務關係衍生出來的活動，彼此重疊、相乘相加，同時，她也兼做家庭法院的口譯、心理諮商師、電話咨詢人等，相當忙碌而活躍。她很年輕才十九歲就當上了母親，卻沒有時間和餘力扶養，而是委託給自己老家的母親，她無奈又感傷地說：

我先嫁來日本，後來才接兒子到日本同住，剛開始他都叫我姊姊而不是媽媽，我眞的很難過，自己早年母職經驗匱乏，所以更想彌補……。他在日本學校也受到許多異樣眼光的看待，有媽疼愛的孩子情緒上會比較穩定，我想這裡的其他菲律賓孩童也是一樣吧，所以就義不容辭地出來了。（瑪莉）

由此觀之，從兩大民間團體ＫＦＶ及交流館參與「民族文化講師交流事業」的歷程，以及隸屬於這兩個民間團體的女性民族文化講師個人的參與動機中，都可清楚感受到外國人「被日本人歧視、排除、當成異類」的在地日常生活經驗，又當這樣的經驗和母職相連時，遂成爲女性移民社會參與的一種動能。那麼，這股動能是否反映，以及如何反映到她們參與國際理解教育時的具體實踐方式呢？

五、參與形態：「近的遠方─遠的在地」

談到民族文化講師的具體參與形態之前，有必要針對授課目標先做說明。川崎市教育委員會推動「民族文化講師交流事業」旨在達成以多元文化共生爲目標的學校教育，希望日本學童及外國學童雙方都有機會了解並尊重彼此的文化，培養異文化共生的意識與態度，承認國籍和文化的差異，增進異文化的相互理解。因此，教育委員會特別強調，聘請在地外國人到學校講課、介紹自己母文化的這種課程設計，絕不是單純的異文化鑑賞觀摩，或是外語特別是英語的接觸學習而已。依教育委員會訂定的指導方針來看，現場授課方式分成三階段：(一)民族文化講師利用相片、地圖及其他道具，以日語介紹自己國家的文化風俗，學校老師和民族文化講師通力配合，引導學童學習及加強對異文化的正確理解，民族文化講師必須當場回答學童的發問，協助釐清問題並給予建議。(二)配合上述的學習內容，民族文化講師本人以舞蹈、歌曲、傳統服飾、料理、遊戲、打招呼等方式展演自己的母文化。(三)由學童親自展演、體驗學習異文化，當舉行發表會時，民族文化講師必須從旁協助指導。

要問的是，女性民族文化講師的授課內容是否就遵循上述教育委員會的指導方針？「被日本人歧視、排除、當成異類」的在地日常生活經驗是否反映，以及如何反映到她們參與國際理解教育時的具體實踐方式？從「異文化的介紹」及「反歧視的啓蒙」這兩點去說明她們的參與形態，看看授課活動中女性民族文化講師到底如何介紹自己的母文化，由此，呈現出她們授課內容的「有所爲」與「有所不爲」。

一、異文化的介紹

先從異文化的介紹說起，整體來說，大多數女性民族文化講師的授課內容是依教育委員會的指導方針來進行，通常是透過和日本文化的對比、對照去說明，例如，韓國面積是北海道的約一・三倍，加拿大面積是日本的約二十七倍，日韓雙方的國旗、國花、官方語言之對照等。此外，金淑理事長強調KFV派遣民族文化講師時，每所學校至少三名同行，最多曾到十二人同行，外籍講師必定穿民族服裝共同出場，用多國語言打招呼，一起學各國動物如貓狗叫聲，外籍講師也和不同國家的人彼此交流，她認爲這才是多元文化的具體實踐。還有，「民族文化講師交流事業」中安排體驗學習(experiential learning)的課程也不少，讓學童親手包中國水餃、穿上菲律賓傳統服飾、演出韓國民間傳說《三年峠》(已列入國小三年級的國語教科書)等，從民族文化講師千田、張娟、佐藤口中侃侃說出她們在課堂中介紹異文化對比、對照的生動實例。

千田在課堂上談及日本沒有卻存在於羅馬尼亞的「生日文化」，以及羅馬尼亞沒有卻存在於日本的「送禮文化」。她說羅馬尼亞的生日文化是從幼稚園開始，生日當天壽星會拿糖果到校請同學老師，長大成人後，也會發甜的食物或糖果給職場公司的同事，甜食代表了好日子以及想和對方做朋友之意，壽星在生日當天是發禮物而不是收禮物的人，發完禮物後再舉行生日派對。另一個實例是送禮文化，羅馬尼亞人旅行回來後，不會發伴手禮給左鄰右舍或同事，日本人則有此習慣，如果去發禮物，收到的人會覺得很有壓迫感，對方似乎有所要求。

民族文化講師既然是到學校介紹母文化，對象是學童及老師，因此，授課內容很自然地會提到校園文化之對比。擁有大學學歷、中國山西省出身、中年之後以婚姻移民身分改嫁給日本人的張娟，到日本之前曾是日語老師、也擔任過工廠的經理，來日本後並沒有專職的工作，五十多歲才初婚的丈夫期待她做一名盡心的家庭主婦，但她還是非常積極地努力向外發展，她說自己和日本人再婚了，應該會長期定居在日本，出來當民族文化講師也是想多看看多了解日本，這麼做也是爲了自己的將來打算，平常會在附近中小學教那些剛從中國移民到日本的小孩入門日語，也在非營利社會教育市民自主團體「生活交流多元文化教室」教中文、書法、太極拳、中國菜等。張娟提及中國和日本的校園文化之異同時說到，日本老師常會自掏腰包墊付，中國老師很少這麼做，日本老師放學後很少改作業，中國老師還得把一堆作業抱回家去改。日裔第二代佐藤介紹巴西的校園文化，她說除了偶爾接濟貧困孩童外，巴西的小學不提供營養午餐，小學裡面沒有學生社團，小朋友想去學校就去，下午也不用上課開始玩耍，學校會請人打掃校園，孩童不用自己掃除，相對地，日本多數小學都供營養午餐、有學生社團、有要求學童打掃的勞動教育。

不過値得注意的是，異文化介紹的課程當中，有些內容是民族文化講師刻意迴避的，特別是歷史事件及戰爭經驗，因爲，它充滿了美籍日裔學者Takeyuki Tsuda(2003)所說「去地域化的移動國族主義」(deterritorialized migrant nationalism)之色彩。Tsuda 研究一九九〇年後日裔返回移民對日本社會加諸給他們的邊緣化之回應時發現，日裔還在巴西時，被視爲(也相當自負於)具有純種日本血統的優良少數民族(positive minority)，但回到日本後，卻被日本人貶抑成混雜著巴西文化的劣等少數民族(negative minority)。爲了對抗這種巨大的落差與失望，日裔通常會回過頭去強調己身擁有的巴西文化，而不是一味地向曾經引以自豪的日本文化全面靠攏，這種在日本境內被日裔返回移民拿來對抗日本人而強調出來的巴西文化，可說是一種去地域化的移動國族主義。

千田認爲歷史事件談一些就好，人要看未來而非只想過去，她還舉例說明，七月七日是日本的七夕祭り(tanabatamaturi)，但對中國人而言，卻是不太好的紀念日，羅馬尼亞人和德國人、土耳其人是世仇，但這三個國家的人在日本碰到了，彼此仍是和平相處的。瑪莉也說日本曾侵略過菲律賓，但她本身沒有戰爭的經驗，所以也不會談論戰爭的話題。張娟在訪談中提到她所觀察到的中日兩國道歉文化之不同，充滿國族主義的色彩，但她並沒有在學校的授課中提到，而是在校外向日本人說明「爲什麼日本人總認爲中國人不愛道歉」。她說道不道歉是文化「差異」的問題，而不是

「優劣」的問題，日本人雖馬上道歉，但未必有誠意，也未必付諸行動，慰安婦問題、南京大屠殺就是最好的實例，但日本人走路時身體一碰觸到對方會馬上道歉，這也是日本人很大的優點。

從以上的授課內容看去，無論是單一國家文化與日本文化的對比對照、多國籍民族文化講師的交流乃至於體驗學習，它們確實是在教育委員會的指導方針下進行。誠如矢野泉（二〇〇七）所說的，邀請在地外國人參與的日本國際理解教育，現階段僅止於異文化教育、異文化理解、異文化介紹而已，它的形態也宛如藤原孝章（二〇〇五）點出的，流於3F也就是食物、服裝、節慶等表象程度的展演。但是，這些教育學者的批判從外籍講師的立場看去又是如何？一反學者們的批判，大多數民族文化講師均異口同聲地說，他們確實是以教育委員會及校方的指示去介紹自己的母文化，因此要追問的是，除了土生土長的在日韓國人第二代崔妍之外，爲什麼，大多數民族文化講師都不願在課堂上觸碰外國人在日本社會的眞實生活，特別是和外國人相關的反歧視與人權議題，寧願僅止於異文化的介紹、展演呢？爲什麼，遠方的異文化變得近在咫尺，相反地，在地外國人的眞實生活反倒是遙不可及？換言之，本研究主軸也就是她們「被日本人歧視、排除、當成異類」的這種在地日常生活經驗，爲何沒有繼續延伸、反映至擔任民族文化講師時實際的參與形態上？

二、反歧視的啓蒙

張娟明白地表示，不提反歧視與人權的問題是因爲時間根本不夠，只有短短四十分鐘的課，學校老師也未必喜歡這種話題，民族文化講師只是依循校方的要求在上課罷了。千田和瑪莉均認爲，她們不想讓孩童知道不好的事，他們也聽不太懂，講好話就會有好的結果，如果眞要安排這種課程，也要等到孩童可以理解的年齡，至少是高中或大學再去教，她們自身「被日本人歧視、排除、當成異類」的這種不愉快在地日常生活經驗，在課堂中是不會被彰顯出來的。

無論走到哪裡，我還是常常被日本人戲謔爲「金髮」（kinpatu），我知道自己並沒有完全融入日本，也沒有完全被視爲同等的人在對待。我當然也有被歧視的經驗，但我都會當場解決，並要求對方立刻道歉（一臉憤慨的表情）！根本不必等到課堂上了。（千田）

我在日本被歧視的經驗可多了，但我不想告訴孩子這些，因爲他們畢竟還是孩子，小學六年級了，還聽不太懂什麼叫認同。孩子們對菲律賓本來就沒什麼好印象，我才更想介紹菲律賓好的地方，我的目的是快快樂樂地去學校介紹菲律賓文化。（瑪莉）

由此看來，女性民族文化講師會基於個人考量而不去談論反歧視與人權的議題，但不可忽略的是，講師當中也有極少數的例外，在日韓國人第二代崔妍因出身背景的關係，對於反歧視與人權問題的感受程度遠遠高於其他受訪者，因此，她會積極而巧妙地在課堂中談論這方面的內容。大學畢業後曾當過兩年半的教員，婚後移居到川崎市，一直在交流館專職的崔妍，二十五歲之前非常努力當個「堂堂正正的日本人」，使用日本名字，不敢請同學到家裡，也不要父母來學校，每天檢視自己是到底是日本人還是韓國人，然而她再怎麼努力，還是不被日本人接受，感覺很疲累而且很挫敗，後來決定以「在日」（zainiti：在日韓國・朝鮮人的簡稱）的身分，不隱瞞不躲藏地安穩過活。因

瑪莉和助手入班介紹菲律賓的打招呼語及玩具。
(邱琡雯攝)

瑪莉和助手邀請日本孩童上台示範。(邱琡雯攝)

瑪莉和助手邀請日本孩童上台示範。(邱琡雯攝)

為這樣特殊的成長經歷，她的授課內容就不只局限在異文化的介紹而已，會從自己童年的痛苦成長經驗出發，她強調要告訴小朋友的是：不同文化的人就在你的「身邊」，你應該要知道，國際理解教育並不是去了解「遙遠」的外國文化。

> 每次課程結束後，學校老師常常會順口說出：小朋友，長大後你們去韓國玩，就沒問題了。我覺得很憤慨也很無奈！一個外國人明明就站在你的「身邊」，爲什麼你還是視而不見呢？……很多人認爲孩子小，教這些也沒用，但我認爲越小開始教越好，肯定差異很重要，差異是理所當然的，但差異不等於優劣，從小就這樣教，有異文化背景的小孩才不會像我從前一樣，躲躲閃、惶惶不可終日！

（崔妍）

當筆者問到，會不會是妳對於歧視太過敏感，崔妍非常堅定地回說，有感覺被歧視的人才會開口談論歧視的議題，不是她對歧視太「敏感」，而是日本人對歧視太過「鈍感」。她常常被反問「妳眞的是韓國人嗎？」其實她心裡也很自卑，自卑自己對韓國的事物不很清楚、不會說韓語，也沒在韓國長住生活過，但不會說韓語，不是她不想學不想說，而是來自日本社會深層的嚴重歧視，只要「在日」一開口，就會被取笑被欺負，那種恐懼至今留存在她的心裡。在她成爲民族文化講師之後，傳遞韓國文化是授課的主要目的，但所謂的韓國文化並不是指現在朝鮮半島上的韓國，而是在日第一代的祖父母傳遞給她的韓國，換言之，她強調傳遞的是日本國內「在日」韓國人特有的文化，不是遙遠的或教科書裡面的韓國，是在地社會中「活生生的、實存的、就在你身旁的」韓國。

本章以「民族文化講師交流事業」爲研究對象，顧名思義，民族文化講師是以「民族文化」的講授爲主要目的，民族文化講師的現身以及民族文化的彰顯成爲一種必然，重點在於：移民在接待社會到底該如何敘說、展演、彰顯自己的民族文化。面對不同情境的生活經驗與歧視經驗，不同人會採取不同的對應及策略，長年研究種族族群、階級議題的Pierre L. Van den Berghe(1987)認爲，族群邊界並非固定不變，它是經常變動的、越界的狀態，是否要維持族群邊界或彰顯其族群性，端賴當事人的自我判斷，當事人通常會朝對己「有利」的方向去進行，從經濟學的觀點來看，爲了追求利潤的極大化，人們會從眾多選擇當中採取最適切的行動，同樣地，從社會生物學基因的環境適應能力極大化(fitness maximization)觀點來看，它也預設了人們會以功利主義的方式經營生活。準此，Van den Berghe提出重視個人生存的個人主義族群選擇模式(individual choice model of ethnic change)，藉以說明個人會在合理主義及功利主義的支配下，對族群性的彰顯或隱藏採取不同的行動策略。後殖民女性主義(postcolonial feminism)學者Lisa Lowe(1996)也有類似主張，她強調文化的異質性、雜種性以及複數性，女性移民會把接待社會與原生社會雙方的文化都當成一種生存的利用手段，也就是對原生社會與接待社會的文化同時保持相對化與距離化，不是兩者擇一的放棄或靠攏，而是透過對雙方文化持續不斷地解構與重構來定義自我。

明顯的例子是出現在佐藤身上，這種在教育委員會的指導方針下所進行的異文化介紹之授課內容，也影響到民族文化講師的自我認知和定位。一九九〇年放寬日裔返國優惠法案實施後才第一次踏上日本的佐藤，大學肄業，目前從事醫院的口譯及電話諮詢人，也到處做兼職的工作，自認爲古道熱腸、生性不容易拒絕他人，特別是對於同樣來自巴西母國的弱勢者，日裔也好純巴西人也好，都盡可能傾囊相助。她喜歡結交朋友、到處趴趴走，每天行程滿檔，連周末假日也很少在家，本身有小孩在高中就讀，參與神奈川全縣的親師大會，對日本校園文化並不陌生，出來當民族文化講師是代表者會議的代表和KFV志工們的介紹自然而然就去了。佐藤在訪談的最後曾提到，自己是日裔第二代，外表長相和一般日本人無異，以後最好能和「金髮碧眼的純巴西人」一起上課，震撼力會比較大，學童也可以從另類角度更了解巴西文化。可以感受到，在教育委員會的指導方針底下，巴西日裔的佐藤已經不知不覺內化並複製了日本人對於外國人的想像了，簡言之，日本人認爲所謂的外國人就是要金髮碧眼，和日本人或日本文化才有對比、對照的震撼效果。和其他民族文化講師非常不同的是，佐藤的身分特殊，她既是(不是)外國人也是(不是)日本人，擔任民族文化講師在校園介紹巴西文化時，或許未必如Tsuda所言就是「去地域化的移動國族主義」，她也沒有特別意識到這些巴西的校園文化與巴西國族主義之間有何關連，但可以發現，她不是全然地認定自（巴西）／他（日本）之區隔，當中也混雜了自（日本）／他（巴西）的部分，換句話說，她並非單面地選擇向日本或巴西文化全方位的靠攏，而是把日本和巴西雙方的文化都當成一種生存的利用手段，對日本與巴西的文化同時保持相對化與距離化。

縱觀以上女性民族文化講師的敘說可以看到，不少人在日本都有過「被日本人歧視、排除、當成異類」的在地日常生活經驗，無論膚色（白人或黃種人）無論出身，但是，她們看待被歧視的經驗以及化解這些被歧視經驗的方法卻截然不同，這些不同也反映在她們授課活動的參與形態上，呈現出「近的遠方——異文化的介紹」及「遠的在地——反歧視的啓蒙」兩種展演方式，顯示民族文化講師的有所爲與有所不爲。除了在日韓國人第二代崔妍之外，絕大多數受訪者的民族文化講師都不願去觸碰外國人在日本眞實的生活情境，換言之，她們「被日本人歧視、排除、當成異類」的這種在地日常生活經驗，並沒有繼續延伸至擔任民族文化講師時實際的參與形態上，雖然，她們走進教室做了面對面的接觸，但僅止於介紹遠方、彼岸的３Ｆ異文化，但也不會提及與「去地域化的移動國族主義」相關之內容。整體來說，她們的授課形態及內容不會讓外籍講師本人，也不會讓校方的老師、學童三方面感到尷尬的，她們不會挑戰教育委員會的指導方針，不想去忤逆校方的既定安排，也不願製造和學童或日本教師之間的衝突場面。雖然，負責介紹民族文化講師的兩大民間團體交流館和ＫＦＶ聲稱，外國人的社會參與是爲了改變日本人對外國人的歧視和偏見，但她們採取的方式基本上是保守溫和的。可以說，這是民族文化講師選擇的生存策略，在接待社會的安全活法，是在合理主義及功利主義的支配下，對族群性的彰顯或隱藏採取不同的行動策略，或是將文化當成一種生存的利用手段，並決定什麼是有所爲與有所不爲。

六、參與回饋：社會變革的可能與不能

當問到民族文化講師的參與回饋時，受訪者都異口同聲地說，個人方面的成長是肯定有的，佐藤本來是很害羞的個性，在大人面前說話比較沒有自信，但從孩童的面前開始練習起，變得越來越有信心，校方也會直接與她聯絡，不再透過民間團體的介紹，再則，準備教材也是強迫自己讀書，算是一種意外的收穫。在此，筆者欲強調的參與回饋是超出個人層面的，而是透過民族文化講師詮釋學童及學校教師的回應態度，捕捉女性移民對國際理解教育可能產生的社會變革之看法，並將此看法扣連到她們「被日本人歧視、排除、當成異類」的這個在地日常生活經驗裡。

一、學童的改變

無論上課內容是反歧視與人權的議題，還是僅止於異文化的介紹，來自孩童的回饋是直接而具體的，譬如，無垢的笑顏及天眞爛漫的神情，特別是課程結束後，面容由陌生轉爲柔和、態度由抗拒變成合作，尤有甚者，全班含淚歡送老師到校門口等行爲表現，對民族文化講師來說，都成爲日後美好的回憶。値得一提的是，校方規定學童必須寫課後感想，這些感想由班級老師結集成冊，再原封不動地寄到民族文化講師的手裡，筆者在訪談過程中，請受訪者回想令她們印象深刻的隻字片語，特別是這些孩童在感想中如何寫出：「上了民族文化講師的課程後，想法上有什麼具體的改

變」。吉澤壽一、紙屋剛、橋本愼一、平間眞實（二〇〇一）四位中小學的日本教師，曾經以參與觀察法記錄「民族文化講師交流事業」課堂中學童的發言、當下的反應行爲，並收集課後學童的感想，但筆者的提問方式和他們的研究法及研究目的並不相同，不只是日本教師眼中學童學習成效的這個層面而已。在此想凸顯的是，授課的女性民族文化講師而非日本教師的看法，並透過她們回溯學童的課後反應，更重要的在於，這些反應如何扣連到她們自己社會參與的動機、形態以及「被日本人歧視、排除、當成異類」的在地日常生活經驗。

首先，是來自日本孩童的回應，KFV理事長金淑強調，當初出來社會參與的目的之一，就是希望改變日本社會難以鬆動的那個結構，對於外國人特別是亞洲人深層歧視的結構，但是去改變既成觀念已經定型的大人眞的很難，所以才從比較容易改變的小孩身上著手。本身是代表者會議的代表、KFV的理事，並負責KFV外國人育兒經驗分享的晨間談話活動，也擔任多年民族文化講師的中國女性李晴也認爲，大人的許多觀念已經成型，改變小孩比改變大人要來得容易，外籍講師到校授課先引發學童對異文化的好奇，再導引他們對異文化的正確看法，長大後看能否逐漸擴大影響力，讓大人的成見也有所改變。那麼，從這些女性民族文化講師眼中讀到了什麼改變呢？

學童的感想文中寫到：「我開始想去韓國玩了！我開始對韓國的語言文化感到興趣了！」「我想知道更多巴西有趣的事情。」「到今天爲止，我本來不明白的事，因老師的授課而開竅了。」「第一次接觸菲律賓的遊戲，眞好玩。」「我本來不喜歡菲律賓的食物，但今天自己親手試做、試吃後，改變了我以前的想法！」除此之外，在學童回應反歧視與人權的議題上，感同身受的崔妍也讀到了些許曙光：「有如此悲傷的經驗，卻還能活得頂天立地，我眞的很佩服妳呢！」「像崔女士一樣努力不懈的人就在我的身旁，從今而後，我也會多去關心注意這些人了。」「剛開始聽妳的故事覺得很可憐，但妳卻如此的堅毅，無論遭受什麼困難都能勇敢活下去的人。」

改變不僅來自於日本孩童，也來自於同文化圈的小孩，雖然他們在校人數很少。リサ・ゴウ(Liza Go)及鄭暎惠(一九九九)兩女合著《我的旅程：超越性別與種族主義》一書中描繪了日本內部的第三世界女性，特別是菲律賓和韓國・朝鮮女性的處境，她們得同時面對性別歧視與種族歧視的雙重邊緣化，一提到在日本的菲律賓女性，總是和性工作者或表演工作者(sex worker or entertainer)的負面意象相連，這些人說的日語被日本人認為是骯髒的語言，不幸的是，她們生的小孩也以母親所說的日語為恥！

面對這種殘酷的現況，瑪莉提到她擔任民族文化講師的初衷，不僅希望改變日本人看待菲律賓的負面印象，更希望讓菲律賓的小孩知道，在難以傳遞菲律賓文化的日本傳達菲律賓文化的可貴，撫平無法傳達菲律賓文化的寂寞，這也不止於傳遞而已，他們願意傾聽、了解更為重要，讓菲律賓孩童認識、進而認同自己父母親的文化。她的經驗是某位菲律賓籍的孩童對自己母親的棕色皮膚相當不滿，還罵自己母親「骯髒鬼、好臭喔！」她知道班上有這個小孩時，刻意在課堂上講述菲律賓文化的優點，強調菲律賓人的頭腦很好，同時會塔加洛哥語(Tagalog)、西班牙語、英語、地方方言、日語等多種語言，身為菲律賓人有何不好。後來，這個菲律賓孩童寫的感想文是：「今天能和菲律賓文化相遇真好，從今以後，我要慢慢改變對母親的態度。」不斷強調反歧視與人權的崔妍從正視差異、肯定差異的立場出發，課堂上現身說法自己的過去，也適時反問學童頭腦好的人、跑得快的人，就一定是好學生嗎？引導孩童對自己身上的差異不要太過悲觀或掩藏，她收到學童的感想文是：「我右手不太會動，我爸爸是外國人，我跟其他人不一樣，但上了這堂課後，我眞的比較安心，也比較坦然了！」

女性民族文化講師讀到這些學童的回應，到底代表了什麼可能的意涵呢？Sarah Mahler（1998）曾提及女性在社會上所扮演的角色及發揮的功能經常被認爲是非正式的，社會政策也不一定會關照到她們的需求，但是，女性透過日常生活行動去改變周遭的環境乃不容小覷，許多小老百姓也以這種方式產生對抗霸權文化的力量，它不同於由菁英或統治階層指揮、由上而下的社會變革，而是由下而上的一種跨國主義（transnationalism from below），是草根性的、跨國的社會變革。類似觀點也出自於Jan Nederveen Pieterse（2001），不同於知識分子或名人菁英所領導、動員的政治參與，在不引人矚目或非正式的日常生活中，許多沒沒無聞的人依著不同情境積累多樣的生活策略與變革能量，可說是當今全球化浪潮中一種寧靜的侵蝕（quiet encroachment）。這股寧靜侵蝕的力量不全然是無意識的行爲，它們或許只是組織化程度不高的日常實踐，全球化過程中被邊緣化的移民所採取的自助式賦權（self-empowerment）正是其中一股不可忽視的力量。這些女性民族文化講師透過社會參與所讀到、感受到的變革正是如此，像由下而上的跨國主義，它具備了寧靜的侵蝕力量，因爲「民族文化講師交流事業」只是她們在接待社會日常生活中非日常性的一個小小實踐，每學期承辦的學校有限，各級學校承辦的次數也不多，她們無法期待社會變革像變天般的快速，但是透過每次的接觸、學習與親身體驗，提高學童對異文化起碼的好奇與好感，確實有助於將來社會變革的產生，即便它是如此地緩慢，但也絕對無法小看。

二、日本教師的僵化

女性民族文化講師對於學童的改變有一定的期待，也感受、接受到這些改變的具體成果，那麼，她們對於學校的日本教師是否也有相同的期望呢？首先，必須強調和學童不同的是，日本教師的感想與意見不會原封不動地寄到民族文化講師的手裡，只會交給教育委員會負責的承辦人員，因此，民族文化講師對於日本教師的真實想法並沒有很確切的掌握。再則，依教育委員會承辦人員的說法，有些學校對「民族文化講師交流事業」不太了解，過於依賴外籍講師的授課，或是校方與外籍講師事前溝通不足，無法達到教學目的，也造成外籍講師對校方的不信任，反之亦然。

本研究受訪的民族文化講師一致強調，各校承辦的態度很不一樣，有的積極有的消極，但基本上對校方來說這只是例行公事，確實也存在著各種各樣的老師，但整體而言，食古不化者依然殘存，學校老師的變化比較少，也比較慢，他們的固定觀念特別是對於「外國人」的成見已然形成，很難有所突破。本身是代表者會議的代表、擔任過民族文化講師，也是非營利社會教育市民自主團體「生活交流多元文化教室」負責人的韓籍女性朴貞，是一位口齒清晰、積極活躍於各類社團的外國人，她分享了和校方交涉的不愉快經驗。外籍講師應該是外型(膚色髮色、五官長相)與內涵(日語與教材)並重，但學校老師一聽到她日語講得相當流利、口音也不太重，居然回說：「妳已經完全是日本人了！我們想要找的是比較像『外國人』的人來上課。」當她聽到這樣的回答時，一點都不覺得是在讚美，反倒震驚不已，日本的小學老師對外國人依舊存有很深的刻板印象，即使是在川崎市這樣外國人很多的城市。長年任職於交流館並擔任民族文化講師的在日韓國人第二代崔妍，也有類似啼笑皆非的無奈經驗：

> 學校老師經常希望交流館能推薦外貌、長相一看就是外國人的人擔任民族文化講師，我覺得這是很深的偏見，日本人想像中的外國人，一定要是金髮碧眼、講一口怪腔怪調日語的人才算，這不是國際「理解」教育，根本是國際「誤解」教育！（崔妍）

由此觀之，受訪者的民族文化講師對於來自學童的回饋以及老師的反應，有著截然不同的感受，如前所述，外國人主導的民間團體ＫＦＶ及交流館當初之所以選擇教育做爲社會參與的著力點，是希望從小孩而非從成人著手，改變日本社會深層的歧視結構，或是期待在日韓國人的孩童能夠活得自信而有尊嚴。從民間團體這樣的參與動機去看，不論上課內容是針對反歧視與人權的議題，還是僅止於異文化的介紹，外籍講師期望日本孩童及同文化圈的孩童都能學習如何認識差異、理解差異、接受差異，她們從學童身上看到、讀到可能的正向改變，這些改變進而成爲參與回饋的重要一環。但對於學校老師，民族文化講師沒有太多意見或不表贊同，可能原因正如多數受訪者所說，改變既成觀念已經定型的大人眞的很難，因此，民族文化講師也很難感受來自學校老師的參與回饋。也可以說，她們「被日本人歧視、排除、當成異類」的在地日常生活經驗，雖是引發她們社會參與的動機，但透過「民族文化講師交流事業」的實際參與，這種負面的日常生活經驗並未獲得完全的改善，期待學童而非期待大人此語，就已經道破女性民族文化講師參與回饋的可能局限了。

七、末語

本章旨在探討接待社會的女性移民如何透過國際理解教育進行社會參與，並以日本川崎市的民族文化講師爲例加以說明，強調除了某些激進的反對運動或是國家層級乃至跨國層級的政治參與外，不少女性移民的社會參與和在地日常生活經驗更加息息相關，並從「被日本人歧視、排除、當成異類」的這種角度出發，挖掘「女性移民—社會參與—國際理解教育」三者之間的關連，找出女性移民在接待社會的生存方式。在此，必須回應先行研究，以凸顯本章的位置及意義，並總結主要發現如下。

首先，本章跨越出近年來性別與移動研究只將女性移民圈限在家務勞動或家庭的這個脈絡，凸顯了「從事非家務勞動、走出家庭場域、在公共空間中進行社會參與、具備一定學經歷」的女性移民之存在價值；其次，本章跳脫日本教育學者的問題意識以及中小學日本教師的研究方法，而從移民當事者也就是女性移民的立場切入，還原她們社會參與的歷程；再則，被歧視的經驗有可能是具備母職的女性移民社會參與之助力，而非如先行研究中強調的全然只是阻力；絕大多數的民族文化講師都不願去觸碰外國人在日本眞實的生活情境，換言之，她們被歧視的經驗並沒有繼續延伸至擔任民族文化講師時實際的參與形態上；至於她們的參與回饋，則縮限在學校的學童而非教師身上。

表一　川崎市的女性民族文化講師

化名	國籍	年齡	學歷	居留年數	其他社會參與的經歷
張娟	中國	40~	大學畢	3	代表者會議的代表、市民自主團體志工
李晴	中國	30~	大學畢	10	代表者會議的代表、KFV理事
金淑	韓國	40~	博士班肄	19	代表者會議的代表、KFV理事長
朴貞	韓國	40~	大學畢	10	代表者會議的代表、市民自主團體負責人
崔妍	在日韓國人	50~	大學畢	50~	交流館事務員
瑪莉	菲律賓	40~	大學畢	14	交流館事務員
千田	羅馬尼亞	30~	大學畢	8	代表者會議的代表、KFV志工
佐藤	巴西	40~	大學肄	16	代表者會議的代表、醫院口譯及電話諮詢人

表二　川崎市的其他報導人

化　名	性別	國籍	身分特質
楊　君	男	中國	代表者會議的代表、民族文化講師
山　田	男	日本	川崎市教育委員會主查
長谷川	男	日本	川崎市教育委員會主幹
裴館長	男	在日韓國人	交流館館長
岡　本	女	日本	前川崎市外國人市民施策專門調查員
橋　本	女	日本	交流館事務員

第五章

「移民區病理—網絡集結點」的衝突與克服：

在台越南女性的店家

本章旨在處理接待社會中結婚女性移民開設的族群自營業店家所牽引出的「族群」議題，以在台越南女性的店家爲例，探討她們如何面對「移民區病理—網絡集結點」的衝突以及克服的方法，分別從：研究緣起、「移民區病理—網絡集結點」的衝突、研究步驟與基本資料、在台越南女性的店家等四個面向來做說明。

一、開端

近年來台灣各地的夜市、商街、菜市場、工業區、火車站周邊都可看到東南亞美食的看板，「西貢小吃」、「越南河粉」、「胡志明小吃」、「泰國餐飲」、「泰式便當」的中文及東南亞文字招牌令人目不暇給，空間上的能見度逐漸提高，共通特色是：自營業者、多屬平價或低價位小吃、店家內外裝潢簡單、常有外勞或外籍配偶（以下簡稱外配）聚集、很多掌廚者是和台灣男性通婚的東南亞女性移民。這些東南亞女性移民的人數，依內政部警政署、入出境管理局、戶政司的聯合統計資料，自民國七十六年一月起至九十四年六月底止，台閩地區各縣市外籍配偶總數是三十五萬一千三百七十三人，扣除日韓與其他國家，東南亞地區（越南、印尼、泰國、菲律賓、柬埔寨）及大陸港澳地區的外配人數高達三十四萬五百六十七人，東南亞地區以越南的七萬一千六百八十二人爲最多。本章以人數最多的「越南女性所開設的自營業小吃店」爲研究對象，研究緣起來自筆者於日本和台灣兩處的觀察經驗。

首先是二〇〇四年暑假，個人在東京都新宿區大久保町進行「結婚移民婦女政策分析及服務措施之台日比較」研究，那是全東京外國人（亞洲人爲主）人口密度最高的地區，許多亞洲移民自己開設餐廳，該地成爲亞洲飲食文化叢聚的所在。然而，日本人、亞洲人、各種外國人在此享受異國美食的同時，大久保町也成了新宿區的著名「險境」，是骯髒、混濁、治安敗壞的代名詞，當地多數日本居民避之唯恐不及，但同時，也存在某些民間團體（譬如，共住懇）努力搭起日本人與外來移民之間良性溝通的橋梁，嘗試化解接待社會對這類餐飲店家及其空間文化之鄙視態度。換言之，這種不標榜歐美／高檔，而是訴求亞洲／平價或低價餐飲店的聚集區，儼然成爲權力衝突的聚點，這些衝突透過移民和接待社會雙方的努力，正慢慢朝向克服之道邁進。

再來看看台灣方面，分布於各地鄉鎮的東南亞美食店，目前除了特定火車站（台北、桃園、中壢）附近區段或是某些菲律賓外勞聚集的教堂周邊外，幾乎很少發展到「叢聚」的狀態，只是零星分布。筆者好奇的是，附近的台灣居民或一般本地人對於這些美食店有何看法，是否也和新宿區大久保町的多數日本居民一樣充滿嫌惡？如果是，這些身爲店家老闆的東南亞移民如何面對、如何克服？更直接近距離的經驗是，個人近年來時常有機會品嘗各地的東南亞美食，又因喜好越南料理，會固定到學校附近鎮上越南女性開的小店用餐，發現店內三不五時聚集很多越南女性，台灣客人也不少，越南人、台灣人兩種客源共存彼此看似相安無事。如果眞是如此，那麼，越南女性如何同時掌握這兩種客源？面對不同客源之間的可能衝突，她們又是如何擺平的呢？

以上是研究緣起的背景說明，要追問的是，爲什麼移民開設的這種平價或低價的自營業餐飲店，容易成爲接待社會中權力衝突的聚點？筆者從先行研究裡找到了一個相關命題，那就是：接待社會中的移民自營業店家，到底被當成「移民區病理」還是「網絡集結點」。

二、「移民區病理—網絡集結點」的衝突

本章所指的移民自營業店家之定義，可放在族群企業此一脈絡來看，所謂族群企業最簡單的意涵是：族群少數者或移民所經營的企業，通常都是從「以同胞爲對象的族群消費財」開始，之後逐漸分化發展，顧客對象是族群內部的同胞或擴張到族群外部的其他人，發展規模有的只停留在族群市場(ethnic market)，有的則延伸至接待社會的一般市場(non-ethnic market)。經營族群企業是移民爲了達成人生規劃或擴大生存機會所採取的策略，從接待社會中受限或不利於己的雇用環境裡抽離出來，從事自營業或小規模企業，以達到經濟向上流動的可能。譬如，美國境內的日本人(Hosler, 2000)、韓國人(Light and Bonacich, 1988)、古巴人(Portes and Bach, 1985)都在族群企業中嶄露頭角

獲致一定的成就，而受到研究者的矚目，族群企業的先行研究集中探討的正是：這些特定少數族群爲何以及如何達到經濟上的成功，或族群企業的成立條件到底爲何，並試圖提出各種不同的解答。

最常爲人引用的是Roger Waldinger, Howard Aldrich & Robin Harwood Ward(1990)以及 Howard Aldrich & Roger Waldinger(1990)提出的架構，他們認爲族群企業之所以能夠成功或成立，有賴於機會結構(opportunity structure)及移民族群特性(group characteristics)的相互接合，並將機會結構細分成市場條件(族群消費財、非族群的開放市場)及所有權的擁有(企業發展空間、發展空間的競爭、政府政策)；移民族群特性也再分成既定因素(社會移動的限制、選擇的移動、欲求水準)與資源動員(與同屬族群集團的互動程度、族群的社會網絡、政府政策)等。此外，藤原法子(一九九八)調查日本群馬縣南美日裔女性自營業者(超市、便當店、美容院、餐廳、服飾店)的開店條件時，舉出族群資源、階級資源、在地社會資源三點，文中「族群資源」是指所屬族群成員提供的資源或源於該族群特質所固有的資源，像資金的調度、前人的經驗、族群媒體、同鄉會、族群企業經營中的顧客及從業人員；「階級資源」是指具備生產手段或流通手段的個人條件、個人財產、人在資本形成過程中之各類價值，簡言之，就是族群企業經營者的階級條件，包括學經歷背景、生活態度(勤勉、節省)、價值信仰等；「在地社會資源」則是指接待社會對於移民創業提供的制度或支援的有無。在此，特別值得注意的是族群資源，在族群企業成立的條件當中，族群資源的擁有與調度，非常影響到本章接下來所探討的移民區病理或網絡集結點之形成。

族群企業的規模大小不同，本研究鎖定的是自營業，自營業常被當成「非正式勞動」，根據Alejandro Portes(1989)的定義，所謂非正式勞動是指：除了契約與合法規章以外所有生產收入的雇用活動，國際勞工組織（ＩＬＯ）認定非正式勞動的特色有四：小規模、低成本、簡單技能、政府不重視不課稅，美國許多移民就存在於自營業中，政府對於這類非正式勞動也經常賦予犯罪或逃漏稅等污名。族群自營業的成立與開展，通常和接待社會中移民人數的增加以及移民的定居化息息相關，移民參與自營業人數的多寡，成了測量族群集團是否形成的指標，也是移民在接待社會定居化的重要趨勢。因此，不少研究注意到族群自營業的存在時，除了針對它們成功或成立條件的探究外，也著眼於這些店家存在的意義及發揮的功能，其中，最具代表性的便是移民區病理和網絡集結點這兩種觀點，分述如下。

先從移民區病理(ghetto pathology)來看，ghetto一詞的語源可追溯至十三世紀的威尼斯，羅馬教會爲了區別基督徒，將猶太人趕到集中區居住，中世紀歐洲猶太人的居住地就稱做ghetto，二次世界大戰期間德軍強制將猶太人運至的收容所也叫ghetto。現今的用法已不再限於猶太人，而是廣義地指因人種、文化、宗教上的不同，少數族群或移民被迫區隔到特定的居住區就叫做ghetto，它不僅維持族群的文化和宗教，也提供居民生活的社會機能。本章的研究對象是和台灣男性通婚的越南女性移民，故將ghetto當成移民區來看待，ghetto pathology就譯爲移民區病理，是指：將移民住商集中的現象視爲社會毒瘤，是貧困、犯罪、暴力的溫床，低教育低所得階層者的棲息所在，住在其間的移民得不斷自我調整及採取行動，面對來自接待社會的偏見、歧視和邊緣化。

不同於移民區病理觀點的是：移民區或族群自營業店家是一個具備多重機能的網絡集結點，以及這種集結帶給移民和在地社會雙方什麼樣的「貢獻」（田嶋淳子，一九九八）。首先是移民方面，移民參與自營業人數的多寡既然成了測量族群集團是否形成的指標，也是移民在接待社會定居化的重要趨勢，那麼，這些店家容易成為移民或少數族群生活的要塞，提供各種生活機能，並與媒體、教會、寺院、學校、食材店、料理店等其他族群生活集結點彼此相連或網絡化。其次是在地社會這邊，一九八〇年代末美國許多大都會的傳統族裔城市和市區重建計畫接軌，逐漸以嶄新面貌呈現，中國城一掃過去大都會貧民窟的景象，成為文化、資本、族裔的網絡集結點（Light & Bhachu, 1993）；又如一九八〇年代中期東京都池袋區，因面臨市區與郊區發展兩極化的擠壓而逐漸衰退，因此，地方政府積極接受外來移民的入居，期待能對在地產業及機能活化有所助益（奧田道大、田嶋淳子編，一九九五）。簡言之，從網絡集結點的角度去看，移民區或族群自營業店家不必然是主流社會眼中的病理，它們也能發揮積極的貢獻，不僅之於移民，也之於在地社會。對於族群內部的人而言，移民區或族群自營業店家的存在，有許多經濟、生活、認同上的直接助益，對於接待社會來說，它是移民與接待社會互動不可缺乏的介面，尤有甚者，其發展對於在地社會的產業振興或機能活化也有幫助。

筆者認為，若只從移民區病理或網絡集結點單一脈絡去看，容易將兩者視為對立的觀點，但如長期觀察接待社會和移民雙方接觸、折衝的歷程，可能會發現「對立」只是現實世界中一連串發生的不同片段，而非永久的必然狀態，族群自營業店家存在的意義及發揮的功能，應該是在多重主體（至少是移民、接待社會之間）的權力協商下，呈現出多樣風貌。這個權力協商的行動過程有如Kenneth B. Clark（1967）在其名著《黑色移民窟：社會力的矛盾》（*Dark Ghetto: Dilemmas of Social Power*）中所指出的，非洲裔美國人在移民窟裡的生活充斥了兩面性，那是個滿布：希望與絕望、抱負與冷漠、活力與停滯、勇氣與敗北、合作與猜疑、同化與排斥的所在。接下來，從幾筆先行研究的脈絡來做進一步的探究。

國內關於外籍移民／工「店家」的先行研究，就是強調其間權力衝突與協商的層面，王志弘(二〇〇六)從空間政治及權力幾何學的角度切入，以桃園火車站周邊消費族裔地景爲例，探討當地居民、經營店家的台灣人與東南亞外配(男女均有)、外籍移工、警察之間的緊張和衝突關係，強調店家是做爲外籍移民／工文化認同、社會網絡、身分協商的重要場域，當族群自營業店家逐漸形成網絡集結點時，也常常被迫面對來自接待社會的邊緣化，也就是被當成移民區病理的污名化。王志弘看到的是多重主體間的權力衝突與協商，該文並非聚焦在開設族群自營業店家的外來移民身上，但已明確指出，擁有居留權或身分證的移民配偶在開店中占有一定優勢，他們多能取得族裔網絡中的重要地位，而本章欲探討的正是和台灣男性通婚的越南女性移民，以她們的店家爲場域衍生出來的「移民區病理—網絡集結點」之衝突及可能的解決之道。

此外，張正(二〇〇四a、二〇〇四b)從文化鬥爭出發，把台灣的東南亞小店視爲弱勢者寧靜鬥爭的場所，提供新移民「皆我族類」的空間，相互慰藉、分享鄉愁、凝聚群體、對抗他者，小店也向台灣人展現他們的存在，讓進不了門或不敢進門的台灣人成了「他者」，並凸顯這些店家老闆如何具備特殊跨界者的條件及任務。張正強調了四位跨國移居男女店家老闆之能耐及特質，並預設店家在面對移民區病理的污名化時，自動轉成一個戰場，強調店內移民／工採取對抗他者、文化鬥爭的強硬手段以求自保，這種以暴制暴「壓迫—反壓迫」的論述，確實充滿各種衝突及張力。然而，這種論述的前提之一可能是，族群自營業店家的「客群」主要被鎖定在東南亞人(特別是外勞)，也因此可能忽略了：族群自營業中的移民是否也想賺更多的錢、想做更多台灣人的生意，是否也想掌握更多不同的客源，無論是同國人、其他東南亞人或接待社會的台灣人，或許，他們不必然對接待社會採取敵視或不友善的態度。

可以推測的是，當店家想掌握多元客源時，克服移民區病理的手段會有所不同，進而對在地社會產生的影響也不一樣。從這個觀點出發，白岩砂紀（一九九七）以東京都外國人口密度最高的新宿大久保町多元族群企業（multi-ethnic business）的T商家爲例，研究發現，除了雜貨食材、民生用品的買賣交換等市場機能外，它也成爲華人及東南亞人爲主的移民、資本、資訊、人際關係匯流傳播的塔台，是各種社會網絡的集結點，後來因日本人加入經營行列，也擴大客群範圍至日本人，店家逐漸成爲在地社會發展活化的泉源之一。同樣地，片岡博美（二〇〇四）研究日本靜岡縣濱松市巴西日裔族群企業成立與開展之過程，依發展規模及客源對象將其分爲三類：「只以濱松市在地巴西日裔爲主要客群的族群企業」、「擴大到濱松市外圍，但仍以巴西日裔爲主要客群的族群企業」、「跨出巴西日裔以外客群的市場進出型企業」，發現到這些族群企業對於巴西日裔以及在地社會兩方面來說，都發揮了多項功能：巴西日裔的聚集地、支援巴西日裔的所在、族群及生活樣式的專門區、交流接觸的場所、跨國的異文化空間、自助組織結成的起點、巴西日裔與接待社會的集結點、對濱松市在地社會發展產生正面影響。

兩篇日文文獻主要從網絡集結點切入，強調族群自營業（店家）不必然是主流社會眼中的病理，它也能發揮積極貢獻，之於移民，也之於在地社會。白岩砂紀只以單一特定店家爲例，片岡博美則依規模及客源將族群企業加以分類，但都共通指出，隨著族群自營業的發展，其客源對象也面臨多元分化，這點和上述國內以東南亞人（特別是外勞）的客源爲前提之論述相當不同。

在此，本章想凸顯的正是：當店家爲了同時掌握來自接待社會和移民等不同客源時，必須努力克服「移民區病理—網絡集結點」的衝突，找出屬於自我立足的方式，那麼，克服移民區病理的手段會是什麼。從研究緣起的說明中可以得知，在台越南女性開設的小吃店很多並不只以越南人或東南亞人的客源爲滿足，她們仍希望吸引更多的台灣人，在商言商、和氣生財，當「努力開拓客源」此一動機具體而強烈存在時，她們到底如何面對「移民區病理—網絡集結點」的矛盾？是否必然以強硬方式去處理、去抗爭？會不會採取其他迂迴柔軟的手段，以達到開店獲利的目的，而這種迂迴柔軟的手段運用，當發生在這群和台灣男性通婚的女性移民身上時又有何特質？讓我們從前導研究中一窺究竟。

三、越女、所緣與地緣

本章使用的訪談資料取自於學生的集體報告，並非筆者親自進行訪談或參與觀察，因此，只能算是試點研究或前導研究，希望從這份初期的研究結果中，歸納出可能的發現及因果關係，以做爲下一階段正式研究的準備，接下來，先說明前導研究的步驟及方法，再介紹越南女性及其店家所在地的基本資料（表一）。

筆者在九十三學年度第二學期於本校應用社會學系開「移民文化論」課程，先講授移民研究的基本概論及相關議題，再指導學生訪談女性移民的基本技巧，由學生自行尋覓受訪者，於九十四年四月—五月中的一個半月，總共收集到三十五名外配店家及附近台灣人店家的訪談資料（邱琡雯編，二〇〇五a），但只從中選取十八位越南女性店家及周邊台灣人店家爲樣本。訪談稿內容屬半結構式，包括四大項目：(一)個人背景：國籍、年齡、來台年數、學歷、族群、店家所在地、工作經驗、家庭成員。(二)店家所在地的空間：住址、附近的其他店家及位置、商圈、住商合一還是工業區。(三)開店的契機及過程：爲什麼想開、誰的主意？資金、店面、材料貨源、人手如何打點；哪些客群？台灣人是哪些、同國人又是哪些、哪一種比較多；和附近店家的關係，包括同國人的店及台灣人的店；開店後覺得開心的事、營業的瓶頸爲何、要如何突破。(四)附近台灣人店家的反應：訪談三—五家左右，顧客群是否不同？會不會影響本來的生意？如何看待外配這個人及外配的店家。

本章所謂「越南女性的店家」是指：(一)專賣越南料理(爲主)而非台式料理的店家，有不少越南女性在夫家或朋友的店攤幫忙，賣的是台灣口味的飯麵冷熱飲、消夜點心，或是接下公婆的素食店，其客源大多是一般台灣人。但本章凸顯專賣越南料理，是希望看出越南方面族群資源(包括越南人、越南食材)被運用的情形，以及這些資源的運用如何影響「移民區病理—網絡集結點」衝突的產生。(二)強調屋外有看板、屋內有菜單的店家，而非流動臨時的攤販，因爲有店面才有一定能見度，周邊店家才會知道它的存在，訪談附近台灣人店主對這些越南小吃店的觀感時，才能獲得比較明確清楚的訊息。

首先，是越南女性的基本資料。受訪的越南女性共十八位，社會屬性包括年齡、來台年數、學歷、族群，可以發現：年齡集中於二十五—三十五歲，來台年數多在五—十年之間，十一位具備高中以上學歷、一位擁有大學以上學歷，六位具有華人血統。這些社會屬性對於開店有什麼具體影響，並非本章探討的重點所在，但如同先行研究中藤原法子（一九九八）所指出的，「學歷」做爲個人階級資源，會是影響的因素之一。依內政部公布的《九十二年外籍與大陸配偶生活狀況調查》資料，東南亞外配教育程度國中程度以下者占全體的六九．四％，相較國人教育程度國中程度以下者占三六．九％，明顯偏低，但本章中的越南女性多具備高中以上學歷，或許反映出和其他外配相比，她們具備較高的學歷這項階級資源而有利於開店，而且受訪者中的小蘭、小倩、小莉（高中畢業）、阿莊（大學肄業）都已擁有兩家分店。

這些社會屬性描繪出越南女性的基本輪廓，但還不足以說明她們爲何開店以及如何開店，因此，有必要先釐清她們的「開店動機」。越南女性爲什麼想開店？純粹只爲打發時間者幾乎沒有，多數人都異口同聲地說，爲了改善夫家及原生家庭的經濟，也就是爲了討生活賺食。開店是春嬌本人的意思，原因是春嬌和丈夫之前皆爲臨時工收入不穩，加上那時春嬌懷孕，希望小孩出生後能過較好的生活，又聽說不少越南姊妹在台賣小吃生意都不錯，和丈夫商量共同出資開了這家店。阿嬌來台的前兩年，先生本來有穩定的工作，但景氣變差面臨失業危機，沒了收入又有兩歲的女兒，夫妻倆達成共識，阿嬌想賣越南小吃幫助家中生計，當時還很少人從事。小倩和小莉到台灣後陸續做些家庭代工但僅能餬口，也沒餘錢寄回越南，想利用唯一專長做越南菜來打拚，於是兩姊妹決定開店。

也有受訪者強調她們開店的動機不只爲了養家餬口，也是爲了「圓夢」，在越南就有做生意或在餐飲店工作的經驗，跨海來台後仍想發揮所長，並積極計畫開店創業。美麗藉著自己在越南做生意的經驗，想證明跨越到另個領域仍有所斬獲，加上姊姊在越南有經營路邊攤小吃的經驗，姊妹共同在民雄開店。同樣的，小惠娘家原從事餐飲業，開餐廳是她的夢想，爲了想在台灣闖出一片天，自己努力工作存錢希望能開店，憑著毅力與信心終於在雲林實現。類似的經驗也出現在小蘭身上，自小她家裡就從事小吃生意，耳濡目染下對烹飪煮食和做生意並不陌生，嫁來台灣後就打算開小吃店，先到自助餐店幫忙，了解台灣餐飲業的流程和生意文化，工作七、八個月後，小吃店的計畫逐步有了雛形，於是揮別自助餐店自行創業。

其次，是店家所在地的基本資料，可從行政區及地段兩方面來看。(一)行政區：筆者學校位於嘉義縣最北的小鎮，學生就近尋找受訪者故嘉雲地區很多，或是學生利用假日返鄉時找到該地的店家及越南女性，整體而言南部爲主。(二)地段：筆者將店家分爲商圈、市場、住商合一、近工業區三種區段，受訪者的店家以住商合一者爲最多。無庸置疑地，「地段」與「開拓客源」兩者之間有著直接關連，選擇將店家開在熱鬧的商圈、市場附近，該區自然會有較多的人潮及錢潮，但越南女性得面對較高的競爭壓力，必須加倍努力工作，以掌握客源維持生意。阿莊剛開始先在虎尾林森路上開店，後來生意不錯，加上西螺還沒有越南小吃店，和家人商量後決定在西螺開一家分店，並選在人車鼎沸的果菜市場旁邊，消費的客人主要也都是在果菜市場工作的人比較多。小蘭的店位處苓仔寮的自強夜市，人口密度高文武百市發達，距高雄漢神百貨、五福商圈和三多商圈大約都僅需三到五分鐘，店家從下午兩點多開始營業，直到午夜才收攤可知其熱鬧程度，是逛街人潮和當地居民祭五臟廟的好地方。小蘭店家附近開炒米粉的台灣人也明白指出，夜市本來就很競爭，東西好吃自然生意好，各憑本事，不好吃就算沒人搶，也不會有客人上門。

越南小吃店家的看板和菜色價目。(高聖達、李玉芳拍攝)

越南小吃店家的看板和菜色。(廖攸珊拍攝)

本研究的受訪者大多是將店家開在住商合一的地段，熱鬧程度雖然有別，但努力掌握東南亞人及台灣人等不同客源，則是絕大多數越南女性一致的目標。阿央的店與附近店家都屬於低消費、租金便宜的店面，適合鄉下人喜愛「俗擱大碗」的心態，這裡人多是勞動階級體力消耗大，滿足他們「呷好飽」是首要條件，這是阿央經營五年之久的主要原因。小倩和小莉的店開在台南市南區金華路上，新光三越位在那裡，大家逛街逛餓了都會往金華路方向去，從地理環境看要吸引人潮不是難事，她們認為做生意就要在繁榮地方先做出口碑，免得斷了日後生路。剛開始確實遇到瓶頸，要如何吸引「非越南人」上門，讓他們喜歡越南菜是必須突破的，先將招牌換成大布面的標語，大就是氣派，漸漸地路人注意到它，客人上門時還要讓人感覺快速效率、服務親切，口碑建立後正式步上軌道。

至於開在近工業區地段者，得面對同屬競爭者的其他東南亞移民開設之店家，也必須精準掌握本勞或外勞等不同客源，阿嬌的店位於民雄鄉頭橋工業區的外圍，此區有許多外勞，外配開的小吃店也不少，以泰國口味最多越南次之。這裡是兩個重要縣道的交接處，且為嘉義市、民雄鄉月眉、江厝店的聯絡要角，來往人車眾多，黃昏市集也位於此。不過客源本身是變動的，老闆娘必須察言觀色隨時調整，阿妹的店台灣人和越勞各占一半，但工業區越勞人數減少後，為維持店內營運及成本考量，不再生產點餐率低的菜色，像河粉原本有牛肉、雞肉、豬肉三種，目前雞肉已經停賣。

以上是越南女性及其店家所在地的基本資料，可以看到，在賺食及圓夢兩組動機的強烈驅使下，無論是在商圈、市場、住商合一、近工業區等哪種區段，越南女性都必須面對來自台灣人或其他東南亞外配等不同店家的競爭壓力，她們的客源也不會只局限在同國人，而是努力掌握越南人、東南亞人及台灣人等各種客源以維持店家的運作。

四、在台越南女性的店家

從東南亞人到台灣人，這種店家的客源時有衝突，特別是如何從「移民區病理—網絡集結點」的對立中找出平衡，是越南小吃店必須克服的問題。越南女性不僅要掌握同國人和東南亞人，也希望更多台灣人來捧場，但接待社會又經常把這類小吃店視爲移民區病理，她們要如何兼顧這些客源實在是一大挑戰，以下分別從：「做爲網絡集結點的店家」、「被視爲移民區病理的店家」、「超越移民區病理」三點來做說明。

一、做爲網絡集結點的店家

先來談談越南小吃店在網絡集結點上的這個屬性，網絡集結點之所以形成，和小吃店成立的條件非常有關。越南小吃店能夠成立需有很多條件的配合，譬如，夫家資源就占了極重要的地位，包括在出資、找店面、人力協助（端菜、打點、補貨、管帳乃至外送）等多方面的提供，以及夫家親友的捧場，他們通常成爲越南小吃店的主要客源之一。但本研究要凸顯的是越南女性所利用的族群資源，也就是先行研究中Roger Waldinger, Howard Aldrich & Robin Harwood Ward(1990)以及 Howard Aldrich & Roger Waldinger(1990)提出的「與同屬族群集團的互動程度及族群的社會網絡」，或是藤原法子（一九九八）指出的「所屬族群成員提供的資源或源於該族群特質所固有的資源，像是資金的調度、前人的經驗、族群媒體、同鄉會、族群企業經營中的顧客及從業人員」等等。研究發現，族群資源在越南女性開店的過程中發揮了相當的影響力，而這些族群資源的利用也是網絡集結點得以形成的因素之一[1]。那麼，越南女性從族群資源中擷取什麼樣的人力、財力以及其他物力呢？

首先從人力來看，本研究受訪者的店家是以賣越南料理爲主，煮食過程自然多由越南人而非台灣人主導，越南女性親自掌廚打點裡外，也有同爲外配的本國人或是姊妹、母親、親族等從越南遠渡來台協助。阿玲店請的人都是嫁到台灣的越南女性，算是好朋友來幫忙，也給她們工作機會，大家聚合有相同話題，比較了解對方的痛處與悲喜，都是越南人感覺親近，也不用從頭教起，她坦然也少有餘力餘錢再雇請別人，特別是台灣人。丈夫對越南菜完全不懂，春嬌剛開店時把遠在越南的母親接來同住，讓她重新教導煮食的步驟方法，一段時間後得心應手生意越做越好。小美想要開店的主因是越南的舅舅舅媽從事麵食餐飲業，他們鼓勵小美開店，親自教她如何煮麵運用食材，增加麵食的香Q口味。其次是財力方面，族群資源中除人力資源外，就屬財力資源了，越南女性在籌措資金上比較分散，不會只仰賴同國人的提供，它可能同時來自越南女性本人的存款積蓄、娘家的姊妹親友支助、夫家親友的分擔或逕向銀行貸款。美麗用自己之前在台北加工布料廠工作的積蓄、加上姊姊在頭橋工業區工作的儲蓄來做開店資金，並在民雄租到店面。玲瓏餐廳由小惠與另外兩位越南友人合夥，小惠來台工作時認識了同鄉，提到開店做生意時朋友毫不猶豫加入她的夢想行列，部

1　吳泰儒（二〇〇三）結合族群企業和跨文化消費理論，以台灣都會區原住民主題餐廳爲例，探討族群文化企業在主流社會環境下社會資本、文化眞實性與文化認同之間的關係，文中強調「族群資源」和「階級資源」是族群文化企業發展的重要根本。

分資金來自於自己與友人幾年來賺的錢，部分向銀行借款，目前的店面是月租的。再則是物力及相關訊息的供給，簡言之，多數店家雖是用餐地點，但也衍生出其他非經濟與經濟的功能，每天煮越南菜可解思鄉之苦，店家是同鄉聊天八卦的最佳場所，還設有卡拉ＯＫ或ＫＴＶ、ＶＣＤ，兼賣越南食材雜貨，提供仲介外配的服務或是指甲彩繪。春嬌小吃店也賣越南泡麵、飲料、瓜子、雜糧、調味料，有的是夫妻去越南時採買的，大部分都從越南進口或貿易商定期運來小吃店批發。阿玲的店面積不大裝潢普通，但感覺還算舒適，牆上掛了越南風味的裝飾品、日曆和圖片，也販賣越南雜貨、調味料、日常用品。阿娥的店有套卡拉ＯＫ播的都是越南歌曲或童謠，店內裝潢簡單卻不簡陋，牆上貼著越南電話卡的海報、漂亮的越南女孩月曆，還有外配學中文字或考機車駕照等在地訊息。

由此觀之，越南小吃店因族群資源也就是人力、財力、物力、訊息的運用及調度，慢慢成爲同國人的網絡集結點，提供越南人相互慰藉、分享鄉愁、凝聚群體的空間，無論是同鄉做爲人力資源幫忙店裡內外的打點，還是聊天八卦、販賣越南貨品或日常用物的地方，都提供在台越南人一定的生活機能。

二、被視爲移民區病理的店家

一般台灣人的現實生活經驗中，如果不存在這些與本國男性通婚的越南女性，那麼，多數人只是透過媒體的口耳相傳或街頭巷尾的道聽塗說去想像她們，但是，當店家透過族群資源的運用及調度逐漸形成網絡集結點的同時，「越南人」及「越南小吃店」的能見度也突然驟升。小吃店的看板招牌以及往來穿梭的越南女性身影，都是聚焦這種能見度的最佳道具，然而，從附近台灣人店家的反應中可以發現，越南人及越南小吃店常被視爲一種移民區病理，遭受各種污名化的詆毀。不可否認的，確實有些台灣人對於外配原本就存有一定程度的偏見，無關她們是否開小吃店形成越南人的網絡集結點，烘焙屋老闆娘明白表示她對越南女性的負面觀感：「她們都是死要錢的，來台灣撈錢的，來台灣之前，不知道劈腿過多少男人喔！」草魚湯賣的是消夜，老闆對越南小吃店沒有接觸不知道狀況，但對外配越來越多覺得很無奈。偏見既已存在，加上店家開張後，台灣人認爲會到她們店裡用餐的仍以同國人或東南亞外勞居多，台灣人頂多想嘗鮮才偶爾進去吃，但這些越南人常群聚、搞小團體、聲音太吵、衛生不佳，引發鄰近店家的不安和不自在，影響台灣人進去用餐的意願，所以，附近不少台灣人店家對越南人及越南小吃店語多保留，甚至露骨地表示有所戒心，乃至厭惡。

雜貨店老闆直說，越南小吃店附近的居民都抱怨有股怪味，蟑螂老鼠橫行！店門口的夾娃娃機原本只有外勞、機車行學徒、學生來玩，自從小吃店搬來後也有越南人來順便買點東西，不過眞的很吵。茶行老闆爽快的回說，除了小吃店那邊吵死人的卡拉ＯＫ及越南料理的怪味，根本沒有其他影響，也沒影響茶行原本的生意，外勞跟越南人都不會到他店裡買茶。有些店家對越南小吃店存有戒心，經過長時期習慣後或接觸後才逐漸淡然。檳榔攤說他開很久了，對越南人出入群聚感到奇怪，他們似乎有很強的族群意識，生怕有什麼舉動，習慣後還好，也只是要有自己的空間吧。現在美術班家長接子女後會順便買越南小吃當晚餐，但是店面剛開張時因越南人群聚，美術班老師對小朋友有安全上的顧慮，怕家長不放心把小孩送到此區學才藝，接觸後心防才逐漸打了開來。這裡所謂的「接觸」不單是指越南女性而已，還是得透過接觸她們的台灣子女及夫家，才會慢慢降低對她們的偏見，此外，與男性外勞相比，女性移民似乎讓本地人較少恐懼。理髮店的老闆娘一開始不認識阿娥，覺得怕怕的，因爲一群人都講聽不懂的越南話，但因爲那些越南人大部分都是住在附近，有時候也會帶小孩子來剪頭髮，慢慢熟悉後會跟她們聊天，覺得都還滿好的，不會像剛開始那樣覺得害怕，一方面也是因爲越南新娘都是女的，而且有的越南新娘的家人也都認識，所以比較容易相處，不會像後面安平工業區那邊都是泰勞，那些就眞的覺得很可怕了。

接下來要追問的是，面對這些來自接待社會台灣、特別是鄰近店家敵意的想像及看待，越南女性只能視若無睹、以暴制暴，還是用以柔克剛的方法去面對呢？

三、超越移民區病理

從上述說明中可以發現，附近台灣人店家對越南小吃店確實抱有移民區病理的偏見，然而，也有某些店家釋出善意而同情的理解，換言之，做爲網絡集結點的越南店家並不必然被周邊台灣人視爲移民區病理，可能的原因之一是，這些店家的越南女性以柔軟的誠意態度化解了，讓我們先從周邊台灣人店家的角度出發，越南女性與台灣人的哪些互動，會被台灣人認爲是超越移民區病理的具體作爲。

(一)針對附近台灣人店家

首先，從周邊台灣人店家的眼中看去，越南女性能否有意願與鄰里良好互動是非常重要的，簡言之，只要老闆娘人好、外表乾淨、吃苦耐勞、親切有禮又健談、主動和周邊店家打招呼，都會使人留下良好印象，這和她是台灣人或外國人似乎沒什麼關係，而是人之常情。文具店老闆娘直率地說平時懶得開伙，三不五時就會到茵茵的店買午餐，她會隨不同顧客調整口味，她外表乾淨、勤勞體貼，讓附近鄰居留下好印象，大家都很樂意接納這位外來媳婦。服飾店老闆也說，阿嬌讓大家有口福品嘗道地的越南菜，她處事態度不錯是個好鄰居，平常有困難互相幫忙，既會做菜，又能協助警察或社福單位解決越南人在台問題，還能說流利的中英文及台語，眞了不起！筒仔米糕老闆娘認爲，越南女性一個人離鄉背井，對新環境和台灣人都顯得小心翼翼、客客氣氣，剛開始也很防備，相處下來發現，比台灣落後的越南人也有適當的禮貌，看出她們來台後爲了適應環境所做的努力。

「與鄰里良好的互動」或許是超越移民區病理的有效方法之一，但這可能是附近店家的部分觀察而已，如果從越南女性己身的發言去對照的話，會發現到：整體而言，她們示出的是一種保持距離的不積極態度，和附近店家的互動其實不多，如果老闆娘個性內向、生意太忙，根本也沒時間互動，其實說穿了，所有店家都想賺錢，但求彼此相安無事。越南小吃店的旁邊，就有好幾家台灣人開的餐店，可是小白並不會主動打招呼，她說只要不要影響到彼此的生意，就沒什麼話好說的。阿芬跟附近店家較少來往，但也不是關係不好，而是因店裡只有自己一個人要照料，所以很少有機會和其他店家溝通往來。小莉、小倩和其他店家的關係，頂多只有點頭之交，也沒有太多的往來，因爲從早上開始到結束營業這中間都很忙，根本沒什麼休息時間。越南小吃店若和台灣人開的餐店屬性客源不同，衝突就會比較少，頂多只是點頭之交，但如店家同質性過高，會引來緊張關係，也就是來自同業間的競爭壓力。美麗感覺少數台灣人以有色眼光輕視她們，牛肉麵館和自己同質性高，看美麗生意好時會心生忌妒，自己生意好時則露出得意之情，美麗與台灣人店家只有點頭之交沒有互動，解決之道就是置之不理或當耳邊風。

從上述的說明中可以發現，與鄰里良好的互動或許是超越移民區病理的有效方法之一，但這只是附近店家的部分觀察而已，越南女性考量自己的意願、能力、體力及時間之後，選擇是否要改善以及如何去改善與鄰里的關係，整體而言，越南女性與附近台灣人店家的互動其實是有限的，彼此沒有發生太過極端的衝突，但也沒有積極的互相往來。

(二)針對一般台灣人食客

移民區病理的偏見不僅來自附近台灣人店家，也來自一般台灣人的食客，然而面對這兩種台灣人，越南女性的因應之道卻有很大的差異。掌握不同客源畢竟是她們開店的主要動機及最高目的，所以針對一般台灣人的食客，她們展現較多的耐心與細心去經營彼此的關係。幾年前的SARS風波差點讓小陳的店關門大吉，店裡食材是進口貨，可能是排斥外來者的觀念讓大家對她較有戒心，事實上SARS跟外國人並無直接關係，爲了減少虧損曾暫時歇業三個月，等政府控制病情後才恢復營業，生意也逐漸回穩。阿珠的店放著仲介越南女子的廣告傳單，這也是她和丈夫煩惱的來源，來店裡的台灣男人很輕浮，往往黃湯下肚就開始胡言亂語，酒足飯飽後直嚷要「找小姐」，他們認爲嫁來的越南女子不是假結婚、眞賣淫就是死要錢，阿珠不勝其擾但又不能得罪食客，夫妻只好忍氣吞聲但求表面和諧。

由此看來，小陳和阿珠是以聽天由命、忍氣吞聲的消極態度，面對一般台灣食客加諸給店家移民區病理的污名，她們不會去故意冒犯或得罪客人，其最大的理由是在商言商、和氣生財。簡言之，開小吃店就是希望近悅遠來、生意興旺，越南女性爲了掌握不同客源，確實做了相當的努力，她們的客源主要是東南亞人及台灣人，這些店家不僅希望越南人或東南亞人前來捧場，也歡迎更多台灣人進入，掌握客源必須先掌握客人的食胃，可從越南女性「開拓新菜色」、「菜單在地化」、「改良料理口味」等實際行動中看出來。

首先，從小店的看板菜單與價格表中清楚知道，這些店家多屬平價或低價位小吃，以飯、麵、粥、河粉等正餐熱食爲主，但有人開始花些巧思開拓新菜色。阿玲中越文並列的菜單多了些選擇，法國麵包沾牛肉湯、麵包火腿、冰雞、鵝丸湯、香茅雞、冰咖啡加奶。阿莊的店提供卡農經、烤肉米粉、燒肉飯等特殊餐點。其次，多數店家號稱賣的是越南美食，剛開始的客源確實以越南配偶或東南亞外勞爲主，越南口味重台灣人吃不慣，阿莊說尤其是越南鴨仔蛋讓人望之卻步。後來台灣人越來越多，有賴於老闆娘對美食的改進，不刻意強調越南口味的「道地」，而是「菜單在地化」(menu localization)上的努力，這是文化轉譯者推廣異國美食時的必要作爲(鄭陸霖，二〇〇四)[2]。越南人用有腥味的魚漿當湯頭，爲了符合台灣人口味淡的習慣，小美改用魚露來做。阿玲一開始並沒有調整口味，後來才加些乾河粉或乾麵，其實越南人很少吃乾的東西，這是開店後迎合台灣人而改良的。美麗兩姊妹有華人血統又會說廣東話，吸引不少中正大學的港澳學生，調味出獨特的「港

2 左右客源的極重要指標是口味，到底要堅持口味「道地」還是菜單「在地」，抑或發展其他的可能，譬如洗練的混雜(nouvelle creole)，這是借用專攻義大利移民史的Donna R. Gabaccia(1998)之語，他研究族裔性如何影響美國的飲食文化，使美國更具多元族群國家的色彩，他認爲十九世紀移民的飲食生活比較保守，十九世紀後期到二十世紀初移民食品餐飲業大量登場，二十世紀前半同化主義與文化多元主義的攻防戰以及一九七〇年代族裔復活(ethnic revival)等思潮，都對族裔飲食文化產生不同影響，他也預測洗練的混雜將是美國飲食文化未來發展的趨勢。

式越南餐點」。再則，她們平常就努力鑽研改良料理口味，除了誠心接受客人的直接建議外，小玉會固定試吃其他店的東西，不管是台灣的、越南的或哪裡的，台灣與越南小吃最大的差異是越南口味比較酸辣，台灣人不習慣必須換成在地口感。茵茵以家鄉味出發，並研發台灣人能接受又不失越南風味的料理，先生常給建議幫忙試吃，她才能不斷改進。小白想多參加社區學苑開的台灣料理課程，研發新的口味和菜單，讓店裡生意更好。小白附近自助餐的老闆也說，外配有時會來店裡包便當看菜色，可能想觀察台灣人的飲食習慣，將越南小吃融入台灣口味增加生意吧。

由此觀之，爲了掌握東南亞人及台灣人這兩大客源，越南女性努力在開拓新菜色、菜單在地化以及改良料理口味，客源本身是變動的，還得察言觀色隨時調整，才能讓生意蒸蒸日上，這也才符合她們賺食與圓夢的開店動機。我們進一步從越南女性的訴說中推測，她們要掌握同國人和東南亞人的客源，更希望台灣人前來捧場，畢竟台灣人多，台灣人能成爲穩定客源，才是小吃店長久經營的目標，因此，和台灣客人的良好互動以及來自台灣客人的肯定，也成爲越南女性自我肯定的來源。阿玲說最令人欣慰的是顧客認爲東西好吃，特別是台灣人比以前更能接受越南美食，她的店一開始光顧的只有越南人，台灣人不願上門，覺得越南人髒髒的不衛生、這種店口味奇怪、一群越南新娘或外勞聚集有點可怕，後來台灣人逐漸增多，她才鬆了口氣。美麗開店後最開心的事是生意好、顧客捧場、稱讚食物好吃，台灣人常和自己聊天，讓她覺得終於有台灣人肯正視她們。小陳覺得開店後很開心的事是，自己比以往更融入台灣，與顧客互動越來越好，也更了解台灣文化，國台語都變流利了。

以上從「做爲網絡集結點的店家」、「被視爲移民區病理的店家」、「超越移民區病理」三方面，說明了在台越南女性的店家之狀況，可以看到，越南小吃店兼具經濟與非經濟的功能，在逐漸形成網絡集結點的同時，也受到來自接待社會台灣加諸給它們移民區病理的污名化，越南女性為了顧及東南亞人和台灣人兩種客源，必須時時面對「移民區病理—網絡集結點」的矛盾，從中找出一定的平衡。超越移民區病理的對象及方法各有不同，針對附近的台灣人店家，越南女性大多採取保持距離的不積極態度，但針對一般台灣人食客，越南女性多是積極地掌握客人食胃，在開拓新菜色、菜單在地化、改良料理口味等方面不斷努力，她們也從台灣人的捧場、台灣人的肯定、國台語變得流利等過程中，獲得一定程度的自我肯定。

五、結尾

本章以在台越南女性的店家為例，探討她們面對「移民區病理—網絡集結點」的衝突以及克服的方法，在此想強調的是，越南女性雖是本章的研究對象，但本章旨在處理「族群」議題而非「性別」議題，換言之，越南女性牽引出的性別權力關係，也就是以父權制為軸心所延伸出去的社會關係或人際關係之衝突與化解，並非本章的焦點，越南女性透過經營小吃店家與台灣人及台灣社會的權力折衝，才是研究的主軸。許多先行研究針對女性移民所牽引出的「性別問題」之重視遠遠多於「族群問題」，譬如，女性移民因經濟活動的參與如何影響她在家庭或社會中（原生社會及接待社會雙方）性別、階級、種族等各方面權力關係的變化，她們如何可能或不可能不再依附於父方或夫方（Westwood and Bhachu, 1988）等此類觀點，一直是研究的主流。因此，本章以「族群」議題而非「性別」議題為軸線，希望能開拓出不同的嶄新視野。最後，我們仍必須回應先行研究的觀點，去思索本研究的意義及位置。

首先，本章不同於部分先行研究的前提，把族群自營業店家的「客群」只鎖定在東南亞人(特別是外勞)，而忽略了族群自營業中的移民也想賺更多的錢、掌握更多不同的客源、做更多台灣人的生意，無論是同國人、其他東南亞人或接待社會的台灣人。

其次，克服「移民區病理—網絡集結點」衝突的方法很多，本章也不同於部分先行研究，把店家視為一個「戰場」，刻意強調移民以「對抗他者、文化鬥爭」的強硬手段面對接待社會。研究發現，越南女性採取許多不同策略，針對附近台灣人店家，從與鄰里良好的互動到保持距離的不積極態度；針對一般台灣人的食客，則從聽天由命、忍氣吞聲的消極以對，到積極地掌握客人食胃。整體而言，生財有道、廣結客源本是越南女性開店的最高目標，因此，她們對於一般台灣食客，不太可能採取敵視或過於不友善的態度。此外，越南女性必須時時和客人面對面接觸，提升國台語的表達能力，她們以和善的態度、禮貌及自身的實力，取得台灣人的信賴，化解「移民區病理—網絡集結點」的矛盾，也從台灣人的捧場、肯定與國台語變得流利等過程中，獲得一定的自我肯定。

和先行研究的對照中，本章得到一個暫定的結論，那就是：因國際通婚而出現在夫方社會的族群自營業店家之女性移民，面對「移民區病理—網絡集結點」的衝突時，針對來自接待社會不同人所加諸的污名，她們會採取不同策略去克服，包括積極柔軟或是消極隱忍等態度，影響這些策略運用的主因是，接待社會中的誰(附近台灣人店家、一般台灣人食客)對她們而言存在什麼樣的利害關係，特別是能否成為客源這個層面的利害關係，此外，她們個人自身的特質及實力(人好、外表乾淨、吃苦耐勞、親切有禮又健談、主動招呼、國台語的流暢)也是影響的因素之一。

最後，對照到先行研究的課題，本研究尚未處理及有待努力的是：族群自營業的外來移民對於接待社會的「貢獻」爲何?本研究處理了越南女性努力掌握不同客源、克服不同客源衝突等具體行爲，那麼，在逐漸克服「移民區病理—網絡集結點」的衝突後，能否超越個人及店家的層次而有進一步的發揮，特別是在對接待社會能否有所貢獻、成爲在地社會發展活化的泉源等脈絡上，值得更深入地追蹤探究，這也是從女性移民去看接待社會族群議題時另一個更寬廣的視野。

表一　越南女性基本資料及其店家所在地

化名	年齡	來台年數	學歷	族群	店家所在地
春嬌	32	4	國小畢		台中・住商合一
小蘭	28	11	高中畢		高雄・商圈/市場
小美	32	11	高中畢	華人	嘉義・住商合一
小玉	28	8	高中畢		嘉義・商圈/市場
阿妹	32	7	不　詳		嘉義・近工業區
美麗	29	6	高中肄	華人	嘉義・住商合一
阿玲	29	6	高中畢	華人	嘉義・商圈/市場
阿莊	30	8	大學肄		雲林・住商合一
小惠	25	4.5	國中畢		雲林・住商合一
阿央	30	5	高中畢		雲林・住商合一
小倩 小莉	25	4	高中畢		台南・住商合一
茵茵	23	5	高中畢		高雄・住商合一
阿嬌	36	7	國小畢	華人	雲林・住商合一
阿娥	34	9	高中畢	華人	台南・住商合一
小陳	32	5	高中畢		台南・住商合一
小白	36	9	國中畢		高雄・近工業區
阿芬	29	7	國小肄	華人	嘉義・近工業區
阿珠	41	6	高中畢		桃園・住商合一

注：小倩、小莉兩姊妹未婚，是以外勞身分進入台灣，其餘受訪者都和台灣男性通婚。

女性與觀光

第六章

過剩與闕如：千禧年後日本女遊書寫下的台灣意象

一、前奏

本章的書寫動機主要來自以下兩點的個人經驗。

一、我從日本留學返國後，陸陸續續有些日本女性友人來台觀光，無論是自由行或是跟旅遊團，我在幾次充當導遊的經歷中，開始注意她們手中的那本台灣觀光導覽。玲子曾留學台灣，精通中文，對她而言，台灣不僅是舊地重遊的首選之地，也是另一個精神原鄉，但每次她來時，還是手拿一本介紹台灣最新版的旅遊指南。由香是第一次到台灣自由行，正逢九二一大地震的前夕，她已有多年在亞洲各地旅行及研究調查的豐富經驗，手持的是號稱日本人海外旅遊的聖經《地球的走法——台灣篇》（地球の歩き方）。育子和父母一起參加四天三夜的旅遊團來到台灣，抽空要我帶她們逛道地的土產店，也自己拿著觀光手冊去搭剛剛通車不久的台北捷運，還跑到行天宮地下街去算命。翠子和女學生是兩人行，不常出國的這對優雅熟女選擇高檔路線，入住當時北投最頂級的溫泉旅館三二行館，手拿旅遊資訊書坐出租計程車跑旅站。我不禁好奇地想知道，到底，我所生活的台灣是怎麼被介紹、被書寫的呢？

二、我開「觀光社會學」這門課已經有五六年了，發現觀光與性別這個議題中的女遊書寫受到很多學者的關注，但無論古今中外，研究者大多是以特定少數的女作家或名女人之經典遊記作爲探討對象，並多從文學(而非社會學)的角度加以論述或定位。當然，這無可厚非，也相當程度反映了一定的時代背景，那就是：女遊和女遊書寫並不十分發達的那個時代。但是，面對越來越多在世界各地趴趴走的各類女遊，坊間的旅遊資訊書到底提供了什麼樣的內容？又，這些女遊自身所寫下的通俗遊記反映出什麼？或反映不出什麼？這些都成爲筆者想要了解的。因此，日本女遊書寫下的台灣意象，就成了我從觀光社會學的視角探索當代女遊書寫的小小初探。

本章目的在於解構千禧年後日本女遊書寫下的台灣意象，首先，從觀光社會學中的「女遊」與「女遊書寫」、觀光意象建構中的性別兩個脈絡切入；緊接著，說明日本女遊在台灣的概況，以及她們得以書寫、得以出版的得天獨厚之條件；然後，透過五個不同意象來源的交叉對比，包括：日本旅行社推出的台北觀光行程、台灣日文媒體打造的台北觀光行程、日本旅行社對亞洲的觀光意象建構、台灣觀光局在日本的系列宣傳、日本男遊書寫，以期找到女遊書寫的確切位置；最後，從女遊書寫的台灣意象中整理出「過剩的觀光意象」、「台灣療癒日本人的疲勞」、「闕如的觀光意象」三個部分，發現這些意象中糾結了觀光資本主義、東方主義、國家機器、父權制等錯綜複雜的結構，分別詳述如下。

二、觀光社會學中的「女遊」與「女遊書寫」

「性別與觀光」(gender and tourism)[1]研究是觀光社會學的次領域，觀光社會學從行爲者、行爲的相互作用、社會體系、世界體系四個層面鋪陳人類的觀光活動(安村克己，一九九六)，人的世界由男女所組成，性別權力關係透過政治、經濟、社會、文化等多重結構對男女同時進行宰制，觀光活動中性別關係如何呈現、轉換與對抗，正是「性別與觀光」研究的主要課題。

觀光主體已經從男性、先進國家白人、異性戀爲主的觀光客，擴大到女性、發展中國家的有色人種(特別是黑人)、同性戀、銀髮族、身心障礙者等等，也就是涵蓋不同性別、地區、族群、階級的觀光主體逐漸出現，其中，「男性是移動的—女性是定居的、等待的」這種綑綁女性的傳統觀念慢慢被打破，除了少數仍不鼓勵女性出遊的伊斯蘭社會(Sevil Sonmez, 2001)，或是經濟發展未達一定水平的非洲貧窮國家外(Derek R. Hall, 2001)，全球各地的女遊人數正不斷攀升，女遊研究要凸顯的就是女遊在觀光活動中的位置及意義，探討女遊與家、父權的關係(邱琡雯，二〇〇一)、女遊與

1 「性別與觀光」研究具代表性的第一本英文專書是*Tourism: A gender analysis*（1994），期刊首推*Annals of Tourism Research*(1995)Volume 22, Number 2的專題Gender in Tourism，以觀光業中性別勞力分工及權力關係爲焦點的專書是*Gender Work and Tourism*(1997)，日文方面是石森秀三・安福惠美子編(二〇〇三)，『Senri Ethnological Reports37観光とジェンダー』，國立民族學博物館調查報告。

情慾開發(邱琡雯二〇〇五ａ)等這些代表性的議題，無不充滿權力的折衝與抗衡。

舉例而言，不少研究將西方早期女遊的脈絡置於殖民主義及帝國主義的擴張過程中，Vivian Kinnaird and Derek Hall(1994)主張，英國維多利亞時期(一八三七—一九〇一年)的女遊可說是大英帝國、殖民主義、戰爭與外交底下的產物，身處當時英國國內的這些女性，在「性別」上仍被男性宰制而備感壓抑，但這層壓抑卻透過到帝國內其他殖民地旅行的機會，以「種族」上的優越感取而代之，無論看待的是殖民地的男性或女性，英國女遊都自覺是高高在上的。換句話說，她們透過在殖民地所獲致種族及階級上的優勢，翻轉了在自己國家內性別上的劣勢。

女遊人數日漸增多，反映出來的現象也不少，像是爲女遊量身訂做的行程、女遊專門雜誌的陸續創刊，以日本爲例，*RECL femme*(一九九九年六月創刊—二〇〇〇年停刊，昭文社)打出「美麗、舒適的熟女旅行時間」，*Cecsa*(一九九九年三月創刊，アジェット婦人畫報社)標榜「選擇優質、學習優質、樂在優質」的熟女旅遊雜誌，《旅》(二〇〇五年十一月創刊，新潮社)則是鎖定享受愉悅的三十歲年齡層之女遊專門雜誌，其他針對不同年齡層的各種女性雜誌或總合雜誌，更是不定期或定期推出五花八門的女遊特集。Carla M. Dole(2002)也研究女遊雜誌在催生女遊上路中扮演的角色，它們如何開發女遊的需求，爲不同女遊築起旅遊夢、爲女遊發聲。當然，和本章最有關連的是，女遊書寫(women's travel narratives)及出版的方興未艾，這是後人窺看她們旅遊動機、心理變化、旅途見聞的最直接資料來源，分別從英國、日本、台灣的女遊書寫相關先行研究之實例來看。

先從西方早期女遊書寫的脈絡去看，大谷裕文(一九九六)解構英國女遊作家Beatrice Grimshaw一九〇七年出版的遊記《在奇妙的南海》(*In the strange South Seas*)，發現她對大洋洲的原始社會有著雙重想像：無垢的古樸以及文明的悲慘。她唾棄在英國單調的工作，也唾棄大眾觀光的庸俗，一心嚮往熱帶南國的幽境與靜寂，這點非常符合十八世紀末以來，歐洲人對南海樂園兩大浪漫的對照的刻板意象(contrast stereo type)：一是幻想該地無垢美麗、人性善良、未被文明毒害，儼然原始的無人島；另一方面則對西方文明帶給當地的悲慘及污染，寄予深切的同情。

此外，柴桂子(二〇〇五、一九九七)研究近代之前女遊書寫的現象，分析日本江戶時期的女遊日記，從中捕捉和平盛世女遊在國內移動的行爲及文藝特質，女遊書寫的背景爲何，如何受到儒學、國學和俳諧的影響，她們筆下所呈現出的街道海路風景是什麼，以及女遊的動機是自願還是被迫，女遊返回後如何達到(或達不到)自我改造及自我超越。

即使到了二十世紀末，在資訊相對封閉的地區，少數特立獨行的女遊經驗還是很容易被放大地想像，三毛是一九七〇年代台灣最具代表性的傳奇女遊，她的西班牙、撒哈拉沙漠等系列遊記成爲當時最熱門的女遊書寫。但從後人解構性的角度去看，三毛的傳奇之旅仍有許多誇張之謎，返台之後的作風表現，更讓人質疑因旅行而完成的自我生命跨越與潛能開發的「眞實性」，有待進一步的商榷(黃雅歆，二〇〇二)。

整體而言，古今中外絕大多數的女遊書寫，仍是少數上流社會、知識階級女性或奇女子稀有經驗的告白，女遊書寫的內容繁多，單從上述三個實例來看，女遊書寫的先行研究在探究這些琳琅滿目的文本時，至少可從兩點切入：一是女遊對異文化的外在凝視、二是女遊與自我內在的生命對話。本章以探討前者爲主，也就是透過女遊書寫的內容，爬梳女遊對異文化的外在凝視，而且，這份凝視被視爲觀光意象建構的一個環節，所以接下來要說明的是，觀光意象建構中的性別。

三、觀光意象建構與性別

女遊書寫是觀光意象建構中的重要環節，無論當事者的她們以主動／被動、直接／間接、積極／消極的方式參與，女遊書寫確實打造了特定的觀光意象，同時，觀光意象也不斷影響女遊書寫的開展，可以說「書寫」與「意象」兩者間彼此影響、相互建構。早期的女遊書寫畢竟人數有限，到了大眾觀光普遍化、日常化的時代，女遊書寫只是總體觀光意象建構中的一個連節點。簡言之，觀光意象建構的參與者及管道變得多樣，包括西方殖民主義者、發展中國家政府、觀光業者、觀光客等不一而足，主方社會的觀光意象透過媒體、神話、傳說、旅遊行程等諸多方式去生產、複製、流通及消費。那麼，以女遊爲觀光消費主體的意象建構其基本特質爲何？爲了凸顯這個特質，可以與男遊做一對照，所以，先來看看以男性做爲觀光消費主體的意象建構到底爲何。

一、男性做爲觀光消費主體

Dean MacCannell(1982)指出觀光活動由三種符號組成：標誌(marker)、景點(sight)以及觀光客(tourist)，研究特定觀光景點是爲了：解構文化意象(cultural image)在觀光的生產、消費過程中各種標誌背後隱藏的政治性、權力與意識型態。觀光意象是爲觀光客也就是觀光消費主體而打造，長久以來，先進國家男性是觀光消費的最重要主體，他們的足跡遍及世界各處，不少發展中國家爲吸引這批男人的目光，在觀光意象的建構中不斷凸顯性感特徵，而女性遠比男性出現的頻率又要高出很多，女性的性感成爲賣點，觀光廣告文案常常強調女性的親切款待、順從、體貼以及身體特質（安福惠美子，一九九六a、一九九六b、トルン，一九九五），可從主方社會及客方社會兩方面來看。

首先是來自主方社會，翻閱許多世界級觀光意象的建構史，如夏威夷（山中速人，一九九二）或峇里島（山下晉司，一九九九），發現西方人的外在凝視始終如影隨形，爲了滿足西方男人對性的渴望及遐思，觀光意象努力強調當地女人的官能與誘惑。譬如，泰國政府在觀光開發政策中，凸顯泰國女性「神秘」、「微笑」與「順從」的美德（Nira Yuval-Davis and Floya Anthias, 1989），卻任憑觀光外部者（非當地導遊、仲介、觀光客）肆意詮釋旅遊景點，詮釋內容通常獵奇中含帶蔑視。

豐田三佳（一九九六）研究泰北阿卡族的觀光活動，當地女性的意象由誰以及爲誰詮釋、如何被再現。研究發現，主方社會、觀光客、導遊三者之間呈現失衡的權力關係。導遊多是男性、清邁出身，會說簡單英語，幾乎不會阿卡族語，只以泰北當地方言與之交談，對阿卡族文化既無知也無感，只想賺錢。阿卡族則是泰國社會的邊緣人，並非族群觀光的主導者，對阿卡族女性的再現則是：勤勞順從，外出工作幫觀光客按摩，伺候男人，讓觀光客拍照以增加現金收入。還有許多道聽塗說的神話，像是：村中最美的孤獨寡婦、適婚年齡的未婚女性、男女奔放求愛的場所、由特定男人執掌略奪女子貞操的公開儀式、婚前性行爲、非處女、懷孕者必須結婚等等，一連串引發外界對阿卡族女性賣春仲介的聯想。

台灣也不例外，日治時期台灣殖民觀光意象的建構也結合了性別觀光與殖民觀光的雙重宰制，嘉義刻意被打造出「全島第一美人鄉」的名號，以吸引日本男士來台旅遊（蕭肅騰，二〇〇四），黃春明的《莎喲娜啦・再見》以及王禎和的《玫瑰玫瑰我愛你》兩部小說，諷刺地描述一九七〇年代美日男性觀光客及士兵眼中性樂園的台灣。

再從客方社會這邊的觀光意象建構去看，直到二十一世紀的現在，日本國內仍不乏旅遊出版社推出MOOK台灣、韓國、上海廣州、港澳深圳、越南金邊《夜遊特選街道》、《泰國買春讀本》這類的畫刊書，它們被當成男性到亞洲買春旅遊的資訊書，堂而皇之地在書店中陳列販賣。即便也有不少女性主義人士（松井やより，一九九三、羽田令子，二〇〇一）或婦運團體（タイ女性の友編集，二〇〇〇）對買春觀光嚴厲批判，控告這類型畫刊書的出版社，但日本司法仍以保障言論自由爲名，判決婦運團體敗訴，換言之，類似買春讀本的書籍仍可公開陳列販售。

橋本佳惠（一九九九）以日本大型旅遊出版社發行的夏威夷觀光指南圖片爲資料來源，分析其中性別差異、觀光意象與媒體再現的關連，發現夏威夷當地女性多被再現爲「無專門技術、年輕人占壓倒性多數、穿民族風服飾賣弄身體的性感」。橋本佳惠的研究確實凸顯出觀光意象與性別差異的問題所在，但是，她並沒有針對觀光消費主體的男遊及女遊做區別；然而，單從主方社會女性以民族服飾賣弄身體性感的意象來看，可以說，觀光指南大部分指引的仍是男遊而非女遊的需求。

綜觀上述說明得知，以先進國家男性爲消費主體的觀光意象建構，確實充滿諸多扭曲的權力關係，先行研究的目的就在於：解構觀光意象生產過程中各種標誌下隱藏的性別政治，這些研究多從女性主義的角度出發，以男女非對稱的權力關係爲前提，批判男性中心主義，譴責觀光意象中不平等的意識型態，揭發先進國家對發展中國家經濟上、種族上、性別上的多重宰制，因此，除了父權制之外，東方主義、西方殖民主義、國家機器、觀光資本主義等，都成爲研究批判的主要焦點。

二、女性做為觀光消費主體

然而，隨著女遊人數的日增，以女遊為觀光消費主體的意象建構其基本特質為何呢？可從國內旅遊及國際旅遊兩個脈絡去看。

首先是國內旅遊，工藤泰子(二〇〇三)以主方社會京都和女遊的相互作用及觀光意象建構為研究焦點，一九八二年以來至今，到京都的日本女遊人數逐年高過男遊，幾乎已達兩倍，京都的觀光意象多和「隱地、棲息、母性、陰性」有關，吸引男遊，也吸引女遊，特別是女遊，透過觀光行程中茶道、華道、舞妓變裝等擬似體驗，樂於去趨近、去模仿古典美的日本女性。此外，主方社會京都觀光業中活躍的各類女性(女將、舞妓、大原女、白川女)，做為觀光人力資源也受到一定的評價，京都，可說是一個女遊與主方社會女性觀光從業人員相互影響、彼此學習的最佳範例。

筆者認為，工藤泰子的研究打破了以往「男遊＋主方社會女性觀光從業人員」的研究焦點，也打破了近十年來關注先進國家女遊到發展中國家買春的「女遊＋主方社會男性觀光從業人員」之性別配置(Deborah Pruitt and Suzanne LaFont, 1995)，或是一味強調先進國家女遊帶給發展中國家女性「不良」示範效果(demonstration effect)，譬如，性開放、性自主等時髦作風的這個面向(Tracy Beno and Trudy Jones, 2001)，而是以「國內女遊＋主方社會女性觀光從業人員」的關係為重，強調觀光意象建構中雙方的相互學習、彼此增長上，而非權力折衝的這個層面。但必須留意的是，像日本這樣人口結構比較均質、女性之間階層化現象並不特別明顯的國家，探討的又是國內旅遊而非國際旅遊時，主客間的階級、族群之差異並不那麼顯著，所以，呈現出的觀光意象也看似較為平等。然而，當觀光消費主體是先進國家的女遊，而且，她們是到發展中國家進行國際旅遊而非國內旅遊時，那麼，所建構出來的觀光意象是否還如此平順、遠離權力的緊張關係呢？有待進一步的確認。

這個確認可以透過國際旅遊來檢視，岡田章子（二〇〇三）的研究結果提供些許端倪。誘發女遊上路的女性雜誌在觀光意象建構中發揮了一定的影響力，她分析日本女性雜誌再現底下的亞洲都會（漢城、台北、香港、胡志明市）的旅遊意象，從東方主義的角度切入，解構日本看待亞洲時的三個特質。依照Edward W. Said(1979)的說法，所謂東方主義是指「爲了對東方宰制、建構、壓迫而存在的西方樣式」，雖然日本在地理上位居亞洲，但長久以來，日本對於亞洲其他國家也投射出有色的東方之眼，那就是：（一）亞洲，被日本視爲同一文化圈，但在發展時序上仍屬後進地區；（二）日本在殖民亞洲的過程中，照見自己對西方的嚮往，將西方的審美觀予以內化，並以此來觀看亞洲；（三）最後，日本對亞洲各國的現代性予以肯定，但畢竟現代性是模仿西方的，因此，所謂的肯定還是以西方標準爲基礎所做出的判斷。

可以看到，岡田章子將一般只以「西方—東方」二元對立的論述方式，細分成三段來做鋪陳，發現以女遊爲觀光消費主體的當代日本女性雜誌，在建構亞洲新興都會的旅遊意象時，仍舊無法擺脫東方主義的凝視。從她的研究推知，在國際旅遊的脈絡下，特別是以先進國家女遊爲觀光消費主體打造發展中國家的意象時，和男遊似乎並無太多不同，依然充滿諸多扭曲的權力關係，該文從批判東方主義的立場進行解構，不失爲重要的切入點。眾所周知地，當今許多世界級觀光景點都是殖民時期被歐美「發現」而刻意發展出來的，直到現在，原宗主國的人們到前殖民地旅行依然蔚爲風氣，所以，先行研究多從批判東方主義的觀點（春日直樹，一九九九、Nicholas Thomas, 1999、橋本和也，一九九九）拆解觀光意象，無論針對的是男遊或女遊，也無論建構者來自主方社會或客方社會。

然而，「東方主義」之外是否還有其他？如前所述，解構以男遊爲觀光消費主體所打造的觀光意象時，東方主義已經和「父權制」、「西方殖民主義」、「國家機器」、「觀光資本主義」等結構盤根錯節，成爲研究者批判的焦點。那麼，以先進國家女遊爲觀光消費主體打造發展中國家的意象時，除了東方主義，我們還會有什麼發現？這些發現是否也和男遊一樣，處在和其他結構相互糾纏的狀態中綑綁著女遊呢？這就是本研究所要探討的主題。

透過以上對觀光社會學中的「女遊」與「女遊書寫」、觀光意象建構中的性別兩組脈絡之整理，進一步確認本章的研究對象有三項：女遊書寫、以先進國家女性爲觀光的消費主體、建構發展中國家的觀光意象，接下來，就從解構的角度切入，以千禧年後日本女遊書寫下的台灣意象爲例，來做具體說明。

四、日本女遊在台灣

台灣的日本女遊有多少？哪些日本女遊曾經書寫台灣？讓我們先來了解日本女遊在台灣的概況。首先，根據行政院主計處公布國情統計通報指出，二〇〇五年來台旅客當中，日本人的人數最多，有一百一十二萬四千人次，首度突破百萬，其次爲香港澳門的四十三・三萬人次，以及美國的三十九・一萬人次；再以客源市場的成長率來看，新加坡四二・一七％最高，其次是日本的二六・

圖一　日本來台旅客性別統計(1979-2004年)

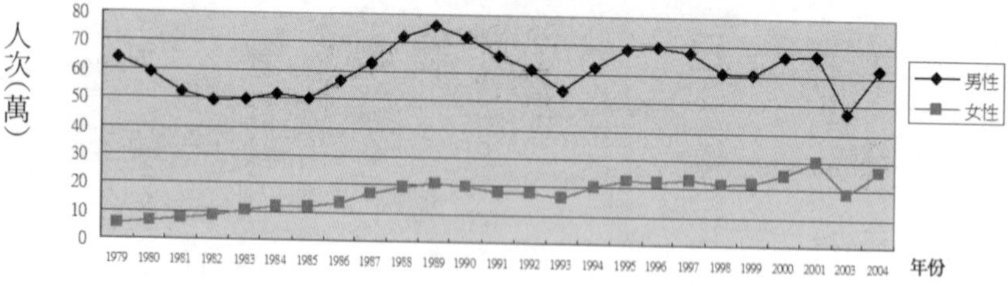

註1：此表人數統計含以觀光爲目的及非以觀光爲目的之旅客。
註2：2002年資料闕如。
資料來源：《觀光年報》交通部觀光局(1979-2004)

七一%，南韓排名第三有二三・二四%，可以看出日本人在來台觀光客中所占的重要位置。來台旅客的性別差異及變化更值得注意，以交通部觀光局《觀光年報》一九七九—二〇〇四年期間的統計爲例(圖一)，日本來台旅客性別確實出現明顯變化，日本女性在一九七九年時僅有五萬五千七百五十八人，占全體來台日本觀光客的八・〇二%，一九八〇年代初期，日本女性來台比例已超過一〇%，一九八〇年代末已超過二〇%，之後年年呈現正成長，到了二〇〇一年已達三十萬一千二百四十人，占全體的三一・〇二%。

此外，以一九八二—二〇〇二年期間日本亞細亞航公司(JAA)促銷台灣觀光的廣告文案來看，和女遊有關的內容包括：一九八二年「夫妻同遊台灣」、一九八五年「家庭主婦同遊台灣」、一九八六年「體貼女性的台灣」、一九八九年「女性的台灣」，由此看來，日本女性是來台日本觀光客中重要的潛力市場，從一九八〇年代開始，這股女遊趨勢就已然形成，並受到航空公司的青睞(杉本房代、張嘉玲，二〇〇三)。

筆者以一九八九—二〇〇六年期間，十七位日本女遊以日文在日本出版的台灣遊記共二十一本爲資料來源，選取資料的標準是：個人書寫而非編輯群的集體書寫，並以觀光旅遊為主軸的內容。整理發現，這些書寫台灣的日本女遊來台時年齡多在二十五—三十九歲之間，來台觀光後不久，旋即在日本出版台灣遊記。接著，從她們的「職業、異文化經驗、來台經驗」三點，可以窺看出她們得以書寫、得以出版的得天獨厚之條件。

第一是職業：多數人都是專業的文字工作者或旅遊雜誌的企劃編輯，具備書寫條件、意願及能力，得過日本國內大小不同的文學獎，除旅遊相關的文章外，也跨足各領域的書寫，如單身起居、抗癌經驗、日本傳統藝能(歌舞伎、狂言)、演劇、生活型態、人物傳記等。第二是異文化經驗：除了台灣，也有到亞洲或世界各國的豐富經驗，透過留學、工作、旅遊、騎單車、攝影等方式，對於異文化具高度興趣及感受力，強調眼見為憑、親身體會的重要，走遍全世界、看遍吃遍全球美食及品茗，成了她們建構人生意義的目標之一。第三是來台經驗：都曾來台灣觀光，幾乎是多次進出的重遊者，有些人則是來台留學、工作、和台灣男性通婚的長住者或定居者，來台觀光者當中，不少人本身就是為了出書而從事採訪，或被台灣觀光局選為親善大使進行代言活動。

五、日本女遊書寫下的台灣意象

在此，必須先提及的是，二十一本著作中比較特例的兩本書，所謂特例是指：內容溢出大眾觀光的套裝行程(package tour)或旅遊資訊書(travel guide book)描繪的意象範疇，提供讀者不同的風物景致。一是岸本葉子一九八九年初版的《微熱之島台灣》(一九九六年以文庫版重新上市)，岸本葉子在一九八八年五月首次到訪台灣，正值剛解嚴之後，她以自由行的方式不走觀光路線，先從花東、綠島、蘭嶼開始，描繪對阿美族、魯凱族、達悟族的印象，還有省籍衝突、戒嚴政治、原台灣人日本兵的補償問題、霧社事件等歷史的當事人及場景，其中，觸及許多日本人對於殖民及戰爭的反省。另一本是熊沢正子一九九五年出版的《單車族翻山越嶺：台灣、歐洲、韓國遊記》，記錄了她於一九九二年七月和友人騎單車環台三星期的所見所聞，有自然、有人文，也有自我。譬如，她寫看到一輛摩托車載了五口人，左右不分亂七八糟的交通景觀；從和石垣島相似又不盡相同的景物中照見日本的鄉愁，彷彿童年看到的田園風光，台灣是如此的親近……。這兩本書之所以溢出大眾觀光的套裝行程或旅遊資訊書描繪的意象範疇，除了作者本身的「旅遊目的」及「個人風格」外，和她們來台旅遊的「時間點」也有關連。與其他集中於二〇〇〇年之後問世的絕大多數出版品相比，這兩本書算是比較早期的日本女遊書寫，記錄的是一九九〇年前後的台灣，當時，日本女遊人數雖已逐漸增加，但鎖定女遊的觀光資訊及行程還不是那麼豐富，或許這也影響兩位來台時的旅遊路線，以及隨後反映出來的書寫內容及書寫意象。

本研究比較關注的是其他出版品，特別是千禧年後的出版品，筆者分析這些日本女遊書寫下的台灣意象（表一），整理出：「過剩的觀光意象」、「台灣療癒日本人的疲勞」、「闕如的觀光意象」三個部分，先來看看過剩的觀光意象當中，「過剩」到底所指爲何。

一、過剩的觀光意象

依據亞馬遜日文網站（Amazon co.japan）的書介、書評和讀者意見，這十九本女遊書寫幾乎都是所謂的旅遊資訊書，有的甚至發展成擬似「在台生活小百科辭典」，亞洲奈みづほ的《台灣事始：優閒之國的關鍵字》爲代表。稱它們是旅遊資訊書，有以下兩個特色：

（一）很少觸及旅遊地深層的歷史文化，只是略爲提及或一筆帶過，換言之，它不是全書的重點，所以，也很難成爲台灣意象的重點。但相對地，作者會巨細靡遺地詳述各別景點，像特殊餐廳、茶樓、店家，去到目的地的交通工具及所花費的時間金錢。此外，不管透過手繪還是照片，作者圖文並茂地介紹美食小吃的食材、做法、吃法乃至演變，超越了只偏重做法的一般食譜，濱井幸子的《台灣美食剪輯》很具代表性，平野久美子的《台灣好吃大全》、なおのあ的《想去台灣》也是以美食爲主，可說是美食特搜隊的成果發表。還有，台灣式品茶的道具、順序及方法，茶葉栽種、摘採、茶藝衍生出的周邊料理、茶點、茶藝館等，也是女遊書寫下的主要意象，伊藤ユキ子的《台灣茶話》、渡邊滿里奈的《滿里奈之旅：豐盈的台灣行》中均有詳細介紹。可從「花壽司」及「養茶壺」這兩段文字來看。

> 花壽司的食材有蟹肉條、魚卵、甜肉海鮮加工品、小黃瓜、紅蘿蔔、敏豆、生菜、貝類加工品、火腿肉鬆、煎蛋、鳳梨、酪梨、味噌醃漬的牛蒡等等，可以自由自在地組合，做出台灣獨特的壽司美感及混合的口味。特別是宴會上端出的花壽司，會把肉鬆、板條、紫米做搭配。這樣比起來，日本的小黃瓜壽司、干瓢壽司[2]實在太陽春了！讓人深深感到文化

2　以夕顏（Calonyction aculeatum）這種植物果肉爲食材所做出的簡單壽司。

差異的大不同。（平野久美子，二〇〇五：九三）

茶壺的收藏家常常用「養壺」這個詞兒。望文生義也猜得出它的意思，就是指用柔軟的布巾或刷子去保養茶壺。陶器店擺著的茶壺只能算半成品，氣孔多、通氣性、保溼性高的會被形容是「有在呼吸的茶壺」，越用越有光澤，味道也越佳。價值當然就提高了，生生不息的樣態令人讚嘆……。收藏家好像在養育自己兒女一樣，細心照料著這些茶壺。（伊藤ユキ子，二〇〇一：七二）

（二）定調在旅遊資訊書，故呈現出的另一特色是，女遊很少與自我心靈進行深度對話，沒有提出對個人生命的反芻，或許因爲她們並非日本社會的名女人，不具代言者的條件、身價或魅力，除了渡邊滿里奈稍有知名度及曝光率外，太過強調個人隱私的書寫風格很難成爲賣點，也無法滿足眾多讀者對於觀光地(而非作者)的渴望及想像。但相反地，多數女遊著墨很多在個人的旅遊體驗、觀感、口感及觸感，特別是品茗、美食、按摩、挽面、SPA、算命、溫泉、變裝沙龍照等活動中，如何好吃／難嚥、如何誘人／失望、如何舒暢／疼痛、如何美麗／狼狽。同時，女遊也有意無意地和日本習慣、日本景物相對照後，寫下她們心目中的台灣意象，這些似乎更能引發廣大讀者的共鳴，誘發女遊上路去感受書中所謂眞實的台灣。分別從「西門町的挽面」、「關子嶺的泥漿溫泉」、「武昌街的明星咖啡廳」三個場景來看。

我很驚恐，一瞬間也不知道發生了什麼事。歐巴桑開始幫我拔額毛（挽面），而且是用她的指甲。與其說是用拔，倒不如說是用刮的，她像在路邊除草一樣。還好，我臉上塗了白粉眼睛睜不開，黑暗中就交給這位歐巴桑了，她按著我的頭拔毛，正想只好認了的時候，痛啊！好痛啊！（和田直子，二〇〇二：九〇）

一個胖胖的歐巴桑注意到我，她說：「今天只有妳一個客人，女湯這邊的水放滿之前，妳先去男湯那裡泡。如果有男客進來，再跟我說。」眞是不巧！但我好像也蠻興奮的，有生以來第一次進到男湯。台灣的浴室和換衣間通常沒有分開，這裡也一樣，浴室牆上釘了許多欄架。我把衣服給脫了，馬上將腳放到泥漿溫泉中。突然間，腳丫子感覺黏黏滑滑地一團泥巴漿，眞是噁心～～！（濱井幸子，二〇〇二：九三）

爬上窄窄的樓梯，一開門，映入眼簾的是排書架。寬廣的窗外灑進菊色的光線。武昌街這裡漂出的感覺，彷彿昭和時代的日本。在柔和的光線中，埋頭看書的人可能是學生吧。後面坐了對老夫婦，彼此安靜地互看、喝著咖啡。我像看到咖啡廳的風景古畫般，湧出了陣陣的鄉愁。（泉美咲月，二〇〇五：一〇一）

從女遊書寫的內容可以發現，幾乎都停留在旅遊資訊書的層次，大量資訊一邊倒地傾向各別景點的介紹以及旅遊體驗中個人感受的宣洩，這些內容所占比率很高，由此，也建構出她們眼中主要的台灣意象。但觀光意象的建構除了女遊書寫這個媒介外，更牽涉到交通工具、廣告商、旅行社、大飯店等相關連鎖產業，山中速人（一九九二）將此一龐然大物稱爲「觀光媒體產業複合體」（tourism-media industrial complex）。爲了凸顯這些大量湧出的、過剩的觀光意象，筆者進一步找到其他意象來源做交叉對比，期望能找到日本女遊書寫的確切位置，分別是：日本旅行社推出的台北觀光行程以及台灣日文媒體打造的台北觀光行程。選擇台北是因爲，它是國外觀光客下榻的必經之地，也是台灣觀光的極重要城市，更是觀光業繁榮的所在，台北，在台灣的觀光意象建構中自然占有指標性的地位，雖然，日本女遊書寫的意象空間並不局限於台北。交叉對比後的結果發現，旅行社推出的行程以及媒體打造的行程和女遊書寫的內容彼此間有高度的一致性，特別是被介紹的店家、店家老闆、服務內容幾乎都很近似，譬如，小籠湯包名店「鼎泰豐」，茶藝館「回留」、「紫藤廬」、「清香齋」、「竹里館」，變裝沙龍照相館「薇閣」、「夢工場」，腳底按摩及指壓服務的「滋和堂」、「再春館」等等，換言之，「女遊書寫」、「旅行社推出的行程」、「媒體打造的行程」三者在台灣觀光意象建構中均發揮一定的影響力，並且，三者之間存在相當程度的雷同。

首先，是日本旅行社推出的台北觀光行程，從日本國內幾家著名旅行社如日本通運集團、近畿日本觀光、JTB、東武旅遊等二〇〇六年印製的台灣觀光宣傳品中，可以找到許多「限定女性」爲女遊量身訂做的行程。「東京出發，限女性，台北四日遊」：標榜女遊的休閒時光，特別是腳底按摩、修指甲、台灣式洗髮，並強調女導遊全程陪同，讓女遊可以安心放心。「福岡出發，限女性，台北三日遊」：打出台灣式洗髮、頭部按摩、吹髮的一小時體驗。「福岡出發，讓您完全放鬆的台北四日遊」：推出台灣式中國茶的專門品茗體驗。「私人的美麗旅程，台北四日遊」：標榜午後女性獨享的放鬆時段，腳底按摩、修指甲、台灣式洗髮外，還包括到茶藝館品茗、逛免稅店、享受上海料理、去元氣養生館（ＪＡＡ台灣旅遊篇的拍攝現場）做全身按摩及去角質。「變美大做戰，台北三日遊」：到照相館拍個人變裝沙龍照，留下一生美麗的回憶。此外，自由行強力介紹台北三大算命區：行天宮、士林夜市、龍山寺，說日語也能通；針對女遊必定打出住高級五星級飯店，ＨＩＳ推出豪華福爾摩沙麗晶飯店（Grand Formosa Regent）系列，強調此檔住房對女遊貼心細心的關照。

其次，是台灣日文媒體打造的台北觀光行程，以號稱全台最大發行量的免費日文媒體（*Taipeinavi Magazine Map and Coupon*版）來看，它同時發行電子報及夾報兩種，主要提供在台北的日本人食衣住行育樂相關的生活訊息，對於觀光資訊的處理，是直接刊登特約店家的廣告及折價券兌換，包括：ＳＰＡ、三溫暖、美食、迷你整型、整骨變小臉、變妝沙龍照、治療日本人花粉症的凍頂茶、東方美人茶。廣告文案強調店家如何貼心迎接日本女遊的到來，讓人享受女王般的尊榮，譬如：變妝沙龍照相館的店長通曉日文親自駐店服務，滋和堂有多位女性按摩師隨時待命，行天宮命理館特爲女性打造陰柔氣氛，推拿健康廣場都是女師父女遊可全然放心。

從上述說明中可以得知，所謂過剩的觀光意象其「過剩」的意涵有兩方面。一是日本女遊書寫的內容幾乎都停留在旅遊資訊書的層次，所以，大量資訊一邊倒地傾向各別景點巨細靡遺地介紹，以及旅遊體驗中個人感受的宣洩。另一方面，「女遊書寫」、「旅行社推出的行程」、「媒體打造的行程」三者在台灣觀光意象建構中共同發揮了影響力，而且三者間存在相當程度的雷同，彼此作用、相互強化，打造出日本女遊對台灣意象的基本認識與輪廓，這種雷同又以大都會的台北最爲明顯，可從下面這段文字中明顯看出女遊書寫、旅行社推出的行程、媒體打造的行程彼此之間的意象結盟(image alliance)。

> 「回留」就坐落在(永康)公園的正對面，安靜、令人舒朗。這個舒朗的窗邊就是ＪＡＡ(日亞航)找金城武拍觀光指南的場景，當然，我也不忘在這裡拍一張囉。(渡邊滿里奈，二〇〇三：三一)

日本女遊書寫出來這些過剩的觀光意象，筆者認爲，可以看成是觀光資本主義邏輯強力運作下的結果。所謂觀光資本主義的定義與內涵，依大橋昭一(二〇〇二：一九—二一)整理德語圈觀光理論諸位先驅的論點，首先引用Gerhard Armanski的說法，他認爲觀光具有資本主義社會商品生產和交換的基本特性，觀光業就是在生產及販賣觀光商品，因此，深受資本主義運作原理的牽制，簡言之，觀光業是爲了追求利潤而去投資，並不斷尋求投資領域的擴大。追求利潤的法則是，觀光業者向觀光客提供觀光商品的使用價值，但這個使用價值的眞正意義，是存在於握有交換價值的觀光客手裡，人類對於觀光的需求與滿足，必須透過貨幣及商品的流動才得以達成，觀光商品的宣傳就是賦予流動過程特別的光輝，喚起人們對觀光的需求，這是供需的關係、買賣的關係，也正是觀光經濟的原點。其次是Hans Magnus Enzensberger於一九五〇年代末之後陸續發表的論點，他也強調觀光活動本身是資本主義體系運作的一環，如同其他商品的大量生產，顧客被迫去迎合觀光商品，這些商品主要透過規格化、套裝化、個別生產等方式進行或製造。規格化最典型的例子是觀光景點的建構，由觀光業者選定好心目中的景點，對觀光客而言，不是該景點值得探訪，而是觀光客被迫去探訪。觀光，逐漸從「去觀看已經存在的景點」演變到「事先計畫好哪些景點值得被觀看」的一種活動，換言之，觀光業的擴張，就是觀光資本主義對觀光客支配的擴張。

從觀光資本主義的論點，審視日本女遊書寫下過剩的觀光意象，有兩點主要發現。

(一)多數女遊的書寫屬於旅遊資訊書的範疇，而旅遊資訊書本身就是不折不扣觀光資本主義的產物，旅遊出版業者爲了追求利潤，必須符合多數旅者對於「剎那的方便性」這種需求[3]，所以，書寫內容一邊倒地傾向各別景點的介紹以及旅遊體驗中個人感受的宣洩，這樣的書寫風格與題材容易成爲賣點，才可能誘發女遊趕快上路，親自體會台灣意象的眞實性。相反的，書寫台灣意象的日本女遊不去著墨深層的歷史文化，那些可能會讓人昏昏欲睡、卻步猶豫，加上她們並不是名女人，不具代言者的資格，不太被容許在書中提出個人對生命的反芻，即便她們也有反省，也渴望做這方面的表達，但讀者可能對此人不感興趣、難以共鳴，因爲，它不具什麼商品的交換價值。

(二)另一發現是，女遊書寫下過剩的觀光意象之所以不斷重複出現，正是觀光業規格化、套裝化、個別生產方式進行的結果，女遊似乎沒有太多選擇，跳脫這些事先被預設好的觀光景點，她們看似獨立自主，又擁有許多得以書寫、得以出版的得天獨厚之條件，其實是被迫地在旅行社推出的行程以及媒體打造的行程之間流轉。如前所述，不少日本女遊本身就是爲了出版(旅遊資訊書)而來

3　橋本佳惠(一九九九)解構夏威夷觀光意象時也發現，日本大型旅遊出版社在旅遊資訊書的編輯風格上追求的是「剎那的方便性」，內容以和海灘活動有關的飲食、購物、遊樂等資訊爲主，夏威夷當地歷史文化的介紹非常貧乏，十分堪慮。

台進行採訪，也把吃遍美食及品茗當成人生的重大意義，這些都和觀光行程的安排及目的不謀而合，也因此，女遊書寫下的觀光意象和旅行社及媒體打造的觀光行程高度雷同，特別是在國際大都會的台北，不僅是觀光資本主義發展極致的地方，也是台灣觀光意象的重要指標，女遊似乎比較容易在城市而非他處找到自我，也找到台灣。

二、台灣療癒日本人的疲勞

接著要繼續追問的是，過剩的觀光意象背後蘊含了什麼樣的特質，這個特質中又有怎樣的權力關係在運作？整體而言，台灣意象被建構成具有「治療日本人疲憊」的奇特功效，這種功效透過上述各種觀光消費：美食、品茗、按摩、挽面、SPA、算命、溫泉、變裝沙龍照等活動一一達成。

> 電影叫做《咖啡時光》，意思是像喝咖啡的時候一樣，人的心情會很平靜，可以重新整理思緒，也想想如何重新出發。走訪台灣咖啡館的這趟旅程，就如同咖啡時光這四個字所表達出來的，讓我深切體會到，日常疲憊獲得舒緩的真正片刻。（泉美咲月，二〇〇五：五七）

然而，「治療日本人疲憊」的奇特功效並非台灣所獨有，而是非常普遍地存在於爲日本女遊所打造的亞洲觀光意象當中。對日本女遊而言，亞洲爲何如此深具魅力呢？原因是：日本與亞洲的經濟落差，使得海外旅遊比國內旅遊便宜而吸引人；日本和亞洲許多國家間直航班機行駛、便利往來；彼此關係友好有助於觀光活動的進行，如落地簽證的允諾；亞洲各國經濟持續發展、政治趨於

觀光文案凸顯台灣是提供日本人療癒和元氣的地方。

2006-2007年日本亞細亞航空公司(JAA)起用漫才(manzai)女藝人中島知子、松嶋尚美為台灣觀光代言人。

LOOK JTB強調對女體有益的藥膳、腳底按摩、肚臍針灸等觀光行程。

催行確約 2名より　延泊OK 10泊11日　3日前まで 受付可　毎朝食付　積算 1,330マイル

東方美人台北
3・4日間

日次		日程
1	1	(10:00)：成田発 ✈ 日本アジア航空にて台北へ。 (12:30)：着後、「茶樂」にて茶藝教室体験（60分）。お茶の入れ方や種類を丁寧に教えていただけます。途中、両替店に立ち寄ります。 夜　：「竹里館」にて茶葉料理の夕食。その後、士林夜市を散策（60分）。途中パールミルクティーをお召し上がりいただけます。 〈台北泊〉
2	2	朝　：お粥横丁にて台湾風お粥の朝食。 午前：台北郊外の街、九份観光。●茶藝館「阿妹茶酒館」にておいしいお茶とお茶うけをお召し上がりください。その後、自由散策（30分）。 昼　：「度小月」にて台南担仔麺と小皿料理の昼食。 午後：マッサージ付の台湾式シャンプーを体験※。その後、行天宮占い横丁にて占い体験（基本見料込）。 夜　：北方点心料理「鼎泰豐」にて名物小籠包の夕食。その後、足裏マッサージ体験（30分）※。 〈台北泊〉
ー	3	朝　：ホテルにて朝食。 終日：自由行動。 ◆追加代金にてオプショナルツアーをご用意しています。※詳しくは裏表紙をご覧ください。〈台北泊〉
3	4	朝　：ホテルにて朝食。出発まで自由行動。空港へ。（途中、両替店に立ち寄ります） (12:55~15:00)：台北発 ✈ 日本アジア航空にて成田へ。 (17:10~19:15)：成田着後、空港にて解散。

●利用予定ホテル：
スタンダード／リバービュー、ファーストホテル、フォーチュナー、レオフー、エンペラーのいずれか。
スーペリア／サントス、ゴールデンチャイナ、プラザーホテル、ガーラ、リッチガーデンのいずれか。
ホテル指定／ザ・シャーウッド・タイペイ
●食事：3日間＝朝食2回、昼食1回、夕食2回
4日間＝朝食3回、昼食1回、夕食2回※機内食は除く。
●日本発着時利用航空会社：日本アジア航空（エコノミークラス）指定
●添乗員：同行しませんが現地係員がお世話します。
●最少催行人員：2名●空港税：下記代金表をご覧ください。

※添い寝っ子、子供、幼児代金でご参加の方は2日目の台湾式シャンプーと足裏マッサージはご利用頂けません。※上記フライトスケジュールはあくまで目安です。天候・フライトの遅延・現地事情により予告なく変更になる場合がございますので予めご了承ください。また繁忙期などには上記以外の臨時便を利用する場合があります。

※各ホテルの情報及び特典は2005年12月現在のものです。ホテル側の都合により変更又は中止となる場合があります。

四天三夜的台北團標榜變成「東方美人」。

穩定、積極發展觀光業等都是主因。還有，日本年輕女性的雇用及就業環境也必須列入考量，一般而言，她們比起同年齡層的男性要來的「自由」，這裡的自由是指較少被指派做獨當一面的事務（總合職），大多屈就於事務性的重複工作（一般職），還有加班少並有固定的休假，出國旅行成了日本女性結婚生子前自由活動的象徵。此外，母女檔共同出遊是日本女遊的特殊景象（橋本佳惠，一九九七），旅行社常推出「母女檔特別護照」，鼓勵十八歲以上成年女性與母親同遊海外，相同日程行程參加者給予優惠。

依據「日本法務省出入國管理統計」的數據，一九九一年日本女性觀光客占全體觀光總數的一六・三%，到了一九九九年已增加至二二・一%，女性觀光客（二十—三十九歲年齡層）到亞洲主要的八個國家是：印尼、韓國、新加坡、泰國、台灣、越南、香港、馬來西亞。在這波日本女遊的熱潮中，利用陰性特質打造特定觀光意象，根據JTB的調查資料[4]，一九九四年左右日本國內針對年輕女遊所打出的亞洲觀光文案是：「便宜、近距離、短程」等文案，並以「美食、按摩瘦身、購物」做爲主打的觀光行程，到了一九九九年基本上仍未脫離此一路線，但也加入「探訪亞洲深度文化」等標題，亞洲各國的雜貨、庶民飲食、家具、老街、生活樣式等一一被列入觀光資訊中，其策略是激發日本女遊對過往美好日本的鄉愁懷舊。譬如，鎖定女遊的購買慾望時，對於人氣直線上升的亞洲各國雜貨之描述是：「深意款款、饒富情趣」、「初次接觸、卻令人眷戀不已」、「手工製品才能傳遞溫馨」、「便宜又可愛、便宜又時髦」等。配合女遊的陰性特質與需求，旅行社廣告文

4　『JTBニュースと資料』，二〇〇一年第一九號。

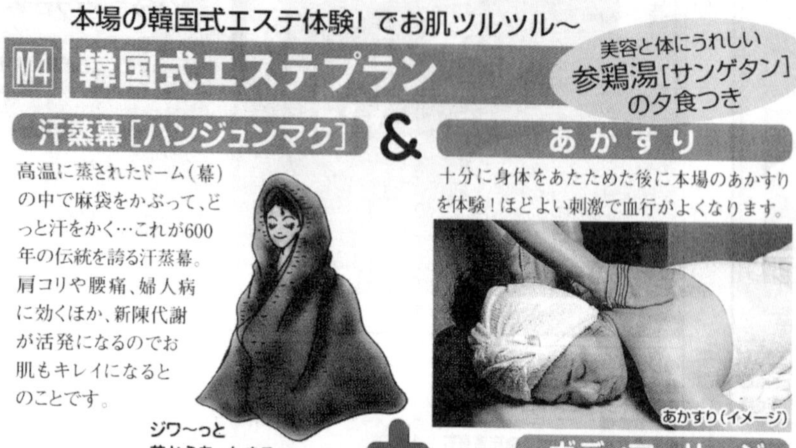

本場の韓国式エステ体験! でお肌ツルツル～
M4 韓国式エステプラン
美容と体にうれしい 参鶏湯[サンゲタン]の夕食つき
汗蒸幕[ハンジュンマク]
高温に蒸されたドーム(幕)の中で麻袋をかぶって、どっと汗をかく…これが600年の伝統を誇る汗蒸幕。肩コリや腰痛、婦人病に効くほか、新陳代謝が活発になるのでお肌もキレイになるとのことです。

&
あかすり
十分に身体をあたためた後に本場のあかすりを体験！ほどよい刺激で血行がよくなります。

ボディマッサージ
さらにお好みで以下のA～Cのメニューから1つ選べます
A.よもぎ蒸し
婦人病に効果があるとされているよもぎ蒸し。スカートの様なものをはき、よもぎや漢方薬を混ぜたものをいぶして下半身を温めます。

B.うぶげぬき
輪にした1本の絹糸を巧みに使って、うぶ毛をぬき、眉毛も整えます。ちょっとチクチクしますが、血行もよくなって、眉毛もすっきり、しわやにきび防止にも効果あり。
※肌の弱い方にはおすすめしません。
C.カッピング
ガラスカップを真空状態にして背中や肩に吸着させる伝統療法。体の血行がよくなるので、肩凝りや腰痛・便秘の人におすすめ。
※メニューの選択は、現地にて担当ガイドまでお申し付けください。

韓式美容養身的觀光療程，晚餐還附人參雞湯。

越南行程強調手工製的雜貨、美食、按摩放鬆及養身的越南料理和法國料理。

泰國五日遊有SPA抒壓，強調亞洲的獨特美感及必備的美食餐飲。

案強調：「如此親近而新鮮的亞洲，不需要緊張，只要放鬆心情好好享受，能讓妳從平日的疲憊中重新甦醒過來……」[5]。換言之，它強調女遊在消費亞洲時不僅能享有物質上「便宜、近距離、短程」等好處，還透過亞洲式的親切款待(Asian hospitality)在精神上獲得緩和與休憩，因此，到亞洲各國體驗SPA、按摩、舒壓、美食、購物等活動，幾乎成爲日本女遊的必備行程。

那麼，「治療日本人疲憊」的奇特療效、亞洲式的親切款待等特質中，蘊含什麼樣的權力關係呢？一言以蔽之，就是性別與東方主義、國家機器的糾結纏繞。

(一)東方主義的凝視：先來看看東方主義這個部分，和男遊相類似的是，以先進國家女遊爲訴求打造發展中國家的觀光意象中也能找到東方主義的陰影，簡言之，「日本—亞洲」二元對照又不平等的權力關係隨處可見：「疲憊不堪的日本—提供休憩的亞洲」、「高物價的日本—便宜的亞洲」、「現代化進步的日本—懷舊鄉愁的亞洲」。觀光業是服務業，無論針對的是男遊或女遊，如何誘使觀光客願意花錢出來消費、尋求放鬆，基本上男女並沒什麼不同。然而，日本人觀看亞洲、消費亞洲的態度卻又和性別緊緊扣連，一方面利用女遊的陰性特質，創造出大量的、過剩的、特定傾斜的觀光意象及商品，讓女遊在亞洲也可得到不同於男遊買春觀光或性觀光那般的親切款待，並且是物超所值的「便宜、近距離、短程」，同時，再次強化日本人對亞洲持續的優越感與殖民幻想。

這種透過觀光建構對亞洲持續的優越感與殖民幻想，也發生在同屬殖民地觀光的加勒比海地

5　『産経新聞』二〇〇一年五月二十四日夕刊、『日本経済新聞』二〇〇〇年五月二十七日。

區，研究加勒比海觀光史的John M. Bryden(1973)、H. Michael Erisman(1983)都曾提到，該區觀光業與人種、殖民主義以及奴隸制有著密切關連，觀光業的發展可說是一種新的奴隸制，換言之，過去是奴隸制(servitude)，現在則是服務業(service)，兩者並無太大差別。加勒比海地區的觀光業主要鎖定中產階級，觀光意象經常強調這裡是幸福的天國、樂園、伊甸園，對於長期的種族衝突、失業、貧困、剝削等絕口不談，當地黑人或混血者不被當成和觀光客同等級的人，只被要求賣弄性感與肉體，特別在殖民宗主國的白人觀光客面前，做出「微笑、親切、助人、善體人意」的演出。這種強迫式的奴隸演出，美其名是親切款待，其目的是爲了節省成本，滿足主客雙方對觀光意象的期待和要求，強化黑人與白人的不平等關係，主客雙方以否定互酬制(negative reciprocity)而非均衡互酬制(balanced reciprocity)所進行的非等價交換。諷刺的是，奴隸時代白人廠長爲了凸顯對賓客的盛情款待，會刻意彰顯牙買加是個好客的社會，故意在客人面前數落黑奴；但到了現代，來自美國的黑人觀光客並不受到加勒比海當地黑人的歡迎，當地黑人寧可服務白人，也不願服務同膚色的黑人，這是「色階」意識內化後的非等價互動。

(二)國家機器的操控：但更重要的是，這種二元對照不平等的權力關係以及非等價交換之所以能夠成立，不僅只來自客方社會對主方社會單向的觀光意象操控，來自主方社會國家的積極介入也無法忽略，換句話說，台灣具備「治療日本人疲憊」的奇特功能這個意象建構的參與者，不是只有日方的觀光業者，還包括台灣的交通部觀光局。觀光局在二〇〇一年台灣觀光宣傳活動中，指定日本女星渡邊滿里奈爲親善大使，以平溪天燈爲背景，由導演侯孝賢掌鏡，透過「台灣，觸動你的心」(Taiwan, Touch Your Heart)此一文案在日本電視廣告、女性雜誌、海報等媒體上做系列宣傳。之後，渡邊滿里奈二〇〇〇年初版的《滿里奈之旅：豐盈的台灣行》成爲年輕日本女遊來台時的搶手資訊書，按圖索驥者更是絡繹不絕。二〇〇二年觀光局又以「阿茶」塑造台灣觀光形象，針對日本市場持續以「阿茶先生」延伸之「阿茶家族」爲主題，擴大年輕女遊及個人旅行消費市場的宣傳，打出「台灣療癒日本人的疲勞」這樣的文案。觀光局國際組認爲，日本人最愛台灣的腳底按摩、美食與茶藝，針對這幾項台灣旅遊資源，委託台灣電通公司拍攝四支形象廣告於日本各大電視台播放，透過台灣阿茶營造出一種悠閒的度假氣氛，介紹台灣茶藝、美食及腳底按摩，訴求對象是二十到三十歲的日本年輕女性[6]。

至此可以確定的是，日本女遊筆下的台灣意象大多沒有溢出觀光資本主義打造出來的世界，她們仍舊在旅行社推出的行程以及媒體打造的行程之間流轉，從這些大量湧現的、過剩的意象中，我們看到客方社會旅行社及主方社會國家機器共同打造出「台灣療癒日本人的疲勞」爲主的訴求，在東方主義的神情底下，台灣被建構成一個足以提供日本女遊親切款待、順從與體貼的地方，而且，是如此的「便宜、近距離、短程」，持續了日本人對亞洲不平等的消費及凝視，日本人對亞洲的優越感與殖民幻想也得以溫存下去。

6　然而在對歐美宣傳方面，觀光局將主題鎖定「生態旅遊」，透過台灣高山景觀、太魯閣峽谷、黑面琵鷺過冬等，藉此吸引更多喜愛生態旅遊的歐美人士。

三、闕如的觀光意象

不禁要追問的是，女遊書寫的內容爲何無法溢出觀光資本主義的範疇？是否和父權制對女遊上路後的諸多限制有所關連？Vivian Kinnaird and Derek Hall(1994)強調，當旅行做爲女性自我完成與自我認同的一種手段時，女遊必須克服的是來自男性(the male)與家(the domestic)的兩項束縛，因爲，女遊常常被再現爲特立獨行(individuality and uniqueness)，不同於其他一般「正常」的女性，也就是不同於社會規範對女性自我犧牲和照料家庭的要求。父權的宰制無所不在，父權賦予女遊特定的性別焦慮，而且，是在客方社會和主方社會父權的雙重夾擊下，女遊上路後仍舊無法完全解脫。女性做爲一個不同於男遊的人，也就是一個被性別化的旅人(gendered travelers)，通常被期待、久而久之也自我期待在被性別化的地方(gendered places)、以被性別化的方式(gendered modes)從事旅遊活動，換言之，女遊「不宜前往」的地方，像西藏、阿拉伯、伊斯蘭地區等最好不要單獨前往，女遊「不宜從事」騎腳踏車、騎馬、騎駱駝、爬山、航海等危險活動的說法，也一直栓住女遊的行動。

爲了檢證日本女遊書寫下無法溢出觀光資本主義的內容到底爲何，筆者進一步以一九八九—二○○五年期間，二十一位日本男遊以日文在日本出版的台灣遊記共二十二本爲資料來源(表二)加以對照，試圖找出女遊書寫中闕如的觀光意象。主要發現如下：

(一)同女遊書寫一樣，男遊書寫中也出現美食、茶藝、店家、溫泉等，但整體而言比重不算太高，下川裕治的《好喜歡的台北：二十四小時開放城市的正確哈法》、脇田惠暢的《台灣》、木下諄一的《台灣觀光達人教你的台灣旅遊撇步》等，算是接近此類的旅遊資訊書。

(二)和女遊書寫不同、也是女遊書寫最匱乏的是，男遊在登山、鐵路、遺跡、建築、殖民、歷史等意象的書寫比重明顯高出很多，也因此，許多男遊書寫不僅能跨出大都會的台北，而且是跨出觀光行程的安排。鹿野忠雄一九四一年初版的《山、雲、蕃人：台灣高山旅遊》橫越當時的新高南山、南玉山、新高東山、秀姑巒山、尖山、東郡大山，小林滿男的《羅曼山旅：台灣和中國四川省的山》是以玉山爲主，小宮強介的《體驗台南的四十三個月：溫馨的歷史、街道與人》鎖定台南，奈良節夫的《台灣自行車旅行》、德田耕一的《台灣鐵道》、結解喜幸的《台灣一周鐵道之旅》都是環島之旅。此外，片倉佳史在《非觀光行程的台灣：邊走邊看的歷史與風土》中刻意標榜不走觀光行程，山口修的《台灣歷史漫步》強調歷史遺址，還有，直接凸顯日本殖民遺跡、建築代表作的則是又吉盛清的《台灣，不遠的過往之旅台北篇：殖民地時代的旅遊指南》、宮本孝的《台灣爲何令人如斯懷念：台灣境內的「日本」之旅》、片倉佳史的《台灣：日本統治時代歷史遺跡之旅》這三本，已故歷史文學家司馬遼太郎的《走街系列四十，台灣遊記》以台灣史特別是台日關係史爲書寫主軸。

從上述男遊書寫的特質中可以清楚看出，男遊和女遊在書寫風格、題材上的大不同，男遊書寫的特質正好映照出女遊書寫的闕如，筆者認爲闕如的可能原因是：女遊對此原本就興趣缺缺，要不就是安全考量、體力限制、時間成本等物質條件不足，以至於不想或不敢從事這類型的旅遊活動。但如果更深一層地追究，爲何女遊不想或不敢從事，答案可能就在父權制對女遊行動的綑綁，女遊內化這些價值後，久而久之也自我綑綁，她們很難克服來自男性與家的束縛，她們很難做到完全的特立獨行，只能在安全和被默許的範圍內從事旅遊。

相對而言，男遊沒有這層包袱，男遊進行登山、鐵路、遺跡、建築等活動的探勘，或是觸及台灣的殖民、歷史、文化等深度議題時，似乎被認爲很自然甚至理所當然，也因此，還出現被人稱做「重度哈台族」或「台灣通」的日本男遊。同樣地，我們也可反推，品茗、美食、按摩、挽面、SPA、算命、溫泉、變妝沙龍照等活動，好像先天上自然就屬於日本女遊「主流」的觀光行程，男遊若想參與當然也很歡迎，但男遊就算從事，也未必會在書寫中大方愉悅地呈現出來，要不就是針對這些活動，男遊只是點到爲止、嗤之以鼻或是根本沒份！

> 日本觀光客來台灣拍寫眞集的幾乎都是女生，還沒聽說有男生去拍的。當然做生意嘛，男生願意付錢，店家是絕對歡迎，但好像男生都沒興趣。坦白說那種「自戀」的事，我做不來。……我倒是在台灣拍過婚紗照，感覺好「丟臉」喔，絕對不拍第二次！（木下諄一，二〇〇二：二二—二三）

那麼，到底是什麼在綑綁女遊的行動以及隨後的女遊書寫，與男遊相較，女遊是否先天上就是需要被綑綁，還是被保護？如前所述，從女遊書寫到女遊行程都是人爲打造出來的，透過主方社會及客方社會雙方的共同參與，包括：日本旅行社推出的台北觀光行程、台灣日文媒體打造的台北觀光行程、日本旅行社對亞洲的觀光意象建構、台灣觀光局在日本的系列宣傳等等，在「觀光媒體產業複合體」這個龐然大物裡面清楚看到的是：父權制不再只是單獨作用，它已經和觀光資本主義、東方主義、國家機器等結構盤根錯節互相纏繞，一同支配著女遊，也指引著女遊。

六、書後

本章目的在於解構千禧年後日本女遊書寫下的台灣意象，首先從觀光社會學中的「女遊」與「女遊書寫」、觀光意象建構中的性別兩個脈絡切入；緊接著，說明日本女遊在台灣的概況，她們得以書寫、得以出版的得天獨厚之條件；然後，透過五個不同意象來源的交叉對比，包括：日本旅行社推出的台北觀光行程、台灣日文媒體打造的台北觀光行程、日本旅行社對亞洲的觀光意象建構、台灣觀光局在日本的系列宣傳、日本男遊書寫，找到日本女遊書寫的確切位置；最後，從日本女遊書寫的台灣意象中整理出「過剩的觀光意象」、「台灣療癒日本人的疲勞」、「闕如的觀光意象」三個部分。研究結果如下：

第一、女遊書寫下的台灣意象糾結了觀光資本主義、東方主義、國家機器、父權制等錯綜複雜的結構，牢牢地綑綁著女遊以及隨後的女遊書寫。女遊似乎沒有太多選擇，跳脫事先被預設好的觀光景點，她們看似獨立自主，其實是被迫地在旅行社推出的行程以及媒體打造的行程之間打轉，特別是在國際大都會的台北，女遊似乎比較容易在城市而非他處找到自我，也找到台灣。

第二、女遊書寫中大量湧現的、過剩的意象中，我們看到客方社會旅行社及主方社會國家機器共同打造出「台灣療癒日本人的疲勞」為主的訴求，在東方主義的神情底下，台灣被建構成一個足以提供日本女遊親切款待、順從與體貼的地方，而且是如此的「便宜、近距離、短程」，持續了日本人對亞洲不平等的消費及凝視，日本人對亞洲的優越感與殖民幻想也得以溫存下去。

第三、女遊書寫最爲匱乏的是登山、鐵路、遺跡、建築、殖民、歷史等意象，女遊不想或不敢從事這些活動的原因，可能是父權制對女遊行動的綑綁，女遊內化這些價值後久而久之也自我綑綁，她們很難克服來自男性與家的束縛，很難做到完全的特立獨行，只能在安全和被默許的範圍內從事觀光旅遊。

難道女遊和女遊書寫已經沒有其他揮灑的空間了嗎？當然不是。在亞洲，日本女遊的組成非常多元，從早期的香港血拼族、泰國普及島和印尼峇里島的買春女、姊妹檔、母女檔、海外見學女遊等不一而足。以日本ＮＧＯ舉辦的海外遊學(studying tour)爲例，參加者多是女性，而且多以亞洲地區貧困的發展中國家爲主，參訪女性組織、植樹活動、與孤兒院孩童交流、遺址修復等。日本女性參與海外志工的意願越來越強，純粹吃喝玩樂的觀光活動已無法滿足她們的需求，近年來不僅非政府組織，許多大型旅行社如ＪＴＢ、近畿日本觀光也加入這類型旅遊市場的開發[7]。

由此看來，女遊唯有不斷自我突破，女遊書寫才會有更寬廣的揮灑空間，女遊書寫牽引出主方社會的觀光意象才可能呈現更多樣的風貌，對於所有想要上路、想要書寫的女性而言，這是一段還很漫長的追尋。

7　『朝日新聞』一九九七年七月二十三日。

表一　日本女遊書寫一覽

作者	出版年	出版社	書名	內容
岸本 葉子	1989	凱風社	微熱の島台湾	省籍、族群、歷史
河添 恵子	1994	トラベルジャーナル	台湾 それいけ探偵団　アジア・カルチャーガイド	文化、美食
熊沢 正子	1995	山と溪谷社	チォリンコ族は丘を越える—台湾・ヨーロッパ・韓国紀行	自行車旅遊
平野 久美子	1999	ネスコ	中国茶・アジアの誘惑—台湾銘茶紀行	茶藝
光瀬 憲子	2000	双葉社	台湾で暮らす　アジアと遊ぶ	看、吃、玩
伊藤 ユキ子	2001	JTB	台湾茶話	茶藝
光瀬 憲子	2001	双葉社	1日5000円ぜいたく旅 台湾—女性にも安心満喫の裏ワザ生情報	美食、雜貨、溫泉
亜洲奈 みづほ	2001	凱風社	新しい台湾いろいろ事始め	美食、文化
まのとのま	2001	アスペクト	無敵の台湾	美食
王 悦敏, 片野 ゆか	2002	ベストセラーズ	すっぴん台湾—台湾女性が教える本当の魅力	美食、溫泉
和田直子	2002	文芸社	惚れまし台湾	美食、茶藝、景觀
亜洲奈 みづほ	2002	PHP研究所	台湾に行こう!元気になろう!—生活感覚で満喫するリラクセーションガイド	按摩、茶藝、文化
浜井 幸子	2002	情報センター出版局	台湾まんぷくスクラップ	美食、溫泉
高田 京子, 清沢 謙一	2002	新潮社	台湾温泉天国—はじめての完全ガイド	溫泉
渡辺満里奈	2003	新潮文庫	満里奈の旅ぶくれ—たわわ台湾	美食、茶藝
なおのあ	2004	メイツ出版	台湾に行きたい!	美食、習俗、美容
七海 なおみ	2004	碧天舎	うーろん台湾潜心—ご満悦な旅日記	美食、街景
千葉 千枝子	2005	イカロス出版	悠々ロングステイ・ガイド台湾—台湾は心とカラダにやさしい	Long stay、衣食住
泉美咲月	2005	情報センター出版局	台湾カフェ漫遊	美食、文化、流行、咖啡
黒田 勝弘, 黒田 節	2005	阪急コミュニケーションズ	アジア裏メシ街道—韓国・台湾 父と娘のおすすめ料理	美食
平野 久美子	2005	新潮社	台湾 好吃大全　とんぼの本	美食、文化
亜洲奈 みづほ	2006	凱風社	台湾事始め—ゆとりのくにのキーワード	美食、文化、占卜

筆者製作

表二　日本男遊書寫一覽

作者	出版年	出版社	書名	內容
小川 善久	1989	近畿日本ツーリスト	台湾の本　旅のガイドムック	觀光景點
山口 修	1991	山川出版社	台湾の歴史散歩　アジア歴史散歩シリーズ	歷史、遺跡
川瀬 健一	1992	ビレッジプレス	平安如意—祈りの島・台湾	文化民族宗教
下川裕治	1995	双葉社	好きになっちゃった台北—24時間開放都市の正しいハマリ方 アジア楽園マニュアル	文化、美食
又吉 盛清	1996	凱風社	台湾 近い昔の旅 台北編—植民地時代をガイドする	歷史、建築、殖民
徳田 耕一	1996	JTB	台湾の鉄道 JTBキャンブックス	鐵路
奈良 節夫	1997	連合出版	台湾自転車旅行	自行車
宮本 孝	1998	三修社	台湾—長期滞在者のための現地情報　ホリディワールド	歷史、文化、美食、溫泉
脇田 惠暢	2000	ゼンリン	台湾	美食、風土
浅見 顕祐	2001	東洋出版	ちまっと台湾	鐵路、美食、溫泉
木下 諄一	2002	総合法令出版	台湾観光の達人が教える台湾旅行術	美食、茶藝
結解 喜幸	2002	光人社	台湾一周鉄道の旅	鐵路、美食
鹿野 忠雄	2002	文遊社	山と雲と蕃人と—台湾高山紀行	登山
小宮 強介	2003	文芸社	台南体当り四十三ヶ月—心温かき歴史の街と人々と	歷史、美食、自行車
田中 延弘	2003	新風舎	遙かな町のやさしい人　—スコットランドで感じた。台湾で考えた。	茶藝 美食 文化
片倉 佳史	2004	戎光祥出版	台湾—日本統治時代の歴史遺産を歩く	建築、遺跡、殖民
宮本 孝	2004	展転社	なぜ台湾はこんなに懐かしいのか—台湾に「日本」を訪ねる旅	歷史、文化、殖民
市之瀬 勇機	2004	新風舎	とうさんの台湾紀行	文化 風土
小林 満男	2004	碧天舎	山旅ロマン—台湾と中国・四川省の山	登山
片倉 佳史	2005	高文研	観光コースでない台湾—歩いて見る歴史と風土	歷史、文化、建築、遺跡
司馬 遼太郎	2005	朝日新聞社	『ワイド版』街道をゆく 40 台湾紀行	歷史

筆者製作

第七章

過猶不及：

千禧年後台灣女遊書寫下的日本意象

本章旨在解構千禧年後台灣女遊書寫下的日本意象，首先，以西方女遊書寫下的日本意象以及日本對於這些書寫的具體回應做爲研究的開端；然後，回顧台灣的女遊書寫研究，找出文學的價值、女遊的價值、客方社會以及主方社會四個座標軸；緊接著，從女遊對旅行的看待以及女遊和日本的連結這兩點，概觀台灣女遊的基本特質；分析女遊對於日本的意象書寫將是本章的主軸，分別以「個人風格強烈的旅遊資訊書：從眾與獨走」及「若即若離：從凝視到互動」來做陳述，前者著重女遊對於日本的事物及景物之凝視，後者則強調女遊對於日本人的觀看以及與之互動的情形。最後，對照西方女遊書寫下的日本意象以及日本對於這些書寫的回應，去定位台灣女遊書寫之可能價值。

本章所使用的凝視（gaze）這個字詞，乃借取John Urry在《觀光客的凝視》（*The Tourist Gaze*）一書（葉浩譯，二〇〇七）所提出的概念，顧名思義，相對於味覺、聽覺、嗅覺、觸覺等其他感覺，視覺經驗是Urry極重視的觀光旅遊面向，但他更強調凝視主體（gazer）和凝視對象（gazed）之間社會權力關係的操作與展演（葉秀燕，二〇〇七：一二）。筆者認爲，特別當發生在國際旅遊而非國內旅遊時，因國與國之間的落差，導致凝視主體和凝視對象間不平等的現象，只會更加顯見，因這種落差中包含了階級、性別、種族、國族等多重因素的複雜作用，本章正符合這樣的脈絡。

一、引首

當人們一提到日本境內「外國女遊書寫下的日本意象之日文出版品」時，找到的大多數都是幕府末年、明治維新或大正時期歐美西方女遊的譯作。誠然，也有當代西方女遊的作品被譯成日文者，譬如，英國女記者Lesley Downer（1994）步行日本俳聖松尾芭蕉名作奧之細道之後所寫的遊記《芭蕉之道的獨走：英國女性的奧之細道》（芭蕉の道ひとり旅：イギリス女性の「おくのほそ道」）是爲一例，她在日本生活、坐禪、茹素，親身體會日本文化，對於日本人與土地有著刻骨銘心的描繪。筆者好奇的是，這些西方女遊到底如何凝視日本、書寫日本？又，日本人如何面對、如何看待這些女遊作品呢？

譬如，美國女性Dorothy G. Wayman（1893-1975）於大正七年（一九一八年）隨著商社工作的丈夫一起到日本，開始記錄她眼中所看到的橫濱，一九二五年處女作《橫濱物語》（横浜ものがたり、原名：*An Immigrant in Japan*）問世。她二十五歲抵達橫濱後，就住在高級社區的山手居留地，並有計畫地在日本各地周遊，以旺盛的好奇心吸收日本文化、學習日語，書中描述了居留地內外各種職業階層的日本人，包括老紳士、賣冰的人、人力車夫、傭人、軍人等。

還有，舉世聞名的Isabella L. Bird(1831-1904)是英國維多利亞時期耀眼的女遊之一，當初爲了治病，二十三歲開始聽從醫生建議航海旅行，首站是美國，從一八五四到一九〇一年，遊歷了加拿大、澳洲、夏威夷、科羅拉多、日本、馬來西亞、印度、中東、中國、朝鮮、西藏和摩洛哥，並將豐富的旅遊經驗出版成十二本專書。她於一八七八年到日本旅遊時寫下《日本邊境之旅》(日本奧地紀行、原名：*Unbeaten Tracks in Japan*)，用書信體的方式寫給自己的妹妹，記錄了正逢文明開化明治初期的日本。值得一提的是，當時歐美人眼中看到明治維新前後的日本大多集中於都會地區，本書作者是女性，卻到達當時還很偏僻的東北及北海道，她又完全不諳日文，雇用當地男性導遊，完成旅行的壯舉。書中描繪了美麗大自然中貧困的農村景象：衛生狀況差、女性地位低落、道路狀況不好、裸體和皮膚病患者很多、飲食條件惡劣等，並記錄了當時愛奴人的生活片段。

再來是Eliza Ruhamah Scidmore(1856-1928)的《Scidmore的日本行：明治時代人力車之旅》(シドモア日本紀行：明治の人力車ツアー—、原名：*Jinrikisha days in Japan*, 1899)，本身是美國的地理學家、文學博士、新聞工作者及攝影師，也是親日派人士，明治十七年初次來到日本，一八九一(明治二十四)年之後的三年住在日本，透過人力車及火車等交通工具在各地旅行，以其敏銳的觀察力和人力車夫的引導，記錄了她所看到明治中期日本社會的百態、日本人的年度行事及傳統、日本人的優雅生活。Scidmore對京都印象頗佳，相對於東京的近代化與西化，認爲京都尚保有其特殊威嚴，對於祇園祭、一力茶屋、錢湯、寺院、絹、紙、大文字送火等多有著墨。在她眼裡，日本是個美麗的國度(a fairyland)，並以充滿少女童趣的「小人國」來形容日本，愛慕之情躍然紙上。

翻拍自明治、大正時期西方女遊書寫的日本意象之譯作出版品。

翻拍自明治、大正時期西方女遊書寫的日本意象之譯作出版品。

翻拍自明治、大正時期西方女遊書寫的日本意象之譯作出版品。

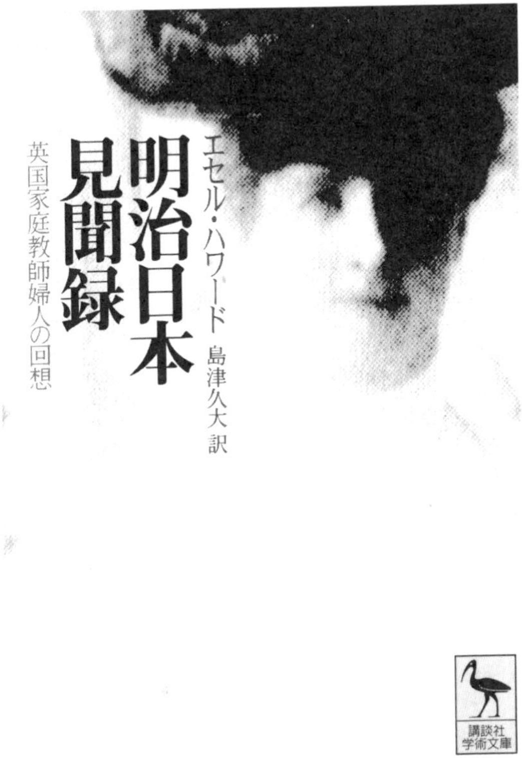

翻拍自明治、大正時期西方女遊書寫的日本意象之譯作出版品。

但是，除了以旅行爲主要目的旅者外，還包括了以其他目的在日本停留、居留的外國女性，像是「美術史學家」和「家庭教師」。

德國美術史學家Frieda Fischer(1874-1945)的日記《明治時代日本美術之旅：德國女性美術史學家的日記》（明治日本美術紀行：ドイツ人女性美術史家の日記、原名：*Japanisches Tagebuch. Lehrund Wanderjahre*, 1898-1911），記錄了明治時代日本美術家與美術發展的概況。Fischer是德國東亞美術史學家，和夫婿共訪問日本五次，停留近十年之久，深愛日本美術，一手創立科倫東洋美術館，並擔任第二任館長。旅日期間，與竹內棲鳳、黑田清輝、井上馨、田中光顯、住友吉左衛門、根津嘉一郎、原三溪等美術家和蒐藏家交流，加深了她對日本美術的認識，也更了解孕育日本美術家心性及氣息的文化底蘊，該書可說是她的日本日記，也是近代日本美術發展史的珍貴資料。

英國女家庭教師Ethel Howard(1865-1931)的回憶錄《明治日本見聞錄：英國女家庭教師的回憶錄》（明治日本見聞錄：英國家庭教師婦人の回想、原名：*Japanese memories*，1918），她於明治三十四—四十一年（一九〇一—一九〇八年）被聘任到日本，負責教導原薩摩藩主島津家的五位兒子，該書可說是她個人家庭教師的體驗紀錄，也是對明治時代日本的回憶。當時，Howard和島津家的家人一起住在東京永田町，以女性特有的纖細觀察，對於上流社會家庭的模樣及生活方式、日本的風俗、日本人的氣質多所描繪。Howard對於在日本生活的所感，以及在北海道、九州之旅的情形也都有所記錄；此外，對於東鄉平八郎及乃木希典等日本軍人給予極高評價，不同於男性的軍事觀點或政治觀點，她以女性特有的凝視之眼，記載了日俄戰爭時期日本國內的模樣，整體而言，她是透過貴族階級的生活去觀察當時的日本。

譯書之外，《西方論述下的日本》（西洋の語った日本、原名：*Japan in English*）是十九世紀以英文出版的日本相關文獻、重新於日本再版的四十四套原文書，收錄在其中一八九〇年代第二期（*Japan in English*, 1890-99）的女遊書寫是Mary Jane Bickersteth的回憶錄《Bickersteth主教妹妹的日本遊記》（ビカステ主教の妹の日本紀行文、原名：*Japan as We Saw It*），她是當時英國聖公會日本主教的妹妹，隨著兄長來日本宣教，創立香蘭女學校和東京女學館。雖然只有兩個月的停留，卻訪問了東京、名古屋、大阪、福山、久留米各地的基督教教會、女子教會學校、教會醫院、慈善施設等，是明治時期基督教在日本布教活動的珍貴資料，書中對於停留日本期間碰到的美濃大地震也有所記錄。

從這些著作中讀到幾個特色：一、來日的身分：當時可以來到日本的西方女遊，多屬貴族階級或知識階級，她們是男性（丈夫、兄長）的隨行者，或是單槍匹馬的獨行客。二、書寫的內容：她們停留日本的時間有長有短，卻有餘心餘力留意到許多細微層面，超出個人感官、情緒的純然宣洩，直指當時日本社會的人事景象。她們書寫的日本意象包括了各階層的人物、日常與非日常（如地震）的事物以及各地的景物，在訊息交流有限、人口移動還不普遍的年代，這些資料確實非常珍貴，彌補了連當時日本人，特別是日本女性，都難以抵達、難以觀察和難以記錄的空缺層面。

筆者也同時發現，日本人以審慎態度面對這些西方的女遊書寫，也就是說，透過「西方」的「女性」之眼凝視近代日本這件事，確實受到日本人一定的矚目。首先，日本人積極地將之譯成日文或重新以英文再版既已反映了此一事實，此外，也可從日本人對這些書籍的「出版態度」、「研究態度」、「評價態度」上看出些許端倪。

首先，《橫濱物語》被擺在「東西交流叢書」系列的位置來出版，同樣地，以英文重新再版的《西方論述下的日本》套書，也被置於「日本研究、幕府末期明治維新近代史、比較文化文明研究」中來問世。這些叢書或套書裡出現的人物包括了：幕府末年後歐美各國派駐日本的外交官(及其妻妾子女)、領事官、書記官、宣教師、研究日本的各領域學者、英語教師、海軍大佐、建築師、特派員等上流階級與知識階級，他們不只被視爲單純的旅者，而是一個特定時代的見證者(witness)，日本人透過其所寫的日記、回憶錄、手稿信件等文字資料，努力重返、審思當時日本與西方初始接觸的歷史過程。

再則，是日本人對這些西方女遊書寫所採取的研究態度，Bird的名著《日本邊境之旅》之後續研究一直絡繹不絕，加納孝代(一九九五、一九八七)從比較文學和比較文化的觀點，特別是日本與英美圈文化交流史的觀點去解析遊記的內涵，認爲這是日本人加深自我認識的方法；宮本常一(二〇〇二)從渾厚的民俗學角度切入，帶領讀者重返Bird的遊記現場，以深入淺出的方式，解說日本民族和日本文化的基盤結構；赤阪憲雄(二〇〇六)擷取Bird曾經踏過的會津西部街道(從日光到鬼怒川沿路的大內宿等山區)六日行程，再次做旅遊路線的解說。

當然，日本人對於這些西方的女遊書寫也給予一定的評價，例如，岡義武(一九九九)在評論Howard的《明治日本見聞錄：英國女家庭教師的回憶錄》時說，作者不僅以家庭教師的身分住在島津家裡，也透過各種方式努力和外在世界接觸，雖然該書流於平板性的描述、常識性的觀察之處也不少，但是，做爲一個時代活生生的歷史見證(明治晚期的日本上流家庭)，仍是彌足珍貴的。

可以清楚看到，日本人確實重視西方的女遊書寫，不僅透過出版和研究給予不同定位，並借由西方之眼來審視自我，身體力行地遵循原路再次造訪、重新確認、加以詮釋。從日本人面對西方女遊書寫的這種審慎態度中，我們讀出了什麼？西方女遊書寫的時空脈絡，大多是幕府末葉、明治維新到大正時期，也就是近代以來日本人在「脫亞入歐」的至高思維下，急於透過西方之眼以找尋自我、定位自我，甚至肯定自我的時期，時至今日，這雙眼神似乎都沒有太多的改變，從浩瀚廣漠的日本人論(nihonzinron)之發展過程來看，早已得到充分的證明(南博，二〇〇三)。日本人認爲，這些西方的女遊書寫之所以足夠被譯成日文、在日本出版、被日本學者進一步研究，最主要的理由仍是：該書給予日本讀者一定的影響，日本人透過閱讀及反芻，可以從這些書籍中重新發現日本、發現自我。日本人面對西方女遊書寫的這種「友善」態度，和近年來西方學者關於旅行書寫研究的論述方式非常不同。簡言之，後者大抵深受Edward W. Said「東方主義」(Orientalism)理論典範的影響，在後殖民理論的脈絡下，探討西方人到亞非拉美等非西方世界從事旅行探險及書寫的過程中，如何藉由對非西方「他者」的特定再現策略與敘事模式，回過頭來建構並鞏固西方世界自身的帝國認同、殖民霸權與性別差異。(沈松僑，二〇〇六：一五二)

不禁要問的是：近十幾年來，到日本的韓國或台灣女遊人數越來越多，甚至早已多過西方女遊，也出現不少她們著寫的旅書，但爲什麼亞洲女遊的作品很少被譯成日文、在日本出版，並受到日本人一定的評價或研究關注[1]？原因除了可能出在脫亞入歐的思維外，亞洲女遊到底如何凝視日

---

1 台灣女性直接以日文書寫、在日本出版者不乏受過日本教育的年長女性(楊素秋，二〇〇三、吳月娥，一九九九)，或是一九八〇年代末赴日留學後在日本定居者(謝雅梅，一九九九、二〇〇〇、二〇〇一、二〇〇二)；台灣哈日族始祖哈日杏子(二〇〇一)的日文譯書曾在日本上市，是個人風格強烈的異文化體驗記。

本、書寫日本？這些作品難道沒有被譯成日文、在日本出版、受到日本人關注的價值嗎？這是筆者研究千禧年後台灣女遊書寫下的日本意象之開端。誠然，幕府末年至大正時代的西方女遊與千禧年後的台灣女遊，兩者在時序上相隔超過百年，影響女遊書寫的時代背景也大相逕庭，實在難以相互比較，但前者的書寫內容與日本人的回應態度，的確提供了研究者切入、反思的一個可能角度。因此，從千禧年後充斥台灣出版市場的「個人風格強烈的旅遊資訊書」（後詳述）著手，透過解構這些書籍的內容試圖一探究竟，接下來，必須回顧台灣的女遊書寫之相關先行研究，以凸顯本章的特色及位置。

二、台灣的女遊書寫論述

Dallen J. Timothy（2001）在論及國際觀光旅遊業中的女性消費族群時曾指出，這些人不再只限於西方先進國家的女遊，旅遊並非只是特定先進國家人們的專利，發展中國家的女遊並未缺席，只是她們在世界各地遊走的身影與經驗顯少被凸顯出來，西方女性主義學者不應該以優越的姿態去想像或俯看她們，以為她們還是不被鼓勵出走、依然在家守候男人、無法移動的一群可憐人[2]。發展中國家女遊的身影與經驗，眞的顯少被凸顯出來嗎？其實無須等待別人再現她們，她們自身已有不少

2　近代以來，非西方世界的女性也已在世界各地移動，民國初年單士釐、秋瑾、何香凝等少數才女抱持憂國憂民的情懷赴日遊歷留學（陳室如，二〇〇六），日治時期台灣女子黃金川至宗主國東瀛生活等移動經驗（林翠鳳，二〇〇一），都是比較弱勢國家女性前往強勢國家「出遊、取經、學習」的稀有眞實寫照。

作品問世，本章即以發展中國家的台灣女遊爲研究對象，那麼，能具體反映女遊存在此一事實的是：女遊書寫的大量出版。

自從一九七九年政府開放國人自由赴海外（中國大陸是一九八七年）旅遊之後，旅遊書寫逐漸在當代台灣出版市場中呈現蓬勃的景象，隨後，華航旅行文學獎（一九九七年）、長榮寰宇旅行文學獎（一九九八年）、博覽家海外旅遊文學獎（一九九九年）的創設，也鼓勵越來越多旅遊書寫的誕生。其中，女性作者占了相當大的比例，從女遊書寫的出版盛況，確實可以嗅出女遊在台灣的特殊位置，對應此一趨勢的是，女遊書寫研究在學術上也逐漸萌芽，以資料來源去看，筆者約略分成兩大類。

第一類的先行研究大多以「高檔的女遊作品」爲個別分析對象，也就是特定女作家的遊記，通常是那些一般公認具代表性、有影響力、具文學價值、有穩定書寫風格的女遊作品。譬如，黃雅歆（二〇〇三）解構台灣一九七〇年代最具代表性及傳奇性的女遊三毛，其「撒哈拉傳奇」之眞實性，質疑她女遊的潛能開發與假想。林大鈞（二〇〇五）從「心遊於物」的角度，分析席慕蓉及鍾文音的作品，比較它們在主題、題材、形式、語文風格上的不同，心遊於物是指作家主觀的意識意向，投射於外在人事物上，因內在自我意識與外在之物交融，在文學創作中以意象爲核心鋪陳內容，達到情景交融，形塑個人特色的文學風格。李雅情（二〇〇八）以徐鍾珮和鍾梅音的遊記散文爲對象，輔以兩人的成長過程和人生經歷造成的文學風格爲主軸，分析二人在遊記創作上展現的文學美感藝術，以及在台灣女性旅遊文學中的地位。還有，賴雅慧（二〇〇四）以徐鍾珮、鍾文音、三毛、席慕蓉的旅行文學爲文本，借由東方主義、游牧（nomad）、去畛域化（deterritorialization）等觀念，從女性旅行寫作的歷史中分析作家所處的社會環境如何影響她們旅行的機會與動機，從她們選擇的旅行地點、路徑及空間中，找出各時期女作家旅行的特質，分析女性在己屬社會所遭遇的問題，了解各時代旅者關注事物的差異點，挖掘女性在異地時如何與環境互動，透過與他者的接觸，發覺在常軌生活中不曾意識到的問題，重新檢視自己的過程。

第二類的先行研究是以「通俗的女遊書寫」爲對象，近年來台灣出版界「通俗的女遊書寫」大量出爐，這裡所謂的通俗有幾項特色：作者不一定是職業作家，可能只是文字工作者或根本不是；作品的分量與質量未必受到文壇一定的評價；旅遊書寫可能只是玩票性質，純粹爲了紀念；書寫內容可能是介於旅遊文學與旅遊指南的中間層次，或根本只是旅遊資訊書而已。也因此，先行研究未必再只以高檔女遊的作品爲資料來源，開始選取通俗的女遊書寫當成對象，但僅止於概論性質的整理、描述或引用，針對特定作者的成長背景、人生經歷以及文本細部探討者幾乎沒有。

譬如，黃孟慧(二〇〇四)根據一九九〇至二〇〇二年期間在台出版的旅行文學，排除資料性與知識性的實用文本，從通俗的女遊書寫(依品凡、丘引、桂文亞、徐世怡等)切入，對應出作者、作品和文學及社會環境之間的關係。許茹菁(二〇〇一)借用後殖民女性主義學者Chandra Talpade Mohanty掙扎輿圖(cartography of struggle)的概念，鋪陳女性從上路、旅行、直至歸途當中種種的掙扎情境，透過多位女遊(師瓊瑜、簡扶育、黃芳田、季虹、張惠菁、徐世怡、孫秀惠、黃寶蓮、杜蘊慈／黃惠玲、胡晴舫、林姬瑩／江秋萍)的作品，揭露旅行前她們如何與整個社會文化對話，旅行中所牽涉的權力關係爲何，歸來後呈現了何種不同於出發前的差異。不可忽視的是，近年來女遊書寫已不再局限於出版這個傳統媒介，早已擴大到更爲便利、開放、互動的部落格書寫，陳忻岱(二〇〇七)從自身和五位女性的旅行書寫經驗，探討女性背包客尋求重構生命腳本的可能，以及她們如何運用部落格書寫創造旅行空間，再現女性背包客的主體經驗。

由此觀之，無論資料來源是出於高檔的女遊作品或是通俗的女遊書寫，這些先行研究主要是把女遊書寫的意義，擺在「文學的價值」及「女遊的價值」兩大主軸中來討論，簡言之，一、所謂文學的價值，主要是探討這些作品在女遊文學、旅遊文學、台灣當代文學或是其他文學史上的地位及特殊貢獻。二、至於女遊的價值是指：作品如何處理性別探索、自省女性處境、拋開男性主導的觀點、建構女性主體性的使命與期待（黃雅歆，二〇〇三：二七）[3]。當筆者整理千禧年後在台灣以中文出版，並以日本爲單一旅地的女遊書時發現，高檔的旅遊作品幾乎闕如，通俗的女遊書寫大量出爐，充斥書市的則是更多「個人風格強烈的旅遊資訊書」。也因此，女遊書寫的意義已經很難被置於文學的價值這個脈絡來討論，針對特定作者個人生平及其作品的細部研究，也可能變得沒有必要。

此外還可發現到，這些先行研究的分析視野包括了客方社會及主方社會兩方：一、在探討誘發女遊上路、女遊書寫、女遊出版之客觀條件時，上述研究著重客方社會台灣的經濟發展、開放程度、性別文化（允許女性出遊與否）、出版狀況等結構層面的挖掘。陳室如（二〇〇三：二三二—二四三）和何琬琦（二〇〇七：一四二—一四七）都談到「旅行書寫與商業化傾向」之間的關係，認爲目前

3　譬如，Inger Birkeland（2005）的《建構地方，建構自我》一書，探討了後現代社會中地方／空間、觀光／移動、性別差異／主體性等彼此之間錯綜複雜的關係，以旅者的生命史及旅遊史爲主要資料來源，旅地是北歐的挪威，採用後拉岡觀點（post-Lacanian versions）的女性主義心理分析手法，解構旅人—旅地—返家三者相互映照影響的過程。

台灣旅遊出版充斥幾個現象：介乎實用導覽與文學作品的中間性質、走馬看花的表面報導、清淺浮泛的個人抒情、風格高度雷同的圖文書大行其道等等，商業化同時是旅遊書寫的阻力也是助力，無法全面性否定或肯定，如前所言，「個人風格強烈的旅遊資訊書」之氾濫爲其代表。二、另外，女遊如何書寫主方社會、女遊對主方社會的外在凝視爲何、主方社會給予女遊及女遊書寫的影響等，也是先行研究中常出現的議題。林淑媛(二〇〇六)探討陳若曦、施叔青、鍾文音三人的聖地書寫，陳若曦將西藏文化視爲他者，自身代表漢文化，其旅行論述是民族文化的論述，企圖建立漢藏民族融合的認同；施叔青與鍾文音則是修心之旅，以禪心去旅行，聖地景物都與佛陀教理、師父的開示、聖賢的懿行相連結，三位的聖地書寫都大量引述歷史文獻，並適度穿插個人體悟，但都沒有特別凸顯女性意識或是女性與修行的關係。

透過對先行研究的回顧，找出了女遊書寫研究的四個主要座標軸：文學的價值、女遊的價值、客方社會與主方社會，準此，本章將透過「女遊特質概觀」、「個人風格強烈的旅遊資訊書：從眾與獨走」、「若即若離：從凝視到互動」三個部分來做鋪陳。如前所述，由於「個人風格強烈的旅遊資訊書」大量出爐，女遊書寫的意義已無需擺放在「文學的價值」中來討論；至於女遊書寫是否處理到性別探索、自省女性處境、拋開男性主導的觀點、建構女性主體性的使命與期待等「女遊的價值」，以及「客方社會」在誘發女遊上路、女遊書寫、女遊出版時提供了什麼樣具體的條件這兩點，將擺在「女遊特質概觀」中「女遊對旅行的看待」和「女遊和日本的連接」兩部分來做說明；至於女遊對於「主方社會」日本的意象書寫將是本章的主軸，分別以「個人風格強烈的旅遊資訊書：從眾與獨走」及「若即若離：從凝視到互動」做進一步的陳述及分析，前者著重女遊對於日本的事物及景物之凝視，後者則強調女遊對於日本人的觀看以及與之互動的情形。

三、女遊特質概觀

日本，向來是台灣人出國觀光選擇的熱門國度，可從日台雙方發表的統計數字窺看出究竟。首先，依「日本國際觀光振興機構」（JNTO: Japan National Tourist Organization）的統計，二〇〇八年訪日外國人數約八百三十五萬二千名，比前年微增〇・一%，其中來自台灣的訪客一百三十九萬三百名，小增〇・四%，台灣遊客連續十年排名第二，僅次於南韓[4]。其次是台灣方面的數據，依交通部觀光局《觀光年報》一九九五至二〇〇七年的統計，從旅遊目的地（班機首站抵達地）來看，港澳爲首之外，台灣人赴日人數一直占全體出國人數的第三高位；從海外旅遊糾紛仍以日本爲最低、台灣旅客對於日本的重遊意願極高等兩項事實中也可窺知，多數國人確實喜歡赴日旅遊（洪啓明，二〇〇五）；再從一九九五至二〇〇七年國人赴日男女人數別來看，女性所占人數一直都多過男性（圖一），本章凸顯女遊的存在確實有其性別上的意義。那麼，到底是什麼樣的女遊、寫出了什麼樣的旅書，在此，須先說明女遊的基本特質。

這裡的台灣女遊是指「於台灣出身成長、千禧年後在台灣以中文出版，並以日本爲單一旅地的

4　參見日本國際觀光振興機構網站，http://www.jnto.go.jp/jpn/downloads/090127monthly.pdf。點閱日期：二〇〇九年三月八日。

圖一　1995-2007年國人赴日男女人數別

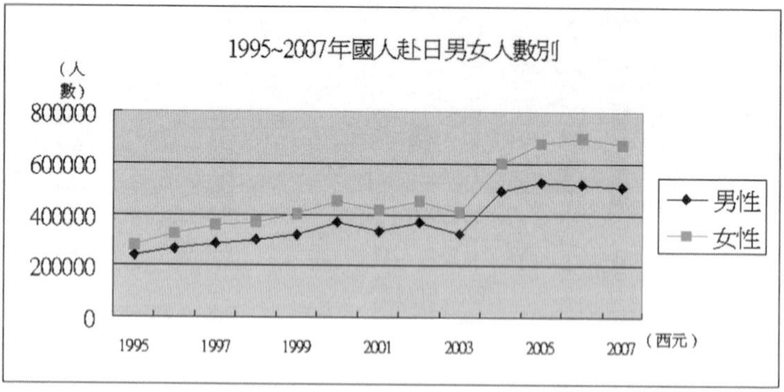

資料來源：交通部觀光局《觀光年報》1995-2007年，筆者製作。

書籍之作者」(參見附表一)，鎖定千禧年之後是基於以下兩個原因：一、台灣第一本結合日本偶像劇及日本旅遊的出版品是阿潼一九九九年的《東京鮮旅奇緣：偶像日劇場景新鮮紀實》，不少先行研究(李淑宏，一九九九；何慧雯，二〇〇一；邱琡雯，二〇〇二；李明璁，二〇〇三)也都提及或分析過阿潼的作品，可以說，在台灣哈日偶像劇書寫及女遊書寫中，其作品有一定指標性的意義。二、本研究的多數女遊也都是日本偶像劇、電視節目或流行文化的閱聽人或消費者，她們也不諱言地將這些元素放在女遊書寫的出版品裡，因此，選擇千禧年做爲一個時代的切入點，可反映近十年來此類書籍在台灣流行的趨勢。爲了找出女遊的特質，筆者從這些出版品的內文、前言、自序、他序(推薦序)、作者簡介、封面、封底、作者的個人網站、博客來網路書店等，介紹女遊及旅書的相關資料中，試圖爬梳她們的主要輪廓。

一言以蔽之，女遊已日趨「多元化」，若和前述幕府末年、明治維新或大正時期書寫日本的西方女遊相較，這裡的多元化包括了：女遊，不再只是早期有錢、有閒、有知識的特定貴族階級或上流社會女性之專屬權利；女遊，也無須只依附於父兄、丈夫的金錢、物質、精神、社經地位之庇蔭才能隨行移動；女遊，更不必然與歐美的帝國擴張或殖民主義緊密相連。（Middleton, 1993; García-Ramón, 2002; Siegel, 2004）簡言之，當代女遊雖仍受到階級、性別、國族等加諸的種種限制，但已大幅跳脫以往的束縛，比較容易以各種不同方式前去世界各地旅行[5]。同時，此處的多元化也意謂了女遊的個別差異極大，實在很難做統整性地描繪，分別從「年齡、結伴與否、停留時間及樣態、旅遊動機」這幾點先去看看。

首先，以女遊出書當時的年齡層來看，從二十歲出頭的年輕單身女子到四、五十歲的家庭主婦都有。其次，女遊到日本未必是單槍匹馬的獨行客，也出現二人同行的遊記，曾瑟婷（二〇〇一）《在日本留下的美麗足跡》、蔣文欣（二〇〇二）《東京ㄆㄚㄆㄚ走》兩本書的作者爲一人，但實際上是兩女同行的紀錄，其他則是一對夫妻、情侶或是女性好友，《兩個人的日本》、《1＋1到日本找幸福》、《姊姊妹妹走出去：日本人的故事》、《賞遊日本東北哈拉行》爲代表。

再則，女遊在日本停留的時間長短及樣態不一，有作者首次短暫海外自助旅行的紀念，JO和JJ（二〇〇四）、蔣文欣（二〇〇二）屬之；另有三本是作者長期旅居日本的生活記實，很難歸類爲純旅遊書：姚巧梅（二〇〇〇）記錄留學生活的《京都八年》、李道道（二〇〇一）《帶著娃兒移居北海道：台灣媽媽北國生活札記》、張燕淳（二〇〇五）《日本四季》是她和家人在長野縣諏訪湖附近茅

5　M. Dolors Garcia-Ramon & Albeti Mas（2002）認爲，許多西方女遊之所以誕生，可說是帝國、殖民主義、戰爭、外交之下的產物，她們當時還在自己國家內部時，覺得被男性宰制而備感壓抑，然而，這層性別上的壓迫卻透過到帝國內其他殖民地或世界各地旅行的機會，以種族和階級上的優越取而代之。

野市三年生活的回憶錄；Milly(二〇〇五)的《東京生活遊戲中》自稱是介於「旅行以上，生活未滿」的微妙行程，是一種旅人與在地人之間的樣態；同樣地，小鵝姬(二〇〇七)《東京：女生出沒注意》和(二〇〇六)《小鵝姬的花樣東京生活》強調在東京過當地人生活的指南書。還有，旅遊動機也千差萬別，女遊除了喜歡旅遊、喜歡日本這些相同動機外，曾瑟婷是在父親過世後開始學習「自己上路」，一是學會開車、一是開始海外自助旅行，首站就是日本；依品凡是中年女性自助旅遊的實踐者，女兒在推薦序中寫說這是「媽媽界的革命」，走出廚房、自我實現的表率。

單從上述的「年齡、結伴與否、停留時間及樣態、旅遊動機」這幾點看去，就可了解女遊的個別差異有多大，本章鎖定千禧年後出版過旅書的台灣女遊，她們除了具備旅人的基本條件有錢有閒之外，她們也是有書寫能力、出版能力的知識階層，換言之，女遊書寫仍是有條件的，並非人人可爲，那麼，到底是什麼樣的有利條件，造就了這些台灣女遊書寫日本呢？筆者從「女遊對旅行的看待」以及「女遊和日本的連結」這兩點，去做進一步的說明。從「女遊對旅行的看待」中，可以捕捉女遊書寫是否處理到性別探索、自省女性處境、拋開男性主導的觀點、建構女性主體性的使命與期待等「女遊的價值」；從「女遊和日本的連結」裡，則試圖掌握「客方社會」台灣在誘發女遊上路、女遊書寫、女遊出版時提供了什麼樣具體的條件。女遊將上述這些有利因素連接到旅地——日本，成爲她們得以書寫、得以出版的得天獨厚之條件，無庸置疑的，這些條件又影響著後續她們如何凝視日本、書寫日本。

一、女遊對旅行的看待

造就台灣女遊書寫日本的條件很多，其中不可忽略的是，許多作者具備豐富的異文化旅行經驗，她們喜歡出國旅遊，不只去過日本，足跡也踏遍世界各地。從她們的身分或職業看去，艾莉Ally Chen自稱「重度自助旅行上癮者」，趙薇的職業就是旅遊節目主持人，阿潼、周芬娜、王常怡、周幸叡、Milly、張瓊文、陳念萱、彭欣喬等人是旅遊雜誌、旅遊版記者或旅遊專欄作家，也就是和旅遊相關的媒體人，廖惠萍則是身兼民宿專家、旅行社老闆、旅遊作家、旅遊達人等數職。可以發現，傳統文學研究中的遊記作者通常是單純的旅人，然而，當代的女遊書寫者不少人本身就是媒體工作者或觀光從業人員，因此對她們而言，旅行在生命中被賦予特別的意義：既是工作、又是娛樂，也是一種生活態度。

宋小寧(二〇〇五)自稱平時慵懶度日，只有在旅行時才精力充沛，所以，揹起行囊決定讓日子不再隨性，「讓風花雪月變成家常便飯！」梁旅珠(二〇〇六)曾主持台灣第一個國人自製的旅遊節目《繞著地球跑》，婚後並沒有影響她周遊列國、馬不停蹄的步調，強調「旅行不是我的工作充電或療傷休閒的方式，旅行是我的生活。」從女遊的身分、職業或自述中可以看到，她們的特質和觀光社會學者Urry曾提及的：「在定位某種觀光行爲時，所依據的不是觀光行爲的內在特質，而是系統內所隱含與之形成對比的非觀光(non-tourist)的社會實踐，特別是家務勞動以及換取薪資的工作」(Urry, 2007: 20)之論調，顯然已經有些不同，寓工作於觀光或寓觀光於工作，反倒更加貼近這些當代女遊的眞實寫照。

的確，強調「旅遊即是工作、即是生活」的這種觀念日趨普遍，但不可否認的，女遊仍是相對被綑綁的一群人。那麼，女遊如何看待旅行這件事？她們到底爲了擺脫什麼、又爲了追求什麼而選擇向外移動？Heather J. Gibson(2001)在回顧性別與觀光研究時曾說，很多女遊是爲了擺脫大社會或家庭的束縛，特別是爲了反抗「不能接受女性出遊而不依靠男人」的這種意識型態，女遊就是渴望擺脫綑綁、渴望尋求獨立與自主而選擇出走。因此，透過旅遊及書寫去尋求鬆綁、重新發現自我、定義自我這個目標，普遍出現於海內外眾多女遊的書寫文本裡，當然，也出現在千禧年後書寫日本的台灣女遊之出版品。

周幸叡(二〇〇二)說，旅遊表面上是遊玩，深層面其實是一種探險、追尋及命運；陳念萱(二〇〇六)力行自主學習不斷充實自己，旅行，正是她學習的重要管道，並認爲女性要有獨立人格，才能眞正享受快樂。可以推知，對女遊而言旅行是積極的手段，是她們掙脫綑綁、獲得鬆綁、建構自我生命意義等一連串過程中非常重要的方法，那麼，當選擇以日本(東京)爲旅地時，她們想追尋的是什麼？韓妮芳(二〇〇六)自稱以創造樂趣與喜悅爲職志，悠遊於閱讀、藝術、音樂、旅行、美食甚至工作的樂趣中細細品味，深度堆疊生命的質感，堅持成爲一位「好品質的人類」，所以她選擇了東京；Milly(二〇〇五、二〇〇六、二〇〇七)呼籲，讀者放下沉重的背包，現在就對自己好一點，來趟嚴選東京品味小旅行，追求「小女生的幸福」；小鵝姬(二〇〇六、二〇〇七)聲稱，要在花樣般的東京裡，當「自己王國裡的公主」。換言之，旅行，是女遊展現積極生命態度的重要實踐，日本，正是提供她們實現「好品質的人類、小女生的幸福、自己王國裡的公主」這些理想的重要國度。要追問的是，在女遊踏過的眾多旅地版圖中，她們和日本的連結是什麼？又，她們爲何選擇前往日本、進而書寫日本呢？

二、女遊和日本的連結

女遊到日本的目的可說是琳琅滿目、應有盡有，但不少人異口同聲地強調，日本，是女性自助旅行的最佳選擇地，是心情不好、工作不順心時轉換跑道的所在，是激進跳脫舊時傳統生活枷鎖的第一站，「每次到日本旅行總是能夠輕易的感覺到幸福，那是一種身爲『一個人類』應該享有、應該被對待的幸福感。」（阿倫、艾莉，二〇〇六）。但如果繼續深究下去，每位女遊之所以選擇日本、書寫日本，似乎都得找出至少說服讀者、也說服自己的正當理由。葉立莘（二〇〇五）引用日本享樂大師松山猛的話：「人類是必須旅行的生物，那我就是必須到日本旅行、且不斷旅行的那個人類。」

更重要的是，許多女遊聲稱是「重度哈日族」、「資深哈日族」、「超級哈日族」，她們透過不同的因緣及方式，讓自己的生命和日本產生積極的連結，包括：日本偶像劇和日本美食的擁護者、日本押花俱樂部的講師、駐日特派員或記者、日本ＳＳＩ認定的日本酒品酒師、大學念日文系、到日本留學、因先生調職而到日本旅居、嫁給日本男人等，所以，她們書寫日本絕非無中生有、憑空想像。宋小寧因漫畫而結識日本，因風花雪月而迷戀日本東北；王常怡自稱資深哈日族，因從小就愛日本漫畫、卡通與日本文學，畢業後從事旅遊採訪工作，因醉心於日本，寧捨棄其他國家的採訪機會專攻日本；周芬娜在自序「資深哈日族的自白」中批評說，現代年輕哈日族對日本歷史文化了解不深，吸收的資訊常是表面的片段的，而非深入有系統的，她希望藉著美麗圖片和詳盡充滿趣味的文字，帶領年輕世代進入一個全方位的哈日樂園。

由此看來，「哈日」似乎是一切的原點。依照《我得了哈日症》作者哈日杏子(一九九八)的說法，哈日症就是：「吃一定要吃日本料理，看一定要看日劇、日本電影、日文書，聽一定要聽日本語和日文歌，用的東西一定要日本製的，說一定要說日本話或是和日本有關的事物，逛一定要逛日商投資的百貨公司，無時無刻都要讓自己沉浸在一個完全日本化的世界裡，否則會非常難受！」確實，台灣有不同年齡世代、男女老少的哈日族，二十至四十幾歲年齡層哈日族之所以繁生，可以追溯到一九九三年新聞局對日本電視節目歌曲的解禁，自此之後，台灣人透過各種新傳媒，對日本開始產生不同於過去的文化想像。年輕世代的哈日族消費日本偶像劇等流行文化(蘇宇鈴，一九九八、趙培華，二〇〇〇、林瑞端，二〇〇一、何慧雯，二〇〇一、邱琡雯，二〇〇二)已經非常普遍，他們透過偶像劇建構對日本的文化想像，卻不僅止於偶像劇的觀看層面而已，還延伸出其他的具體行動：周邊日本商品包括衣食住行娛樂的消費、赴日觀光(李明璁，二〇〇三)和赴日留學(林怡煖，二〇〇〇)。可以說，偶像劇是目前台灣女遊認識日本、喜愛日本，進而旅遊日本、書寫日本直接而深刻的媒介，偶像劇的渲染力和影響力極大，觀看日本偶像劇與赴日旅遊兩者之間已產生密不可分的連結。

「日劇＋金城武　愛上日本的不歸路」是葉立莘(二〇〇一、二〇〇五)迷上日本的心路歷程；Milly(二〇〇五、二〇〇六、二〇〇七)因無法抵抗日劇男女主角肩上掠過又落下的櫻花劇情，於是辦了日本遊學，選了東京中野沼袋租屋，過起日劇第三女主角的生活；阿潼的系列書寫(一九九九、二〇〇〇、二〇〇三)是台灣首度結合日本偶像劇與赴日旅遊的出版品，她認爲偶像日劇中的愛情元素，是無可救藥的沉淪，尋找偶像日劇的經典場景，是愛情神話的唯一救贖，因而展開尋訪偶像日劇眞實場景的體驗之旅。陳惠心（一九九九）在《東京鮮旅奇緣：偶像日劇場景新鮮紀實》推薦序中寫道：「具有某種戰鬥和樂觀天性的阿潼，就像打不死的XX般，那種『積極正面』的氣息，常讓人覺得好不可思議啊！……阿潼可是一滴日文不通，卻執著地不靠任何幫忙，自己倒轉一萬遍盜版偶像劇錄影帶，找蛛絲馬跡兼翻書查圖片相互對照。然後，明明有朋友在日本，她小姐又執著地展開『苦女流浪記』……。」可以推測，阿潼具有非常強烈的自我意識，鍥而不捨地追求她認爲對的、她想要的目標，透過偶像劇和旅遊積極地連結日本，其具體實踐的精神確實可嘉。

以上從「女遊對旅行的看待」及「女遊和日本的連結」這兩點，闡明了女遊的基本特質，前者反映出「女遊的價値」之所在，後者則點出了「客方社會」台灣在誘發女遊上路、書寫時提供了哈日這樣的條件。整理發現：一、不少當代女遊本身就是媒體工作者或觀光從業人員，對她們而言，旅行既是工作又是娛樂，也是一種生活態度，此外，旅行也是女遊掙脫綑綁、獲得鬆綁、建構自我生命意義的重要管道。二、許多女遊聲稱是「重度哈日族」、「資深哈日族」、「超級哈日族」，她們透過不同的因緣及方式，讓自己的生命和日本產生積極的連結，這些特質也構成了女遊日後凝視日本、書寫日本的有利因素。

緊接著，將從「個人風格強烈的旅遊資訊書：從眾與獨走」及「若即若離：從凝視到互動」兩個部分，具體捕捉台灣女遊書寫下的日本意象，前者著重女遊對於日本的事物及景物之凝視，後者則強調女遊對於日本人的觀看以及與之互動的情形。

四、個人風格強烈的旅遊資訊書：從衆與獨走

女遊特質當中潛藏了女遊的旅行態度與能力，但同時，也決定了並框限了她們如何凝視日本及書寫日本。從前述女遊特質的概觀，確實可以嗅出女遊對自我生命的深深期許，對移動出走的熱烈渴望以及對日本的高度嚮往，她們也眞正身體力行地走出去看、去感覺、去體會。不過，再大的雄心壯志未必就是旅途質感的保證，當然，也不必然是旅遊書寫的保證。要回答她們到底如何凝視日本、書寫日本之前，可以先從女遊的「局限」來看，局限起因於女遊對旅行的態度，雖然名爲自助旅行，且選擇公認治安良好的先進國家日本，但她們多數依從的仍是大眾觀光路線。「從眾」(conformity)的可能原因是女遊自身對安全的考量，所謂的安全考量包含了對怕黑、怕髒、怕曬、怕太累、怕變醜、怕被搶、怕被騙……等等諸多恐懼事項的排除，但女遊仍堅採自助旅行的方式，可能只是不想被管、不想被束縛而已，但並不意味了她們想積極開拓新的路線，走別人沒有走過的旅程[6]。這樣的旅行態度如實地反映在她們的書寫當中，也可以說，多數女遊選擇的是別人(包括台灣人和日本人)已經走過的路線，書寫的是別人已經書寫過的景點。

本章選取的女遊出版品，絕大多數是「個人風格強烈的旅遊資訊書」(travel guidebook with

---

6 這是筆者於二〇〇八年二月二十二日訪談國立台北教育大學語文與創作學系副教授黃雅歆之內容，黃出版過旅書，旅地多屬先進國家，日本是她常去之處。

strongly personal style)，顧名思義，包括了「個人風格」及「旅遊資訊」兩大特色，先從旅遊資訊的提供這點來看。其實，女遊所提供的資訊是高度「從眾」的，所謂從眾是指從北到南、從東到西、從都會到鄉村、景點也好路線也好，這些旅遊資訊都非常的雷同，只要對照其他中日文版本的旅遊指南，讀者馬上得到的印象會是：繞來繞去、繞不出去。

以首善之區的東京爲例，新宿御苑、台場的幸福摩天輪、東京鐵塔、明治神宮、原宿竹下通、表參道、六本木、代官山、澀谷、池袋、吉祥寺、上野、下北澤等景點或地區，不約而同地出現在眾多的女遊書當中。再以東北地區來看，孟慶華、黨可菁(二〇〇五)在《賞遊日本東北哈拉行》書中，自稱英文破舊、日文完全不通，一直是同事間扮演被照顧者的兩人，卻敢於選擇台灣旅客陌生的東北，但她們走的仍是標準大眾觀光路線，也就是安全路線，是日本人大多耳熟能詳、旅遊資訊書必定刊載的景點：仙台、鹽釜、松島、田澤湖、角館武家屋敷、八甲田山、奧入瀨溪流、抱返溪谷、十和田湖、藏王溫泉鄉、五色沼等。同樣地，宋小寧(二〇〇五)《東北：日本祕密花園》寫岩手童話村、秋田美人酒、青森蘋果香，並提供兩條私遊路線，然而，她還是在熟悉安全的路線中打轉而已。

類似的情形也出現在台灣女遊極度熱中的京都，王常怡(二〇〇五)在《京都の走法：一個資深哈日族的京都案內》一書中聲稱，她集九年時間、走訪京都九次的豐富經歷，規劃出十條路線，包括京都的看法、走法、景點分級標示、行程規劃建議等，但其實都沒能跨出中日文版京都旅遊資訊書的基本範圍。此外，周幸叡(二〇〇六)《日本北陸plus信越》說北陸信越一帶是她最熟悉的地區，「已經是生命不可分割的部分」，本人也躋身資深旅遊記者之列，從二十四歲初到日本迄今已經去過上百次，但該書裡她所踏過的足跡，仍是不折不扣的大眾觀光路線。彭欣喬(二〇〇八)《慢步．沖繩》去到的是離台灣最近的日本，她說市面上關於沖繩的資料少得可憐，幾乎是翻譯自日文版，讓她覺得「好像少了點我們(台灣人)的發現」。該書分成賞遊、名物、購樂、琉食、洋味、飲趣等單元篇，但各篇中出現的著名景點如海洋博公園、今歸仁城跡、恩納海岸、美國村、首里城、齋場御嶽、琉球玻璃村、國際通以及各類店家等，還是和日文版觀光指南刊載的大同小異。

然而不可輕忽的是，雖名爲旅遊指南，隨著新路線及新口味的不斷開發，大眾觀光路線也面臨細分化與區隔化(segmentation)的命運，因此，標榜特殊場景、店家、餐廳、地區的旅遊資訊書紛紛出爐，「從眾」看似慢慢演變成「獨走」了，可從偶像劇場景的走訪以及特殊店家的介紹兩個層面去看。

譬如，阿潼從(一九九九)《東京鮮旅奇緣》開始她尋訪偶像日劇眞實場景的體驗之旅，即展現出迥然不同於大眾觀光路線的東京，到了《東京日和：偶像日劇場景戀愛紀實》(二〇〇〇)則配合經典日劇場景、偶像劇男女主角約會或分手的地點，加上日劇台詞以及信手拈來村上春樹、柳美里、荒木經惟等人的作品文字，於是乎：「琴子的不屈不撓贏得直樹的吻，在奧澤的平交道；未知拋棄老師的身分向小光表白，在武藏大學的禮堂；奈美望穿秋水地等待掛居，在立教大學的聖誕樹下；Hata和祈晴娃娃多次交錯而過，在高五十四層樓的Operacity；理子親睹哲平的背叛，奪門而出淚灑百代橋；和美穿著白紗走向薰，在八王子的教堂」等等，成爲她心目中另類的日本意象。緊接著，阿潼又聚焦於偶像劇、旅遊、美食三者強力連結的《日劇的美味關係》(二〇〇〇)，把日劇中的餐廳景點以及相關性食物，如《美麗人生》引起的拉麵旋風、《奇蹟餐廳》裡的主體法國菜等編成主軸；到了《眞夏的海洋》（二〇〇三）還是日劇紀實之旅，親自走訪風靡已久的《海灘男孩》、《甜蜜季節》、《美麗人生》等幾齣日劇的景點，集中在南關東的海岸地帶如潮音海岸、橫濱、伊豆、湘南、三浦半島等，重新體會劇中人物的喜怒哀樂及該地美麗的景致。

除了偶像劇的經典場景外，以介紹特殊「店家」爲主之旅遊資訊書更是大行其道。葉立莘（二〇〇一）介紹各種可愛的個性主題人物商品店。周芬娜（二〇〇一）走訪相撲、太鼓、風箏博物館、江戶東京博物館、拉麵博物館、三寶樂啤酒博物館、小樽美術館、石原裕次郎紀念館、薰衣草資料館、起士工房等多處。陳念萱（二〇〇六）在五年期間四度進出文化古城佐原，待過五十多家餐飲與點心鋪，嘗遍各類美食店家如咖啡、和風法式料理、傳統和食、家常料理、味噌、傳統點心。Milly（二〇〇七）不走傳統寺院路線，而是以消費寺院周邊的京都情緒出發，介紹她喜歡的咖啡館、雜貨、甘物的店鋪以及餐廳。蔡欣芸（二〇〇六）導覽的是以書籍主題衍生出的專門書店，如人文書店、藝術設計書店、旅遊書店、生活風格書店，還有以閱讀爲主題的咖啡廳；蔡欣芸（二〇〇七）介紹京都必逛的知名雜貨鋪、手工市集、規劃五條雜貨朝聖必去路線，她自我定位這兩本書的屬性是設計書也是旅遊書，也就是設計旅遊，前者更可以看成是經營書，介紹經營書店的方法。張瓊文（二〇〇六）是台灣第一位日本酒品酒師，深愛日本酒和日本料理，花了數年時間探訪名店，從傳統派、浪漫派、個性派、美食派到立飲居酒屋，燒烤的炭香、食物的濃香、酒的醇香和老闆的人情味全都寫進書裡。葉立莘（二〇〇五）、小鵝姬（二〇〇六、二〇〇七）結合旅遊指南、生活指南、流行購物指南等理念，書寫她們所認爲值得推薦的東京店家。

由此觀之，無論是循大眾觀光路線（從眾），或是以偶像劇場景、特殊店家爲主的路線（獨走），這些女遊書寫都是典型的旅遊資訊書，意味了作者會鉅細靡遺地詳述各別景點，包括特殊餐廳、店家、場景，以及去到目的地的交通工具和所花費的時間金錢，無論是透過手繪、照片或是圖文並茂的介紹。不過同時也發現到，作者似乎並不滿足於傳統旅遊資訊書那種羅列介紹或平鋪直述的方式，相反地，她們在字裡行間表達出強烈的個人風格。值得注意的是，強烈的個人風格並非是先前所提及「女遊的價値」，也就是女遊書寫是否處理到性別探索、自省女性處境、拋開男性主導的觀點、建構女性主體性的使命與期待等議題，那麼，此處「強烈的個人風格」所指爲何？筆者認爲至少展現在以下兩點。

第一，它打破以往旅遊資訊書以第三人稱平鋪直述觀光景點的老套，轉而以「第一人稱的我」凸顯作者的強烈意圖，自身旅遊經驗的眞實性，並拉近與讀者的距離。王常怡（二〇〇五）在序中提到：「《京都的走法》並不是一本無情無義、不哭不笑的指南書，而是還加入了我個人或者成功、或者烏龍的經驗談……，但絕對是『忠於個人』的誠實論談。」蔡欣芸明白指出，她是將自己在東京和京都兩地實際的留學生活經驗，而非只是短暫的旅遊經驗融入書中（二〇〇六、二〇〇七），二十九歲去日本時先在京都念半年的語言學校，之後到東京的設計專門學校選讀版面設計課程，當時就經常逛書店和雜貨鋪，強調「兩本書都有我的態度，是我挑的書、我挑的店！」[7]

阿潼在《東京日和》（二〇〇〇）後記中說：「《東京日和》講的雖然是關於日劇、東京和愛情，但蘊含在字裡行間的是，我這一年來所嘗盡的人情世故。……《東京日和》在本質上仍是相當

7 這是筆者於二〇〇八年六月二十九日訪談蔡欣芸之內容。

自私的。……是自我的喃喃私語。是與漸長世故的自己持續對話的紀錄。……讓我將《東京日和》視為二十四歲的人生標記吧。……總之可以證明那時候的我曾經存在，那就夠了。」同樣地，阿潼在《日劇的美味關係》（二〇〇〇）尾聲中表明，該書不是美食的指南導覽，希望讀者把它當作「跟飲食情境有關的私小說來看，可以獲得窺探如我這個新世代的生活的快感。不過至少我是誠實的。」可以說，作者看似在書寫偶像劇、書寫美食、書寫日本，其實，終究是在書寫自我、書寫那個二十幾歲的青春年華，個人風格之強烈躍然紙上、不言自明。

其次，說到所謂個人風格強烈，還包含了作者自身觸覺、味覺、視覺、聽覺、感覺的經驗分享，無論是含蓄內斂抑或狂野奔放。以飲食書寫(food writing)或美食書寫(gourmet writing)為例，這是近年來國內外許多女遊書寫中必定提及的內容(McCauley, 2008)，簡言之，女遊書寫與美食書寫已慢慢發展成共存共生的一種文類(genre)，精緻細膩、秀色可餐的日本料理自然也在台灣女遊重度凝視、書寫的範疇之內。阿潼在《日劇的美味關係》（二〇〇〇）中以日本美食的鋪陳為主，大多是日本國內普通的一般飲食(拉麵、章魚燒、比薩土司、義大利麵、壽喜燒)或平常店家(駄菓子屋、喫茶店、DOUTOR咖啡店、居酒屋)，偶爾才有作者所聲稱「大亨級的飲食美學」（五星級飯店、懷石料理)出現。但也發現到，女遊書寫的日本美食很少有高檔精緻的懷石料理，很少提到和風膳食的專有名詞，究其原因可能是：女遊的經濟能力無法負擔這些昂貴美食的費用，此外，談到懷石料理也好、和風膳食的專有名詞也好，通常會牽涉到吃法、做法、食材、用餐禮儀等各個層面的典故，必須對日本飲食文化有深層的理解與認識[8]，筆者推測，凝視及書寫「深度日本」遠遠超出作者的經濟能力和時間、作者的出版意圖以及作者對異文化的理解。

相對於這些書寫內容的極度匱乏，作者本身對於飲食所引發的情緒、情感、情境之大量宣洩反倒成了重點，透過日劇的情節對白，身臨其境的餐廳景致，親自品嘗到色、香、味一應俱全的美食去連結日本、凝視日本，就是作者書寫日本的重心，雖然，僅止於日本飲食文化表層的、可觀察的、感官的以及作者非常在乎的味覺部分而已。譬如：「排隊等待早稻田大學附近有家泰國拉麵，煞是有名，電視美食節目常常介紹，中午時吃麵的人也很多。有天心血來潮趕著盲目流行去吃一碗，果然是正宗泰式口味，既酸且辣，日本式湯頭的沒天良的鹹也沒少，結果那天拉了一整天肚子。」(阿潼，二〇〇〇：二二)

又如Milly(二〇〇七)單身前往京都進行十天的旅遊採訪，她選擇的是女遊容易進入、容易拍攝、容易書寫的安全店家，像是隱藏在巷弄的精巧咖啡館或優雅餐廳，這些店家的主人面對身負採訪重責的單身女遊時，通常會以親切的態度接納。秀色可餐的料理或甜食，典雅精緻的用餐桌面，店家或散步道的小小角落，意境也好私路也好，都是書中隨處可見的題材，同樣的，幾乎看不太到豪華富麗的餐廳場景或盛大排場的懷石料理，女遊仍舊以輕巧精細、玲瓏可愛的觸感與情緒，去捕捉眼中的日本之美。

8 羅秀美(二〇〇七)、何寄澎(二〇〇六)從飲食散文的角度研究林文月、蔡珠兒的飲食書寫，除了肯定兩者在文學上的成就外，均指出其對飲食文化的嚴謹考據態度，包括食材、做法、吃法等。

類似的調性也出現在陳念萱(二〇〇六)，她以資深熟女旅遊作家(不丹、馬六甲、香料之旅的書寫經驗)之眼挑選佐原做爲旅地，這裡是台灣人比較陌生之處，從開拓新景點和新路線來說，作者的確觀察敏銳。然而，其書寫內容和其他女遊並無太多不同，只是把場景從大家耳熟能詳的東京、京都換成小江戶佐原而已，再把目光從拉麵移到佃煮(tsukudani：醬菜)或味噌罷了。可以讀到的是，女遊的日本意象仍不脫秀色可餐的美食、精巧細膩的香道、旅途中安靜的角落景觀，或是日式建築中緣側(engawa：介於內室榻榻米與庭院之間的木板通道)、玄關、庭院、過道等範疇，而且，是停留在浮面的、可視的、色香味的感官層面，終究以作者個人情緒、情感的流洩爲主要基調。例如：「甜而不膩的紅豆餡裏在櫻花調製的糯米團裡，再以蒸熟醃製過的櫻葉包裹在外，一口咬下去，層層相連的獨特香氣瀰漫在口腔裡，漸漸緩慢地盡情舒展，令人專注地品味而著迷起來，這種小江戶情迷，若不迷戀，便是冷血了。」(陳念萱，二〇〇六：一一三)

綜觀上述的說明可以窺知，女遊凝視日本、書寫日本的兩個特徵：一、無論從眾或獨走，「個人風格強烈的旅遊資訊書」形塑了女遊書寫日本意象的基本方位，可說是一種角度，也是一種局限，「局限」的最大表現在於：只停留在浮面的紀實，很難脫離浮光掠影的情緒抒懷，始終在淺碟的、可視的、感官的層面打轉[9]。二、整體而言，台灣女遊透過紀實層面投射出來的日本意象，的

9　這種「局限」正如日本學者南博(二〇〇三：三九九—四〇一)評論韓國人李御寧的日本人論《日本人的縮小意識：豆物狂的傳奇》(二〇〇八)時所指出的，日本人的縮小意識之特質，確實存在於李所觀察到的諸多事項當中，但是，李的探討僅局限於現象的表層，也就是日本人從生活意識或生活行動中呈現出來的表層部分而已，對於現象之所以產生的背後心理動機並無足夠的分析。

確是善意的、好感的成分居多。因為，旅行是女遊展現積極生命態度的重要實踐，日本，正是提供她們實現這個理想的重要國度，且絕大多數的女遊都以哈日族自居，哈日是一切的原點，由此出發，她們對日本的仰幕之情不言自明，這種仰望似乎也延伸至對日本人的凝視上。

五、若即若離：從凝視到互動

透過對於「個人風格強烈的旅遊資訊書」之闡述，了解女遊凝視日本事物及景物的基本輪廓，接下來要進一步掌握的是，女遊對於日本人的凝視以及主客互動的情形，分別從凝視日本女性及日本男性兩點去說明。之所以用「性別」而非職業、階層或其他社會屬性去區分女遊對日本人的凝視[10]，主要是基於多數女遊在日本是採取自助旅行的方式，無論獨行或結伴，女遊在旅途中被男性性騷擾的事件時有所聞。所以，女遊對男性(觀光客也好在地人也好)的戒心遠遠超過女性，這種出自本能的戒心防備，也影響到女遊對日本女性及男性的不同凝視。

10 Heidi Dahles(2002)曾指出，探討國際觀光中主客互動(host-guest interaction)的先行研究，多以「先進國家的男客—發展中國家的女性觀光從業人員或當地女性(賣春女、應召女、阻街女)」、「先進國家的女客—發展中國家的男性觀光從業人員或當地男性(牛郎、吃軟飯、海灘男孩、玩具男孩)」這兩種方式來論述，換言之，是以男女「性別」區分主客互動。像是Joan L. Phillip(2002)從後殖民批判的觀點，描繪到西印度群島巴貝多(Barbados)的西方女遊與當地海灘男孩之間的性愛關係，男性黑人的性被西方女遊建構在「獸性的、強大的、放縱的」等意象當中，仍舊不脫東方主義式的思維想像。

一、凝視日本女性

整體來看，多數台灣女遊凝視的是：旅程中遇見「新奇有趣、非日常性、台灣社會少有的」日本女性現象或女性特質，女遊在保持一定距離的情境下進行，並且多投以高度的肯定；並且，延伸了「個人風格強烈的旅遊資訊書」之基調，女遊書寫著自身的感受及情緒宣洩，呈現出對日本女性遠眺、旁觀或擦身而過的輕描淡抹，沒有出現深層、長期、多方交流後的描述或自省。何琬琦（二○○七：一二九—一三五）引用女遊作家李黎之言，她察覺到女性在造訪文化風俗迥異的國家時，總會格外注意當地女性在家庭和社會上的地位、角色功能等，因這種關注會讓女性旅者在「比較」的情境底下，更容易產生自我反省，察覺自身的問題而重新認識自己，具體的關注對象是日常生活方式、服飾、習俗、儀式、語言等。

譬如，Barbara Hodgson（2005）在《夢東方：西方女子與異國情調的東方》一書中，描繪了十八世紀初至二十世紀曾到過鄂圖曼帝國（Ottoman Empire）遊歷的西方女子，英國駐土耳其公使夫人Lady Mary Wortley Montagu是爲一例，她曾驚嘆土耳其女性洗澡時所享有的便利與自由和歐洲人大相逕庭，因而對其讚譽有加。中東，不僅提供一種異國情調的投射，也給了她一份相對的「自由和解放」，是她在飽受束縛的英國國內所無法享受的奔放與開闊。同樣的，不少女遊到先進國家旅行時，抱持了「朝聖」、「學習」的心態，會去尋找國外經典女性或其先進的女性特質。鍾文音（二○○三）的《情人的城市：我和莒哈絲、卡蜜兒、西蒙波娃的巴黎對話》以及日本翻譯家兼作家須賀敦子（一九九六）的《Yourcenar的鞋子》（ユルスナールの靴），都是女遊對外國經典女性生涯、精神與作品感知感念進而追尋的寫照。那麼，女遊到底在凝視日本女性的什麼具體現象或特質呢？從「優雅舉止」、「細心妝扮」、「認真應對」三點，分述如下。

（一）優雅舉止

優雅一詞的中日文都具有「謹愼、沉著、餘裕、脫俗、典雅」等氣質之含意，台灣女遊對於日本女性優雅特質的凝視，出現在許多公共空間，以溫泉旅館、通勤電車、餐廳等爲例說明之。首先是洗溫泉，它是台日雙方普遍存在的一種大眾休閒活動，但台日各有不同的進行方式，就是因爲存在了差異，足以成爲女遊凝視的標的物，換言之，女遊選擇的是去凝視「熟悉的異文化」[11]。

> 日本女人洗澡首先用水將全身淋濕，然後再開始洗頭、沖水、沖潤濕似乎和一般人沒啥兩樣，但儘管洗著一頭長髮，日本女人還是挺著九十度的背脊姿勢很優雅，洗著一寸寸的肌膚，從頭到腳。（趙薇，二〇〇三：一五一）

台灣女遊在日本時多採自助旅行的方式，坐電車是移動時必要且較爲安全的手段，電車廂也成

---

11 這是筆者二〇〇八年四月二十五日訪談長期滯留台灣的日本旅遊作家片倉佳史的內容，他認爲多數女遊少有冒險精神，偏向採取「熟悉的異文化體驗」。片倉強調，其書寫策略最終是誘發日本人想嘗試的慾望，台灣的芒果、咖啡館、溫泉對日本人而言是「熟悉的異文化體驗」，但也存在「不熟悉的異文化體驗」，譬如，彰化肉圓和黑松沙士。他個人並不喜歡肉圓，但不能寫它不好吃，書寫策略改成：這是彰化在地人推薦的肉圓，口味因人而異……；同樣的，黑松沙士對日本人來說是很奇怪的一種飲料，但絕對不能寫它很難喝，否則也沒有日本人想嘗試了。

爲觀察日本女性特質的重要場所。

三位小姐應是上班族，令人納悶的是，臉小了，蘿蔔腿也消失了，跟在通勤電車中見到的少女們有著天壤之別。中年婦女更是散發出不凡的優雅氣質，日本女人三部曲，越老越入佳境。(宋小寧，二〇〇五：二〇一—二〇三)

如前所言，飲食書寫在女遊心目中占有極重要的分量，不少人在餐廳這個場景中寫下對日本女食客「優雅吃相」的細膩觀察，以義大利餐廳和日式燒鳥屋(yakitoriya)兩處爲例。

既然吃日本的義大利麵，當然要嚐嚐明太子麵，我對麵倒不大留意，倒是整個餐廳的女人讓我大開眼界。每個女人都會挺直腰桿的先左手拿湯匙，右手拿叉子的小心捲起一小撮的麵，慢慢放進嘴裡，用右手遮住嘴的細嚼慢嚥，等吞下喉嚨，馬上用餐巾紙擦擦嘴，再和對面的朋友聊天。(趙薇，二〇〇三：九八)

雖然是燒鳥屋，我們卻瞥見一位女子優雅地右手捧著一杯紅酒，左手捏住一串蔥雞串，相當有趣的組合。燒鳥屋之所以迷人，就在這一份隨意風情中吧。(YOYO，二〇〇六：八六)

（二）細心妝扮

日本女性重視化妝打扮舉世聞名，同樣身爲女性，台灣女遊對於老、中、青不同年齡層的日本女性之容貌身材、儀禮態度等也高度矚目，仰慕者仍然居多。

尤其是日本的年輕女性穿著打扮都非常的時髦，像我們這樣連點口紅都不上的觀光客一眼就可以看出不同。除了上班族女性衣著入時，就連國中、高中的女學生臉上的妝也堪稱專業。〈孟慶華、黨可菁，二〇〇五：一八九〉

在我捧著大包小包的零食穿越馬路之際，看到三位身穿和服盛裝打扮的少女，她們看起來像是剛參加完喜宴，正前往品川車站走去，看著她們漸漸離去的美麗身影，心中一股羨慕與讚嘆油然而生，好想穿穿美麗的和服喔！（韓妮芳，二〇〇五：二一）

在地下鐵常常看到留著中長髮穿著緊身襯衫、學生背心、蘇格蘭格子裙，腳上穿著是象腿襪、短靴的美麗背影，輕盈的步伐，纖瘦的身材，有種清純的味道。等到欲一睹容貌而趨前時，才發現原來是皺紋滿布的老婆婆。……對於流行時尚的追求，一點都沒有因爲年紀而影響，反而比年輕女性更加還無顧忌的變化造型。（蔣文欣，二〇〇二：六二—六三）

(三)認眞應對

女遊流露出對不同場景、不同年齡層的日本女性之片面觀察，但女遊實際與日本女性互動或交談者似乎很少，可能原因是，女遊的日語溝通能力不足，或是旅遊態度上原本就想與之保持距離。除了迷路時比手畫腳、雞同鴨講地問路外，所謂的互動，大多停留在女遊去到店家或休息參觀時，和歐巴桑、女主人及女服務員的交流，譬如以下的三個場景：橫濱梅香亭第二代老闆娘、舉辦茶道香道的貴夫人、餐廳裡露齒微笑的女服務生。

她說因爲已經將一身本領傾囊相授，所以現在大多放任下一代去打理，只要他們也同樣抱持著「沒有什麼是比客人更重要」這樣的心情，那麼也就沒有什麼好操心的。更何況，到現在我仍是「現役」(沒有退休)的呢，每日每日還是很努力。(阿潼，二〇〇三：八四)

爲了維持江户古禮，相馬夫人每個月固定在星期三輪流舉辦茶道和香道，再加上室內花藝的展現，剛好湊足了日本生活藝術裡的花、茶與香三道。她從進門主客打水洗滌手足的禮儀，到入座後的進程都一一講究，這個不能忽略的每個小細節，目的是：讓人慢慢進入沉靜的狀態，才能品味出茶的藝術境界……。(陳念萱，二〇〇六：九四)

我們姊妹倆是素食者，……一點也沒有像一般餐廳的服務員，一聽到素食就露出麻煩的臉色。……他也露出很大的笑容，連牙齒都露出來囉！可是我覺得這種表情的感覺很好，很

眞誠。（蔣文欣，二〇〇二：一二—一三）

可以看到，女遊對日本女性的「優雅舉止」、「細心妝扮」、「認眞對應」之深情凝視，這些眼神大抵是正向的善意的，幾乎都是仰慕和崇拜之情。女遊對日本女性的這種凝視，和前述「個人風格強烈的旅遊資訊書」幾乎如出一轍，在雷同的基調上，女遊從審物（美食、美景）到審人（美女、美人），都脫離不出這種視覺的、浮面的抒情紀實，與旅途中的日本女性維持有限片面的互動，使得女遊書寫只停留在表層的、感官的陳述。

二、凝視日本男性

做爲一名旅人，女遊凝視日本女性，當然也凝視日本男性，整體來說，對日本男性的凝視似乎沒有像日本女性那麼多樣而生動，推測原因可能是，多數女遊雖然渴望以安全爲前提的浪漫邂逅（Dole, 2002），但旅途中對陌生男性的戒心仍然存在[12]。例如，Petri Hottola（2000）研究在印度觀光的西方背包族女遊和當地男性的互動情境時曾指出，多數受訪的西方女遊表示，她們在印度觀光的困難之一是，隱私權的缺乏和經常遭受到性騷擾。這是因爲印度深閨制度（purdah）的存在，女性被要求深居簡出，其身影不能隨便出現在公共場所，除非她們被家族成員保護或支配。加上當地電影描述

12 女遊也在追尋西方男性的先進特質，Karen Kelsky（2001）在《走在邊緣的女性：日本女性的西方夢》中指出，日本女性積極透過各種手段包括到西方旅遊，製造和西方男性戀愛通婚的機會，以彌補日本社會及日本男性無法滿足她們的各種渴求，包括：自由、尊重、解放、羅曼蒂克以及性。

英國殖民時的殘酷腐敗，媒體報導西方爲惡的題材，以及對於西方女性無道德、性開放的刻板印象形塑等，使得西方女遊成爲當地男性凝視和歡愉的幻想對象，她們的出現及隨處遊走的開放姿態，成了印度社會規範的挑戰者。只要印度女性不能穩固、安全及獨立地出現在公共場所，外國女遊至印度旅行時，也不可能受到應有的尊重。所以接下來，從「新奇有趣」、「專注踏實」、「煩人厭遇」等方面來捕捉，這三點和前述女遊凝視日本女性的「優雅舉止」、「細心妝扮」、「認眞應對」相比，有的雷同有的相異，其中的「煩人厭遇」還是起因於男女性別之不同。

(一)新奇有趣

首先，女遊凝視的日本男性很多只是從旁眺望或遠觀，彼此並無眞實互動，同女遊描繪日本女性一樣，多數人是以「新奇有趣、非日常性、台灣社會少有的」眾生相爲凝視及著墨的重點，譬如：街頭牛郎以及看漫畫的中年男人。

> 現在的日本街頭，還有更多的牛郎在拉客喔！之前東京還沒規定牛郎(男公關)不能上街頭拉客時，可以看到車站外面有很多穿黑西裝、打著銀亮亮領帶、頭髮吹得像模特兒的男人在街上尋找女客人。他們尋找女客人的標準是什麼呢？就是外表看起來很貴婦，或是穿著很像有錢大小姐的人。(小鵝姬，二〇〇六：二六)

> 在咖啡店，穿著黑色大衣打領帶並提著公事包的中年男人，一副公司裡的要員，但當他一個人在咖啡店坐定之後，看的書便是漫畫。第一次看到這畫面，我差點笑了出來，實在有

點滑稽。但仔細想想，誰不是看漫畫長大的？中年男人看漫畫，反而令人感動！（宋小寧，二〇〇五：二〇六）

值得一提的是，有時也會超出女遊原本的想像，看到的並非那個處處優質先進的日本，女遊赫然發現：日本也有不堪的所在，日本人也沒有想像中的守法規矩，算是旅途上另類「新奇有趣」的發現。

> 在離開鹽釜神社時我們看見一個鬼鬼祟祟的中年男子，正覺得他形跡可疑時，他居然利用鴿子對人的信任以餵養的方式來捕捉鴿子。這眞是一件令人目瞪口呆的事，害我們以爲忽然回到台灣了……。（孟慶華、黨可菁，二〇〇五：三九）

> 不過有更多背著腳架和單眼相機的人，不顧遊步道旁「爲保護植物，請勿在遊步道以外的地方站立」的警告標誌，隨意地跑去離溪流最近的地方拍照，甚至站在十分危險的地方拍照。與我們印象中日本人十分守規矩的形象，形成有趣的對比。（孟慶華、黨可菁，二〇〇五：一二二）

（二）專注踏實

日本人的認眞拘謹、專注踏實等特質表現在日常生活的很多層面，透過日本偶像劇、電視節目或流行文化的耳濡目染，女遊早已了解這是日本人的民族特性。女遊在旅途中可以觀察或接觸到的是：「工作」狀態下日本男性的專注踏實，可從南禪寺的人力車夫、年輕的鐵道員、中年的清潔工三個實例來看。

他熟練卻小心有節地拉著車，過馬路、加速、停車都有一定的規矩和節奏，使坐在車上的人有充分的安心感。更難得的是在揮汗如雨中，他還不時回頭，以始終不變的熱誠笑容和我們閒聊。（曾瑟婷，二〇〇一：一七七）

他是個面頰消瘦、眼睛大而深遂，側面像竹野內豐……。他倒是悠哉，每次火車要開動前，他臉朝向駕駛座左前方的鏡子，用套著白色手套的指頭向前比出V字手勢，或許那是「二」的意思……。這會兒，我才眞正想起日本鐵道員的精神，即便是在一個無人監督的轉角，他也不忘做出熟練動作……。（JO & JJ，二〇〇四：四三—四四）

發現三位類似清潔工的中年男子……後來發現其中一位伯伯居然還拿起除塵布小心翼翼地擦拭小小排水溝，擦到以我視線所及的金屬邊緣閃閃發亮地步，然後三個人仔細地將排水溝的金屬網蓋蓋上，再依序清理下一條小小排水溝。……看著他們認眞用心的清理市容，當時的我心中起了不少的震撼，我們常常看到東京光鮮亮麗的一面，殊不知每個美麗乾淨的背後都是無數的人們細心與用心工作的結果。（韓妮芳，二〇〇五：一四三—一四四）

(三)煩人厭遇

女遊和日本男性眞實互動者也很有限，大多是在店家和問路時的接觸，某些日本男性親切的態度，確實撫慰了旅者疲憊惶恐的心靈。譬如，「克里斯多夫先生不厭其煩地向我們一一解釋……一拿起台灣阿里山的凍頂烏龍茶，克里斯多夫笑顏燦爛地說：『這是你們的故鄉出產的高級品，是很棒的茶，台灣茶葉的品質很好。』他鄉遇故知，而且還是向來排外的日本人。我們差點要噴出眼淚。」(阿潼，二〇〇〇：七六)雖有如此親切的男性在旁，但不可否認的，女遊在旅途中對陌生男性的戒心始終如影隨形，到底發生的是厭遇或豔遇、搭訕或被錯認，只有當事人心知肚明。諸如：

> 年過三十的禿頭男子死命糾纏，那可是人生可避不可求的倒楣煩人厭遇。(阿潼，二〇〇〇：九〇)

> 好在在那位想對異鄉來的孤單女子表示友誼的歐吉桑來得及問第三個問題前，我們便起身離開了。(孟慶華、黨可菁，二〇〇五：七八—七九)

> 人群裡夾雜著各種語言與文化，失去了單純性，走在街上，心裡的戒備自然就不知不覺地森嚴起來。……這時忽然冒出一個男子用日語問：「你是韓國人嗎？」我被突如其來的問話嚇了一跳。一看是一個面貌不甚和善的中年人，腦筋裡也來不及反應他爲什麼如此問我，就直搖頭說：「不是！不是！」然後拉著Armelle趕緊逃離。(曾瑟婷，二〇〇一：一五

七）

我選了一家賣黑輪的小店，才推開木門，就被眼前的景象嚇了一跳，十幾個人同時轉頭看我，全部都是歐吉桑，而且全是喝到臉紅脖子粗的歐吉桑，……接下來的景象就是一個台灣女子坐在一排日本歐吉桑中間，左邊的請我喝燒酒，右邊的歐吉桑一直跟我介紹大根（蘿蔔）、油豆腐好吃，口水還噴了我一臉。還好噴口水的歐吉桑很快就走了，我還眞怕他會不會酒後亂性呢。（趙薇，二〇〇三：一九八）

從上述「新奇有趣」、「專注踏實」、「煩人厭遇」三個脈絡可以看出，比起對日本女性的凝視，女遊對日本男性的凝視確實比較局限，談不上太多仰望的神情，頂多只是好奇的遠望觀察或是旅途中的短暫碰觸，在安全不麻煩的範疇下，有距離地去想像、去觀看、去接近。並且，承續了「個人風格強烈的旅遊資訊書」之調性，不論針對的是景物或事物、女性或男性，女遊流露出好惡情緒的眼神，始終一脈相承。

那麼，爲何女遊在旅途中對日本人會採取這種若即若離的態度呢？其背後的可能原因在於，這種凝視反映出旅人心理的基本特徵：去凝視迥然不同於日常（台灣）的非日常性（日本）。觀光的本質是一種含有對比意味的活動，特別是對照於例行生活，觀光可視爲是一種偏差，這就是Urry不斷強調的，觀光行爲涉及到「偏離常軌」（departure）的這個觀念：有限度地擺脫日常生活習以爲常的慣例與行事作風，好讓觀光客的感官投入一連串與生活上的「平凡無奇」形成強烈對比的刺激。(Urry, 2007: 21、215)類似觀點也出現在Tom Selanniemi(2002)，他以研究儀式過程的人類學者Victor Witter Turner所提「移動的中介迷離狀態」(liminality)之論點，去說明觀光就是從日常生活規範脫離出來，像是跨過兩個階段中間的那個門檻，進入另一種生活狀態的過渡期，處於界線不明、不確定的狀態。Selanniemi探究芬蘭女性如何借由觀光逃離家庭、工作、孩子、先生以及家務勞動，享受在家所不能享有的經驗，由此平衡假日中的自我與日常生活的自我。但是，一味地強調觀光的本質就是追求非日常性的刺激也不盡然，事實上，觀光凝視還是一種有距離的行爲，觀光客會與凝視對象保持若即若離，示出一種不干涉、不侵入、只是觀望的旁觀者心態。也就是說，旅人並不希望有太多的牽扯麻煩，仍舊會在不累、不煩、相安無事的考量下，適可而止地與當地人做片段短暫的接觸。

Hazel Tucke(1997)研究在土耳其旅行的日本女遊，她們比較喜歡以象徵或想像的方式去觀光，反倒比較不愛眞實體驗的觀光。受邀參加土耳其當地婚禮的日本女遊，剛開始還興致勃勃，但在拍完很多照片後即中途離席，並不喜歡對眞實體驗過度投入，只以「照過相」或單純「參加過」來增加旅遊資歷，也因離開這種參與當地居民生活、回到屬於觀光客才會出現的領域時(如五星級大飯店或高級度假村)，才會感到安全與安心，畢竟，想像異文化比實際參與異文化要安全、美妙得多了。可以推測，女遊對於日本女性及男性投射出保持距離的凝視以及若即若離的互動，多少也是這種心態下的產物。

六、小結

本章解構了千禧年後台灣女遊書寫下的日本意象，以西方女遊書寫下的日本意象以及日本對於這些書寫的具體回應做爲研究的開端，然後，回顧台灣的女遊書寫研究，找出文學的價值、女遊的價值、客方社會以及主方社會四個座標軸；再從女遊對旅行的看待以及女遊和日本的連結這兩點，概觀台灣女遊的基本特質；分析女遊對於日本的意象書寫是本章的主軸，分別以「個人風格強烈的旅遊資訊書：從眾與獨走」及「若即若離：從凝視到互動」來做陳述，前者著重女遊對於日本的事物及景物之凝視，後者則強調女遊對於日本人的觀看以及與之互動的情形。主要研究發現有三點。

第一、不少當代女遊本身就是媒體工作者或觀光從業人員，對她們而言，旅行既是工作又是娛樂，也是一種生活態度，此外，旅行也是女遊掙脫綑綁、獲得鬆綁、建構自我生命意義的重要管道。許多女遊聲稱是「重度哈日族」、「資深哈日族」、「超級哈日族」，她們透過不同的因緣及方式，讓自己的生命和日本產生積極的連結，這些特質也構成了女遊日後凝視日本、書寫日本的有利因素。

第二、無論從眾或獨走，女遊書寫的出版品多爲「個人風格強烈的旅遊資訊書」。個人風格強烈是指，它們打破以往旅遊資訊書以第三人稱平鋪直述觀光景點的老套，轉而以第一人稱凸顯作者立場的強烈意圖，自身旅遊經驗的眞實性，並拉近與讀者的距離；同時，也包含作者自身觸覺、味覺、視覺、聽覺、感覺的經驗分享。旅遊資訊書的特色則是，作者會鉅細靡遺地詳述各別景點或路線，包括特殊餐廳、店家、場景，以及去到目的地的交通工具和所花費的時間金錢。

第三、女遊凝視日本女性時，多聚焦在「新奇有趣、非日常性、台灣社會少有的」女性現象或女性特質，呈現出來的是僅止於對日本女性遠眺、旁觀或擦身而過的輕描淡抹，並沒有出現深層、長期、多方交流後的描述或自省。女遊凝視日本男性時，似乎沒有像日本女性那麼多樣而生動，她們只是從旁眺望或遠觀，彼此並無眞實的互動，只在安全、不麻煩的範疇下，有距離地去想像、去觀看、去接觸。

最後，必須對照到西方女遊書寫下的日本意象以及日本對於這些書寫的回應，以定位台灣女遊書寫的可能價值。讓我們回到問題的開端：千禧年後那些充斥台灣出版市場的「個人風格強烈的旅遊資訊書」，是否有被翻譯成日文、在日本出版、被日本人進一步研究的意義呢？日本人可能從這些書籍中重新發現日本、發現自我嗎？

平心而論，從女遊特質的概觀，確實可以嗅出女遊對自我生命的深深期許、對移動出走的熱烈渴望以及對日本的高度嚮往，她們也眞正身體力行地走出去看、去感覺、去體會。不過，再大的雄心壯志未必就是旅途質感的保證，當然，也不必然是旅遊書寫的保證。無庸置疑的，女遊做爲一名日本文化的中介者，確實值得肯定，這些出版品也的確打造出台灣人了解日本旅遊的一個可能文本。可惜的是，它只稍縱即逝，滿足了台灣本地出版市場、讀者的短暫需求，以及滿足了女遊自身對於旅行、對於日本的看待及想像。

過猶不及，女遊書寫的特色也正是它的「盲點」：女遊書寫的個人風格極其強烈，但僅表現在作者的情緒流洩上；旅遊資訊的提供，很難超越中日文版旅遊指南的範疇；女遊眼裡的日本女性及男性，仍脫離不了浮光掠影的側寫。換言之，這些出版品既沒有深刻表述女遊與自我內在生命的對話，也無法與旅地的日本或日本人有深度的交流，對日本讀者而言，若想從比較文學、比較文化、文化交流、民俗學等角度追究其價值，坦白說，它們不具久遠的內涵或影響力，日本人難以透過這些文本來重新認識日本、認識自我，也因此，它們少有被翻譯成日文、在日本出版、被日本人進一步關注研究的意義。

那麼，台灣女遊有待努力的是什麼？跳脫上述的諸多盲點，對旅者、旅地進行更深層多元的挖掘，才有可能開拓新的書寫視野，之於女遊自身、之於本地出版市場及讀者，也之於日本讀者。

附表一　台灣女遊書寫的日本意象之出版品

作者	出版年	出版社	書名
阿潼	1999	青新	東京鮮旅奇緣：偶像日劇場景新鮮紀實
阿潼	2000	皇冠	日劇的美味關係
阿潼	2000	青新	東京日和：偶像日劇場景戀愛紀實
依凡品	2000	商智文化	心，遺落在北海道
依凡品	2000	商智文化	在京都找到幸福
姚巧梅	2000	大地	京都八年
李道道	2001	馬可孛羅	帶著娃兒移居北海道：台灣媽媽北國生活札記
曾瑟婷	2001	文學街	在日本留下的美麗足跡
葉立莘	2001	朱雀	東京恰拉：就是這些小玩意陪我長大
周幸叡	2002	平裝本	日本療傷系之旅
廖惠萍	2002	上旗文化	北海道歐風民宿:超人氣!43家浪漫民宿假期完全體驗
蔣文欣	2002	新雨	東京都ㄆㄚㄆㄚ走
阿潼	2003	馬可孛羅	眞夏的海洋
阿潼	2003	明日工作室	日劇中毒
趙薇、張國立	2003	皇冠文化	兩個人的日本
張瓊文	2004	皇冠文化	東京國民美食嚴選100
張瓊文	2004	皇冠文化	到東京，記得吃甜點
廖惠萍	2004	上旗文化	日本定點宿遊：伊豆、箱根、富士特選住宿與順遊行程
JO & JJ	2004	田野影像	姊姊妹妹走出去：日本人的故事
王常怡	2005	宏碩文化	京都の走法：一個資深哈日族的京都案內
王常怡	2005	宏碩文化	搭地鐵玩東京
宋小寧	2005	華城	日本的秘密花園
周芬娜	2005	天培	相撲拉麵薰衣草：日本博物館趣味遊
孟慶華&黨可菁	2005	葉子	賞遊日本東北哈拉行
張燕淳	2005	INK印刻	日本四季
葉立莘	2005	皇冠	激安東京
韓妮芳	2005	東京國際文化	遊戲東京

作者	出版年	出版社	書名
Milly	2005	西遊記文化	東京生活遊戲中
小鵝姬	2006	平裝本	小鵝姬的花樣東京生活
王常怡	2006	宏碩文化	搭地鐵．玩京都
周幸叡	2006	宏碩文化	日本北陸plus信越
阿倫&艾莉	2006	高寶書版集團	1+1到日本找幸福
張瓊文	2006	皇冠文化	微醺夜東京
梁旅珠	2006	時周	日本夢幻名宿：溫泉、美食、建築的美好旅行
陳念萱	2006	賽尙圖文	看腳下：佐原小江戶迷情
廖惠萍	2006	麥浩斯	北海道夢幻私花園
蔡欣芸	2006	田園城市	東京閱讀空間
Milly	2006	平裝本	東京奢華小旅行
小鵝姬	2007	平裝本	東京：女生出沒注意
廖惠萍	2007	麥浩斯	雜貨@東京
廖惠萍 許宏偉	2007	時周	慢遊北海道：請以溫柔的步調，慢慢旅行吧！
蔡欣芸	2007	麥浩斯	京都雜貨手創風
Milly	2007	西遊記文化	超完美日本鐵道旅遊計畫
Milly	2007	繆思	Milly的京都私路
Milly	2007	平裝本	東京發！近郊小旅行
Milly	2007	繆思	車窗外看見雪
彭欣喬	2008	華成圖書	慢步．沖繩
Milly	2008	繆思	日本大旅行：因為是日本，所以非去這些地方不可

第八章
觀光業原住民女性的勞動身影：
太魯閣族解說員對主客互動的詮釋

一、導言

本章的研究動機主要有以下三點：來自於筆者講授「性別與觀光」這門課所引發的問題意識；近年來，個人成爲一名積極的遊客，在國內外不同地區進行各類型觀光活動，特別是來自族群觀光(ethnic tourism)的刺激；同時，個人也扮演高求知慾的消費者，努力和各領域的女性解說員眞實互動，得到相當多的靈感。

首先，從二〇〇〇年二月開始，筆者在本校亞太研究所及應用社會學系講授「觀光社會學」的課程，並逐年加重「性別」觀點的討論，探索觀光這個現代社會中越來越日常化、普遍化、大眾化的活動，到底有什麼樣的意涵。簡言之，人的世界由男女所組成，性別權力關係透過政治、經濟、社會、文化等錯綜複雜的結構對男性和女性同時進行宰制，觀光活動中的性別關係如何呈現、如何轉換與如何對抗，正是「性別與觀光」研究的主要課題。「性別與觀光」研究從行爲者、行爲的相互作用、社會體系、世界體系四個面向鋪陳（安村克己，一九九六a），目前爲止，針對客方社會女遊的探討及論述已經很多，本章重心則擺在主方社會的女性，特別是主方社會女性觀光從業人員的勞動身影。

除了觀光社會學的課堂經驗外，筆者也經常到各地旅行，特別是走訪多處海內外族群觀光的景點，包括：曾於二〇〇〇年夏天到阿里山鄒族部落達娜伊谷遊玩、二〇〇一年初到泰北媚宏頌長頸村探訪、二〇〇三年初到印尼峇里島旅行、二〇〇五年暑假到中國張家界（湖南）及九寨溝（四川）登山、二〇〇六年初夏去台東史前文化博物館參觀等。特別是中國之旅，筆者目睹了土家族、藏族、羌族等少數民族觀光化的現象，包括：專爲觀光客演出的少數民族大型歌舞晚會，少數民族的衣食住行、宗教、美術、神話、文學等在觀光活動上的大量動員，還有觀光業中少數民族的勞動身影，其中，羌族和藏族女性解說員的年輕化、專業化以及她們對觀光客的笑臉推銷攻勢等，筆者都留下極爲深刻的印象。

再則近幾年來，筆者在消費購物或置產理財時，都會仔細觀察女性解說員、女店員、專櫃小姐或理專的表達能力與肢體語言，珍惜與她們專業、敬業特質互動之機會，並獲得大量寶貴訊息及知識，不僅開拓視野、提升判斷力，也發掘自我未知的潛能。其中，特別吸引我的是女性解說員的存在，因爲同解說員一樣，教書本身也是以口語表達爲賣點的工作，強調的是專業知識、口齒清晰及思路明確。然而，女性解說員似乎還須具備更多其他的條件，她們在觀光區內工作，觀光業是服務業，面對各色各樣的遊客時，女性解說員被要求須有一定程度的情緒管理、體力負荷與外貌形象。那麼，女性解說員對於解說這份工作如何勝任、如何認知、如何詮釋？知彼知己、知己知彼，這是筆者對於她們好奇的所在。

準此，當個人教學經驗、族群觀光的遊歷、和女性解說員的互動等三組生活體驗相結合時，「觀光業原住民女性解說員的勞動身影」慢慢成爲研究的聚焦之點，也就是說，從教師、女遊、消費者等角色扮演之實際經驗出發，期望在研究者與研究對象（原住民女性解說員）彼此強化、互相增能的強烈動機下進行此次的調查。接下來，就從這個角度切入，回顧相關的先行研究。

二、原住民女性與觀光的相關論述

爲凸顯本章「觀光業原住民女性解說員的勞動身影」之位置及特色，先從「原住民女性與觀光」此一脈絡來做檢討，包括性別化的國際關係與政治經濟學的觀點，接著再整理以「觀光業中的勞力分工」這個角度所做的先行研究。

回顧關於「原住民女性與觀光」的先行研究，其最大的特色是：將原住民部落視爲觀光業中的主方社會而非客方社會，並一面倒地解構觀光帶給原住民部落以及原住民女性的嚴重傷害。絕大多數的先行研究（安村克己，一九九六 a、一九九六 b、永渕康之，一九九八、太田好信，一九九九）是站在觀光否定論或批判論的立場，從世界體系理論（world system theory）的巨視觀點出發，認爲觀光是一種新殖民主義，只會強化第三世界（主方社會）對第一世界（客方社會）的再度依賴、主流文化對少數民族文化的宰制，這種依賴及宰制特別展現於族群觀光的發展上，台灣的原住民觀光便是一例(紀駿傑，一九九八、劉可強・王應棠，一九九八、謝世忠，一九九四、二〇〇四、王嵩山，二〇〇三、黃國超，二〇〇三)。從世界體系理論出發探討觀光產業發展時，也有學者加入「性別」的觀點，進一步解構國際觀光產業中性別因素如何作用、國際觀光產業與性別兩者之間的利害糾結。Fred Halliday(1998)及Neferti Xina M. Tadiar(1998)提出「性別化的國際關係」(gendered international relationship)，簡言之，就是國際間「先進國家—發展中國家」的不平等關係，宛如父權制底下不平等的男女關係一樣，觀光業中來自客方社會先進國家的人們，不論男女、同志、雙性或是跨性人，他(她)們其實扮演的都是男性的、強勢的、主導的角色，相反地，主方社會發展中國家的人們，其扮演的是擬似女性的、弱勢的、依賴的角色，因此，這些研究試圖拆解壓迫女性的父權制結構，揭發先進國家對第三世界經濟上、種族上、性別上的多重宰制。所以，從性別化的國際關係這個視角所看到的光景不外是：亞洲、中南美洲等地性觀光(sex tourism)或買春觀光帶來的愛滋病、犯罪、賭博等負面影響，或是發展中國家族群觀光裡少女少男、山岳民族賣春現象的日趨惡化，以及主方社會觀光從業人員(特別是女性)被宰制與被剝削的景象。

在此脈絡底下，以台灣觀光業原住民女性爲焦點的研究，也都帶有濃厚的解構色彩，和本章最直接相關的是，從批判立場審視原住民女性勞動身影的郭孟佳(二〇〇四)，她透過國際分工的視野，分析烏來一九五〇年代後第一波「山胞觀光」發展樣貌，泰雅族女性組成的「山胞觀光」歌舞表演是重要項目，她們由此進入國際分工體系的再生產位置。二〇〇〇年後第二波的溫泉觀光熱潮，並未提供泰雅女性如同「山胞觀光」時期的工作機會，觀光焦點的轉移使她們風光不再，在產業中的工作更是渺茫，這種轉移象徵的是，隨著資本主義體系的進入，觀光產業中謀求生計的烏來泰雅女性的進退場其主控權都不是由她們所擁有，位置也不是她們可安排。

雖沒有直接從性別化的國際關係這個視角，但很多先行研究仍在巨視觀點的政治經濟學底下，論及當代台灣觀光業原住民女性的勞動身影，它們所看到的是：(一)原住民女性位居觀光業勞動階層化中比較底層或低層，也就是比較不需要專業技術的工作，像是紀念品販賣者、陪照者、理票員(黃鵬仁，一九九五)；(二)從事以原住民女性族群特質爲賣點的工作，像傳統服飾、手工藝品編織者(王嵩山，二〇〇三、蔣文鵑，二〇〇一、金惠雯，二〇〇一)、歌舞表演者(梁莉芳，二〇〇一)、觀光親善大使(郭孟佳，二〇〇四)、原住民風味餐廳的女廚(黃國超，二〇〇三)等等。這些先行研究大多強調的是，在原漢之間長期扭曲、不平等的社會結構與勞動結構底下，觀光業原住民女性的勞動身影，總是難逃被邊緣化以及被商品化的命運。

由此觀之，從性別化的國際關係或政治經濟學等巨視觀點出發的多數先行研究，確實掌握了形塑原住民女性勞動身影的某些結構性因素，也就是國家機器、國際分工體系、資本主義體系等機制，然而，這些研究的盲點是：流於結構決定論的窠臼，忽視了原住民女性在結構機制底下的能動性主動性[1]，也忽略了影響原住民女性勞動身影的其他條件。

另一組先行研究則不單強調巨視觀點，而是藉助其他更細部的分析視角，去掌握影響原住民女

1　不直接從「觀光業」原住民女性的勞動身影切入，而從微視觀點探究原住民女性性別勞力分工、權力關係、族群認同的先行研究有：梁莉芳(二〇〇一)的阿美族部落舞團女性的生命經驗以及蔣文鵑(二〇〇一)太魯閣族女性的織布文化，兩篇都重視原住民女性的主體經驗及主動性。

性勞動身影的其他條件，那就是「觀光業中的勞力分工」，此處的勞力分工有兩種：勞力的性別分工(gender division of labor)以及勞力的階級分工(class division of labor)。一般而言，許多觀光業是季節性產業，不是避暑就是避寒勝地，並非終年經常性地在營運，觀光業的勞動特質是對從業人員的專門性要求不很高，薪水也偏低，基本上，這種勞動特質對男女而言是共通的。但是和男性相比，女性在觀光業中的工作位階並不高、工作也不穩定、勞力的性別分工也隨處可見，女性之所以容易被編置於低階或缺乏專業的工作，是因爲女性教育水準較低、必須兼顧家庭，加上不少第三世界都曾經有過被殖民的歷史創傷等多重因素，使得該地女性比男性更容易成爲觀光業中的非正式雇用者，居於低階缺乏專業的職務(Kinnaird, Kothari & Hall, 1994、萩原なつ子，一九九四、Swain & Momsen, 2001)。觀光業中勞力的性別分工最明顯的是，男性多從事交通運輸、建築工事、管理階層等工作；女性從事的工作又分成兩類，一種是屬於低薪資低技術，只做灑掃、煮食、不太直接和觀光客接觸、屬於家務勞動延伸的勞力工作；另一種是以女性身體魅力吸引男客，飯店櫃檯、餐廳、娛樂場所等會盡量安排年輕貌美的女性出現，其他如被拍照、按摩、伴遊，甚至於性工作等這些場域，期待女性提供服務者也遠遠多於男性(安福惠美子，二〇〇五)[1]。

但如果追問，造成女性內部勞力的階級分工之因素爲何?可再依：女性的婚姻狀況、教育水準、年齡、工作場所的正式或非正式、觀光設施的規模大小等諸多條件而有所差異。譬如，以峇里

1 當今男女雙方都已成爲買春觀光中的「買方」，特別是先進國家的女性也加入買春的行列，其中性別與族群的問題交錯繁複，從以往「發展中國家女性(賣方)和先進國家男性(買方)」的配對，發展到「中南美、印尼峇里島的海灘男孩(賣方)和先進國家女性(買方)」這樣的新組合。

島觀光業中工作的女性爲例，未婚女性在較大觀光設施中工作，已婚女性則在較小的設施中工作，而且未婚女性有較高的地位與收入；此外，教育水平高且未婚的女性多在正式的工作場所出現，已婚女性則在非正式工作場所爲多，大飯店也比較喜歡雇用未婚年輕的女性(Chant, 1997、Long and Kindon, 1997)。此外，女性在大規模且正式的觀光設施如大飯店或遊樂中心工作時，因組織較爲嚴謹、系統明確、管理有素，有時反而比在小規模且非正式觀光設施中工作還能獲得更好的條件或報酬(Scott, 1997、Sinclair, 1997b)。

由此看來，除了性別化的國際關係或政治經濟學等巨視觀點外，藉由觀光業中的勞力分工這個脈絡之爬梳，有助於進一步掌握觀光業女性勞動身影的特質，換句話說，影響觀光業中女性勞動身影的因素很多，至少包括：個人資質條件(外貌、年齡、婚姻狀況、教育水準)、工作場所屬性(正式或非正式、規模大小)、勞動特質(是否爲家務勞動的延伸、和觀光客接觸、賣弄女性身體魅力)等等，可以說各種不同脈絡及因素的交互疊層作用，才形塑出特定觀光業中特定女性之勞動身影，研究者實在無法以結構決定論或單一決定論來捕捉複雜的森羅萬象。

透過上述的反省及整理，本章排除了國內先行研究已討論過的當代台灣觀光業原住民女性的勞動身影(紀念品販賣者、陪照者、理票員、傳統服飾編織者、歌舞表演者、觀光親善大使、原住民風味餐廳的女廚)，而去選擇不同的、晚近才出現的「原住民女性解說員」爲研究對象。可以看到的是，在上述的個人資質條件、工作場所屬性、勞動特質等因素交互疊層下，形塑出了原住民女性解說員的勞動身影，那就是：她們必須具備一定專業的知識、能力及體力等特殊條件，近年來，她們已逐漸出現在各種以原住民文化爲訴求的正式或非正式、規模大小不等的觀光場所，女性解說員的勞動特質是非家務勞動的延伸、必須與遊客互動頻繁、不刻意賣弄女性身體魅力。接下來，筆者將以「主客互動論」這個視角切入本研究的主題。

三、主客互動論

觀光活動本身就是牽動主方社會與客方社會資訊、資本、財貨、人口搬移的一項活動，因此，從主客互動論的觀點探討觀光行爲乃是觀光社會學研究的重要課題，社會科學中互動論的學派相當繁多，本章借取George H. Mead(1863-1931)的符號互動論(symbolic interactionalism)之定義，簡述如下。互動，本是人類生活及社會化過程中一項重要的課題，人類不能離群獨居，需要與他人互動，以習得各種符號、生活規範，並扮演不同的角色。在每天的生活中，藉著與他人互動，個人會思考他人對自己的期待，也期待他人對自己進行思考、感受和反應，甚至會改變自己的行爲以順應環境及人群。符號互動論運用微觀方式，去探討人類在社會和團體的互動過程中不斷形成的自我心靈之特質，而人的許多面向的自我，會藉著互動不斷改變，且有能力把自己視爲客體，並與他人產生互動。因此，符號互動論的基本研究對象是「互動中的個人」，而非個人內在的人格，亦非社會結構本身，其重點在於互動的性質和過程，社會是由一群互動中的個人所組成，因個人不斷互動、修改和調整，所以社會也不斷地變遷。換句話說，研究焦點關注於行動者與這個世界的互動，並主張行動者與這個世界均爲動態的過程，而非靜態的結構，最重要的是，賦予行動者詮釋社會世界的能力(蔡文輝，一九九四)。

以主客互動論的觀點探討觀光行爲既是觀光社會學研究的重要課題，必須先問的是，主客眞能二分嗎？Abram & Waldren(1997)挑戰傳統主方社會與客方社會的二分法，從異文化相遇與社會變遷角度探討觀光行爲，主張觀光本身就是認同建構與認同協商(negotiation of identity)、是吸納與排除的同時進行、是主客雙方共同參與的過程，主客實在很難二分。除此之外，現實世界中主客難以二分的另一原因是，主方社會觀光從業人員不盡然全是出身該地，有的是從外地暫時性或季節性地遷移至觀光區工作者，譬如，印尼峇里島的華人來自巴丹島，走唱歌手來自蘇門答臘，泰國普及島島民從事觀光業的其實有限，倒是從泰國各地，甚至遠從菲律賓來的單身女性很多(安福惠美子，一九九六a)。還有一種趨勢是觀光與移民的結合，關島的華人爲了做觀光客生意，也爲了順利取得美國護照，而將該地當成移民的中途跳板；有的是先以觀光客身分進入，因喜愛該地而選擇定居者，印尼峇里島的日本女性，因多次重遊並與當地男子結婚，才定居下來做日本觀光客的生意(山下晉司，一九九九)。所以，當研究者試圖掌握主客互動的情境時，也必須認清，特定觀光區或觀光業中的主客界線已逐漸鬆動或模糊，故本章在闡述主客互動時，「主」意指的是主方社會觀光從業人員，「客」就是指來到主方社會的觀光客。

即便如此，觀光社會學絕大多數的先行研究仍舊在主客二分的前提下進行論述，以探討「性觀光」當事者雙方的互動爲例，不少研究均認爲性觀光本身不是只有金錢及身體交易，還包括戀愛、結婚或其他人際關係的衍生。Ryan(2000: 35)分類性觀光的賣方至少存在著「自發—被榨取」或「商業—非商業」的動機，買方也可能採取「意圖—機會」(intention-opportunity spectrum)的行動；Cohen(1996)把自由的性工作者的職業稱爲開放式賣春(open-ended prostitution)，他們不屬於特定公司或團體，從事的是自由契約的個人生產活動，其研究是在強調主客之間複雜的互動關係；Philip & Dan(1998)也把重點放在男客與吧女的互動往來；Hart(1998)研究西班牙商業性交易中男客積極與吧女交涉，包括價格與服務品質、服務內容及項目，很像跳蚤市場中的買賣雙方的議價手法。又如，Pruitt & LaFont(1995)以加勒比海地區歐美女性和當地男性的性觀光爲例，認爲這是羅曼蒂克觀光(romance tourism)，強調男女主客彼此的自主性及長期關係的培養，而非一般純買賣的性觀光。還有，市野沢潤平(二〇〇三)從經營人類學(management or business administration anthropology)的觀點，在曼谷中心區進行性觀光產業哥哥吧的調查，探討吧女與外國男客的利害交鋒，他把性觀光當成「待人接客」的性服務市場，透過會話與身體接觸，是吧女和男客相互滿足彼此需求的一種活動。經營人類學重視當事者的個人意志及判斷，強調待人接客的性服務及性交涉，哥哥吧是一個創造利潤的營業場所，外國男客追求比自己國內便宜的性消費，吧女則爲收入而工作，追求經濟利益或其他價值的極大化。

從以上說明可以清楚地看到，以主客互動論的觀點探討性觀光中男女雙方行爲的先行研究已經很多，它們的共通點是：不從結構決定論、性別化的國際關係或女性主義等角度出發，特別是不以男女非對稱權力關係爲前提去批判男性中心主義或譴責性觀光的存在，也不認爲賣春者一定是可憐的、被壓迫、被榨取的對象；相反地，主客互動論重視的是，性觀光中主客當事者的個人決斷與行爲、互動的實質過程以及當事者對於互動意義的認知和詮釋。

所以接下來，筆者就以主客互動論這個脈絡進入本研究的主題：太魯閣族女性解說員的勞動身影。在此，必須強調的是，本研究的受訪者以主方社會女性觀光從業人員爲主，並無訪談到觀光客，以至於客方觀點無法在本章中反映出來，這是因爲本章旨在凸顯主方社會女性觀光從業人員——太魯閣族女性解說員自身對於解說工作如何勝任、如何認知、如何詮釋，特別是當事者的她們如何處理及如何看待主客衝突及其化解之道，換句話說，本章所提及的主客互動，僅限於從原住民女性解說員的立場所看到的景象。

四、太魯閣族女性解說員

本研究的受訪者有七名，包括兩類：太魯閣族女性解說員五名以及其他報導人兩名，說明如下（表一之一和表一之二）。筆者著手進行訪談的初始，是透過服務於太魯閣國家公園管理處（以下簡稱太管處）的報導人哲女之引介，進行太魯閣族女性解說員的訪談，能夠取得受訪者阿雅、貝比與雀喜的同意，都是經由哲女的介紹。哲女具有國立大學碩士學歷，思路清晰明確、表達能力極佳，在太管處任職十多年，待過解說教育課及企劃經理課等單位，從只面對圖書資料、遊客，到整體國家公園與原住民政策等各項業務都非常熟悉。之後，再經由滾雪球方式，找到了其他兩位受訪者蒂姐和意美，以及本研究中的唯一男性報導人本身也是太魯閣族解說員的男雄。訪談時間是二〇〇七年一月中旬，筆者來到花蓮縣秀林鄉，在五位原住民女性解說員及兩位報導人目前的工作地點以國語進行訪談，其間寄住於雀喜所經營的民宿，故訪談雀喜的時間長達八小時，其餘受訪者都在一—三小時左右。或許七名受訪者本身都（曾）是解說員的關係，故訪談過程十分順暢，每位都是侃侃而談能說善道，其中雀喜與意美的肢體語言豐富生動，可說是唱作俱佳，訪談幾乎欲罷不能。

在此，必須簡介受訪者社會屬性中的族群，到底何謂「太魯閣族」。依據原住民委員會(以下簡稱原民會)官方網站所公布的資料，日治時期人類學家把泰雅族分爲泰雅亞族和賽德克亞族，其中賽德克亞族又分爲太魯閣群(Truku)、道澤群(Teuda)和德奇塔雅群(Tkdaya)三個群，賽德克亞族原來居住在中央山脈濁水溪的上游，現今的南投縣仁愛鄉，因爲人口增加、耕地不足或爭奪獵區的因素，部分族人越過中央山脈散居在花蓮縣的立霧溪、木瓜溪流域，在秀林鄉、萬榮鄉及卓溪鄉繁衍後代，他們認同Truku、Truwan是三個族群共同的祖居地，所以自稱是「太魯閣族人」(Seejiq Truku)。滿清政府時代稱他們爲「大魯閣」，日治時代日本人稱他們爲Taroko，居住地也以Taroko稱之。國民黨政府沿用日本人的稱呼，譯音爲「太魯閣」，不論是大魯閣、Taroko或太魯閣，三個稱呼都是來自Truku(太魯閣)的發音，連太魯閣國家公園的名稱，也因太魯閣族人居住於此區域內而得名。太魯閣族與同源同種的泰雅族，因爲分居的年代久遠，生活環境不同，在風俗習慣、文化、傳說、服裝、歌謠及語言，產生極大的變異。經過各界的努力爭取，太魯閣族終於在二〇〇四年一月十四日獲得政府官方承認，成爲第十二個台灣的原住民族。目前太魯閣族居住於南投縣者，分布於仁愛鄉之松林、廬山、靜觀，居住在花蓮縣者，地區分布從北起於花蓮縣和平溪，南到紅葉及太平溪這一廣大的山麓地帶，就是現今秀林鄉、萬榮鄉及少部分的卓溪鄉立山、崙山等地，吉安鄉慶豐、南華與福興等地也有。依原民會二〇〇六年十二月的統計數據，目前太魯閣族的人口約一萬三千多人，除了擅長狩獵、編織外，目前還保有傳統的製刀匠和巫術，每年也都舉辦祖靈祭。

五位太魯閣族女性解說員的社會屬性如下：(一)族群：受訪者均有太魯閣族血統，阿雅與意美輪廓較深，原住民的可視性(visibility)較高；貝比和蒂姐的外表則感覺不太出來是原住民；雀喜爲原

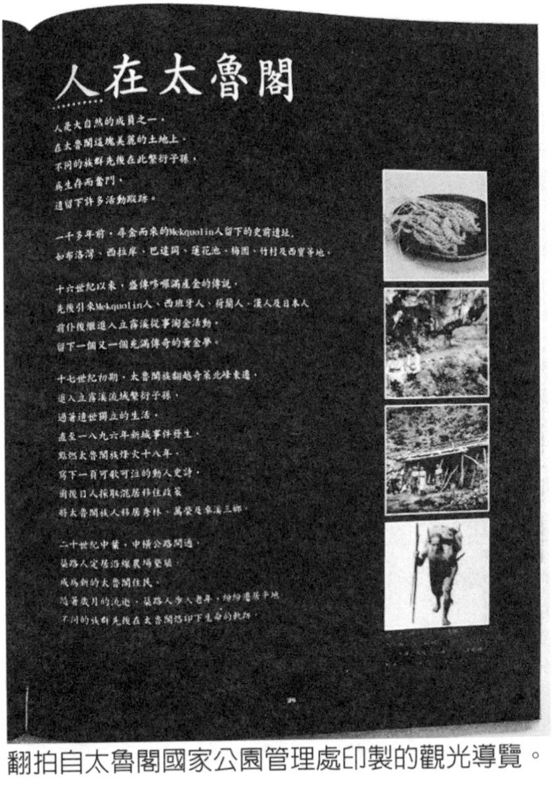

翻拍自太魯閣國家公園管理處印製的觀光導覽。

漢混血，在台北出生長大，外表和漢人無異。(二)年齡：阿雅、貝比、意美在三十歲後半，雀喜年近三十，蒂姐年近五十。(三)學歷：阿雅、蒂姐、意美的學歷都在高中或專科以上，貝比和雀喜兩位有大專學歷，雀喜大學畢業後，曾在國外待過兩年。(四)婚姻：阿雅、貝比、意美三位是已婚者，雀喜和蒂姐兩位則未婚。(五)語言能力：除雀喜不諳太魯閣語外，其餘四位都具備國語及太魯閣語的雙語能力，阿雅還通過族語認證的考試。貝比的表達以中文爲主，因很早就離開部落，國中之後在漢人社會成長，大學到台北念書，母親都以國語與其溝通，只會說太魯閣語一─二成，聽力則有到六─七成。

特別要說明的是，受訪者的「過去經歷」和「目前職務」這兩個部分，五位受訪者各依附在三種大小不同規模及性質的體系中從事解說員的工作，阿雅與貝比在公務系統的「太管處」、雀喜屬於私人「民宿」、蒂姐和意美是在接受公務系統指導或補助並保有一定自治權的「社區協會」。阿雅與貝比就在太管處的解說教育課任職，解說本來是主要任務，但後來太管處義務解說員越來越多，職場人數又減少，她們被指派必須分擔其他行政工作，目前偶爾才會帶隊解說[3]。阿雅原本在秀林鄉鄉公所工作，後來通過公務員行政科的資格考試才調到國家公園，解說員的工作是被分發而非自己選擇。貝比大學畢業後，透過鄉長介紹進入國家公園當專職解說員，後來接受內政部營建署內部的考試，從臨時人員成爲約聘雇人員。雀喜是民宿業者，也是現任秀林鄉鄉代表，爲了協助母

3 賴美麗(二〇〇四)的研究指出，太管處原住民員工包括：警察、職員、約僱保育巡查員、約僱解說員、司機、約僱收費員、委外清潔隊員、廚師、員工消費合作社雇員等，從國家公園設立開始，多數都是以臨時人員的編制進用，本研究兩位受訪者阿雅與貝比算是極少數擔任行政工作的原住民。

親經營民宿，二十六歲才回到部落，也改回原住民的姓名，父親是閩南人，母親是太魯閣族，自認爲雙方文化的優勢、習慣都很清楚，又有商業化的薰陶，而且被原住民接受才當選鄉代表。解說工作主要在自己經營的民宿內進行，但雀喜更像一名原鄉的企業經營者，已通過金融研訓院第壹期信託業務考試合格，原民會辦理「民宿產業經營管理輔導班」結業，參加過部落產業經營企劃師種子培訓班初中階，曾擔任原住民產業整合發展計畫秀林鄉原住民民宿經營管理暨原住民創業貸款之專任輔導講師。蒂姐是社區協會理事長，六年前接理事長職務後開始接觸解說員的工作，但解說非其主要任務，更多時候她必須是獨當一面的領導者，之前曾做過五屆秀林鄉鄉代表，具備二十年從政經驗，目前也經營民宿。意美過去的工作是在社區協會當專職解說員，後來轉到南區鄉政服務中心任職，偶爾還接受協會的委託做做解說，但已不是主要工作。

可以看到的是，除了雀喜是近年的返鄉者外，其餘四位受訪者至少過去十年的生活經歷和目前職務都在秀林鄉附近、都和原住民部落有關，對太魯閣族的文化發展或現況都有一定的熟稔；雖然雀喜最爲年輕，但因學歷高從政又從商，對於部落公共事務有相當程度的參與及了解，這些社會屬性或特質在她們從事原住民女性解說員的工作時，也產生了不同的影響力。

五、原住民解說員的誕生

具體闡述太魯閣族女性解說員的勞動身影之前，須說明的是，爲什麼會有「原住民解說員」的出現、他們到底是如何產生的？這得從政策理念及政策執行兩方面去追溯，簡言之，她們的誕生和政府行政體系的作爲息息相關。

在原民會、勞委會、交通部、經濟部、農委會、內政部等政府各部會關於原住民就業輔導政策及觀光政策中，都可看到國家政策對於原住民解說員培訓之重視，換句話說，原住民解說員的出現，必須放在原住民就業輔導政策及觀光政策等脈絡來看。譬如，以原民會《原住民部落永續發展計畫九十六年度重點部落計畫作業須知》爲例，其依據是《台灣健康社區六星計畫推動方案》以及《原民會原住民部落永續發展計畫》兩項，其中，部落提案計畫可選擇執行之項目的產業發展裡就提到：如何規劃部落深度旅遊接待與體驗之空間或設施、生態旅遊與觀光產業之基礎設施與設備，以及**辦理部落產業發展人才（如導覽解說員、高山嚮導等）**（粗體爲筆者強調處）之培育訓練。又如，原民會和經建會九十四年九月的《促進原住民就業方案》中也提及，配合國土復育計畫，發展原鄉產業，創造長期就業機會。建議發展溫泉、生態旅遊產業，復育原鄉特有動植物，並設置自然資源觀測員，保育高山及河川生態；維護景觀步道及原住民聖山古道，**由原住民擔任嚮導或生態導覽解說員，發展原鄉生態旅遊**。規劃建設部落溫泉、觀光景點及旅遊中心，輔導原住民經營具有原鄉特色之民宿及餐飲；設計、行銷套裝旅遊路線，增加原鄉地區觀光休閒旅遊收入。此外，觀光局研擬《二十一世紀台灣發展觀光新戰略》中亦建議，地方政府得結合民間團體**培育當地觀光解說員**，建議原民會訓練**原住民成為觀光人力資源，亦可培訓成為另類解說員**，深度探索原住民文化。

從上述政策理念中可以清楚看到，除了明訂有關原住民解說員的培訓外，其實已經提出了更大的配套措施，那就是必須打造「原住民解說員賴以爲生的資源體系」。所以接下來，筆者選擇與本研究最有直接相關，也是本研究受訪者工作場域的太管處以及由太管處輔導發展的原住民部落爲例，來做政策執行面上的說明。

目前，台灣六個國家公園中有三座所在區內有原住民保留地，分別是玉山國家公園、雪霸國家公園以及太魯閣國家公園，國家公園和原住民彼此間存在著對立關係，因爲，國家公園的成立直接衝擊原住民的生活，其資源受到限制，原住民認爲損害其生計，國家公園也意識到和原住民或在地鄉公所之間的緊張關係必須化解，所以釋出不少資源及誠意嘗試改善。其中，協助打造原住民生態之旅、讓資源挹注到社區部落、創立協會或部落工坊、做社區關懷等等，都是國家公園努力的具體作爲。近年來，有不少原住民「部落」逐漸轉型成爲「生態旅遊區」，除了部落本身具備可轉型的資源及經濟外，從旁協助其轉型的國家公園也是助力之一，由此間接推動原住民解說員的誕生。服務於公務體系太管處的報導人哲女認爲，現階段多屬於「由上而下」的政策貫徹，很少由原住民部落「由下而上」主動計畫培訓解說員，而是政府的資源預算挹注到原住民部落之後，原住民部落才開始有原住民解說員的出現，無論是義務解說員或是領有薪俸的解說員。然而，本研究唯一男性報導人、本身也是太魯閣族解說員及社區協會經理的男雄卻主張，政府資源都是錦上添花，不會從零開始就給你，要到部落已經粗具規模後才會下注經費的。無論「由上而下」或「由下而上」，不可否認的是，行政體系的資源挹注與部落生態旅遊的打造兩者之間，確實有著密切關係。

以報導人哲女所提供的「太管處九十二—九十五年原住民社區關懷及文化傳承等業務概況」這份內部資料(表二)爲依據，扣除「原住民就業」此一類項，筆者從「社區關懷與生態資源保育」、「原住民文化保存與傳承」、「環境教育及生態旅遊」等項目中找出與解說員誕生有關的主要業務。

可以發現，這份由太管處辦理的原住民社區關懷及文化傳承等業務當中，與原住民解說員誕生有關的主要部分，首推直接辦理解說員的培訓專案，依報導人哲女承辦業務的經驗，目前太管處的義務解說員大多是「銀髮族漢人」，原住民並不多，他們要上班工作、缺乏完整時間，太管處開過解說員培訓課程，原住民參與者也很少。直到二〇〇二年三月，太管處葉世文處長召開「太魯閣國家公園原住民文化發展諮詢委員會」時，參與的太魯閣族意見領袖提議，太管處可否爲原住民辦理解說員的培訓，太管處才於二〇〇三年開始針對原住民辦理解說員培訓專案。

然而，除了直接辦理原住民解說員的培訓課程外，太管處更多的業務是放在：協助社區組織的建立以及打造生態旅遊的環境，也就是上述強調的建構「原住民解說員賴以爲生的資源體系」，包括人力、物力、財力，譬如，協助社區總體營造、協助社區辦理文化傳承活動、提升社區保育觀念及發展生態旅遊、工坊培力合作計畫等方面。接下來，就以受訪者的太魯閣族女性解說員蒂姐所在的三棧社區爲例來做說明。

花蓮縣秀林鄉三棧社區發展協會成立於一九九四年元月，當地原住民部落舊稱爲布拉旦，九〇%以上爲太魯閣族住民，部分居民自二〇〇三年起自發性籌組護溪巡守隊，社區發展協會自二〇〇四年三月起，爭取勞委會職業訓練局北基宜花金馬區就業服務中心多元就業方案人力執行「三棧溪自然生態保育區計畫」，開始進行封溪護魚及三棧溪流域之清潔維護工作迄今，溪流生態已恢復生機，並獲得花蓮縣政府單點特色優良社區獎項。由於有優秀的保育成果，理事長乃積極向太管處爭取遊憩基礎建設資源，陸續完成各項生態遊憩基礎設施，如生態步道、戶外展演場、生態旅遊中心、觀景台、文史解說室等等，並由鄉公所及縣政府支援解說、安全、風味餐、手工藝等人才訓練。

那麼，太管處如何給予三棧社區發展協會具體協助或支援呢？在上述「太管處九十二—九十五年原住民社區關懷及文化傳承等業務概況」中，有關「社區關懷與生態資源保育」業務的項目裡，太管處曾協助三棧完成業務如下：三棧社區生態旅整體規劃，完成三棧布拉旦生態旅客旅遊中心啓用典禮，委託三棧社區發展協會辦理三棧溪流域自然資源維護與管理計畫，製作布拉旦生態旅遊解說摺頁，推動三棧溪流生態保育及解說服務，預計將三棧派出所現有空間加以改善，重新整建聯合服務中心，作爲本處南向入口資訊取得及服務場所，製作三棧摺頁。之後，三棧社區終於在二〇〇六年三月二十日正式啓用爲「布拉旦生態旅遊中心」，將肩負起實質的生態維護責任，太管處期盼在當地部落的管理利用下，中心也能成爲環境教育的一環，配合發揮國家公園的生態教育功能。雖然，布拉旦社區並不在太魯閣國家公園的範圍內，但協助周邊社區發展是太管處的工作，因爲國家公園推動環境教育沒有內外之分，而社區參與自然保育，與太管處協助社區發展及推動生態旅遊，是國家公園與原住民共存共榮的合作模式。

以上從政策理念及政策執行兩方面去闡述「原住民解說員」誕生的背景，從政策理念中清楚看到，除了明訂有關原住民解說員的培訓外，還必須打造「原住民解說員賴以爲生的資源體系」，在政策執行方面，透過太管處及太管處輔導發展的三棧社區爲例，說明了行政體系的資源挹注與部落生態旅遊的建造兩者之間密不可分的關係。

六、勞動條件：成為原住民女性解說員

本章從太管處、民宿、社區協會三種正式與非正式、規模大小不等的工作場域切入，以五位太魯閣族女性解說員當事者的立場出發，試圖了解她們對解說這份工作如何勝任、如何認知及如何詮釋，並從勞動條件、勞動現場、勞動成果三個面向呈現訪談資料，包括：(一)她們如何培養自己的勞動條件，讓自己「變成」原住民女性解說員；(二)她們在勞動現場和遊客互動的過程中，如何處理族群／性別／階級之衝突及其克服之道；(三)她們對勞動成果的實際體會。

首先，這五位受訪者到底是如何成爲原住民女性解說員的呢？當一名解說員的必備條件很多，依照各種解說員或導覽員的入門書以及《太魯閣國家公園解說員手冊》對於解說員特質之定義，並考量本研究的訪談對象爲「原住民」「女性」「解說員」，筆者從專業知識、情緒管理、體力負荷、外貌形象四個面向捕捉她們的特質，也就是說，在重視主客互動的觀光職場中，嘗試了解受訪者如何讓自己變成解說員，她們主觀上如何認定自我具備或不具體這些勞動條件，以及爲了達成這些目標條件，她們做了哪些努力。

(一)專業知識：五位受訪者都參與過解說員培訓進修的課程，阿雅認爲解說員被要求的專業知識很廣，動植物、鳥類、石頭都要知道，但她只對人文比較有興趣；貝比也說專業知識領域太廣，地質、動植物、生態、人文的名字以及它們是如何形成的都要學，簡直是包山包海，她比較沒把握的是植物，地質比較固定反而好記。太管處本身就提供許多在職訓練，包括解說員訓練以及其他相

關課程，人事室、解說課等不同課室都定期辦活動，英文和國際禮儀也都要學，外交部禮賓司人員也過來授課。以太管處「二〇〇七年原住民解說員訓練」課程內容爲例，除了環境解說、環境教育、生態旅遊、自然生態等基本概念的課程外，也包含野外急救、緊急救難、渡溪、部落歷史記錄、部落動植物、地圖判讀及解說技巧等實務課程，課程爲了符合各社區不同的需求，還會依社區的環境特性，分組在各社區野外上課。授課師資除了太管處具專業及豐富實務經驗的工作人員之外，還包括植物專家、完成加拿大登山學校完整登山課程訓練的原住民社區文化工作者、取得美國WMA(Wilderness Medical Associates)野外急救教練資格的人員等。阿雅與貝比除了太管處本身辦的解說員培訓課程外，還參加其他單位的培訓活動；雀喜參加過文建會、太管處、水保局、和平潛水[4]等團體辦的培訓；蒂姐也參加各地的解說員培訓，包括太管處、鄉公所、紅十字會、水上協會、農業局、和平潛水；意美則說解說員培訓課程她上過很多，植物、生態、人文都要學，自己是靠山吃山，取之於山用之於山，沼澤地(馬太鞍)、文史與地質(太管處)、全花蓮的景點都要知道。

除了參與培訓課程，還有其他管道來增進專業知識。貝比對太魯閣族的人文知識很有把握，因爲她會主動詢問父母、當地耆老、牧師、校長或族人中德高望重者；意美的知識來源是閱讀書籍，透過口述採集田調資料來了解自己的族群，譬如《走過彩虹(Muda Hakaw Utux)：太魯閣族人的心靈圖騰》(李季順，二〇〇三)這本由太魯閣族文化工作坊出版的專書。除此之外，意美還強調當解說

4　「和平潛水」爲東部地區專業且規模極大的休閒潛水訓練中心，致力提倡各類水下及水上休閒運動，包含潛水、溯溪、獨木舟等。

員要懂得「閉嘴」，透過遊客的專業知識來累積也是有效的方法：

我盡可能擺低姿態，讓遊客有被尊重的感受，而且要適時聽遊客說、讓遊客說，這樣一來我可以聽到、可以休息，也可以累積知識，一舉三得，遊客彼此之間也會更融洽氣氛更好。工程師團來還幫我講，這裡的水利工程什麼水輪機、發電機、水動能產生的啦，都比我還懂還詳細，他幫我講比較快，我自己看書太慢了。（意美）

（二）情緒管理：解說工作可說是一種典型的情緒勞動（emotional labor），這個概念由Arlie R. Hochschild（1983）在《情緒管理的探索》一書中提出，她指出相對於以身體作爲一個生產工具的勞動，情緒勞動專指對情感的控制，以便製造一個大家可以看到的臉部及身體表情，它是可以出售販賣而取得工資的，而且它擁有交換價值。解說員的工作既是服務業，除了接受電話或網路的客訴，大多是必須直接面對人，可以看到彼此的臉部及身體表情，解說員經常有機會碰到不滿挑釁的遊客，必須謹慎以對，但她們的情緒也有高低起伏，情緒管理自然各有千秋。

阿雅的解說不只局限在國家公園內，還包括帶遊客到部落社區參觀，或是帶社區老人來國家公園參訪，自認爲脾氣不太好，面對遊客的電話抱怨只能努力安撫。貝比也常接到遊客電話的詢問或質疑，必須學會安撫別人的情緒，用自己的能力及誠意去解決他們的問題，她強調有時候「因爲你認錯了」，事情也解決了。貝比原本的個性是拘謹又怕生的，對於磁場不對的遊客，如不配合集合時間者，她也不會熱忱以待，譬如，國家公園內不能攀折花草樹木，揀石頭都要罰錢，但很多人制止還是不聽，面對這種情況貝比的反應是找他們的導遊或對口單位(團體內部的什麼長或負責人)，她認爲情緒管理很重要，要爭取的是主客「雙贏」且能「自保」，適時地軟化彼此，如果危險地方遊客還是執意要去的話，那只好請導遊自行負責了。意美自認爲情緒管理比較冷靜，她的經驗與採取的態度是，有工程師團故意問電力發電的事，她很感謝台大地理系教授不當場拆穿其解說能力之不足，卻私底下偷偷告訴她可以再多加強些什麼知識，也曾碰到本身是解說員的遊客，同行相忌，更必須冷靜以對。她認爲遊客本身會給解說員出題目，他們是來考試的，必須把它當成學習，如果是來踢館的也沒轍，因爲他是遊客。

(三)體力負荷：本研究的五位受訪者各依附在三種不同規模及性質的體系中從事解說員的工作，分別是太管處、民宿和社區協會，雀喜所在的民宿範圍小占地只有一千五百坪，活動空間就是民宿，體力透支還好，她認爲主要靠的是一張嘴，其餘的四位幾乎都是在山林、步道、溪谷交錯的戶外場所進行解說，體力負荷成爲解說員的要件之一。阿雅說自己是原住民裡面體力最差的，工作負荷大，走平地還好，走階梯或山路就容易感覺疲累；意美有救生教練的證照，游泳、溯溪都不是問題，自認爲體力不錯，爬六十度或四十五度斜坡的山區也都能勝任；貝比認爲解說員的體力包括聲音和身體兩種：

> 因爲我是原住民啊，我的體力不錯，我很自豪喔，曾經一天走二—三條步道！車上先做解說，車上是封閉的空間，一定要聽我講，但下車後走步道，就讓遊客他們各自心領神會，喜歡問問題的人，自然會圍繞在我旁邊。我發現一天行程下來，遊客大多只能撐個早上，

下午就不行了，所以也不用講太多話，有時我也會故意操遊客喔！我是寓工作於娛樂。（貝比）

（四）外貌形象：五位受訪者一致認爲解說工作是服務業，除了須具備專業知識、口齒清晰及解說技巧外，臉部表情及適當的肢體動作也很重要，特別是「笑容」的展現自不在話下。貝比說自己剛開始做解說員時很害羞，強調和遊客互動要賓主盡歡，只要看遊客面無表情或看著車窗外，就趕快修正表達方式，解說員算是服務業，所以笑容很重要，要敞開心房而非自築高牆。蒂姐則自信滿滿地說，笑容親切自然就很美，原住民的熱情活力就是最好的一種表達；意美則謙虛地說自己閩南語不太輪轉，但笑容是很多的！

解說員的工作既是面對遊客的服務業，那麼，外貌形象也是主要賣點，不過除了意美之外，其他受訪者都不刻意強調自己是「外貌協會」的一員。以公務系統的太管處爲例，規定必須穿制服、戴識別證進行解說，阿雅說這樣才會給人專業權威的感覺，她從不化妝、連口紅都不塗，說擦香水在野外會被蜜蜂叮。貝比也只穿制服，強調這是一定要的，代表機關形象及整齊專業，在大自然中工作不必化妝，也沒塗口紅，擦防曬油就行了，化妝的話就不知該怎麼講話了。意美所強調的外貌形象，除了一般想像的美麗臉孔及甜美笑容外，爲了製造逼眞親切的效果，讓遊客感覺身臨其境，她還細心地將太魯閣族服飾、髮飾、配件穿戴在身，甚至打赤腳走路，以眞實展演族群文化爲己任。

> 口紅是一定要的，要笑容滿面，嘴巴和眼神最重要，眼神要看著對方，這是基本尊重，告訴對方你是我最要好的朋友。協會沒有制服，我自己會穿上太魯閣族的傳統背心、畫紋面、戴髮飾，全副武裝上陣。做解說員時，偶爾我也會打赤腳，讓他們感覺這是我最眞實的一面，遊客也跟著做。很多人找我拍照，我都會穿太魯閣族的背心，順便介紹織布文化，或戴些髮飾、腰帶什麼的，把所有東西都穿在身上，遊客問我就會講，很自然地就把太魯閣族文化給介紹出去了。（意美）

以上從「專業知識、情緒管理、體力負荷、外貌形象」等四個面向，捕捉了太魯閣族女性解說員的特質，由此看來，在重視主客互動的觀光職場中，受訪者確實透過一定的努力讓自己「變成」解說員，她們主觀上認定自我具備或不具備哪些勞動條件，爲了達成解說職務的特定目標付出不少心力。整體而言，五位受訪者在(一)專業知識的取得方面，會參與解說員培訓進修課程，詢問父母或德高望重的族人，閱讀書籍資料，藉由遊客的專業知識來自我累積。(二)情緒管理雖因人而異，但多數人是以能力及誠意化解和遊客的衝突，方法多管齊下包括：安撫、認錯、要求雙贏且能自保的策略、適時軟化彼此、冷靜以對、把踢館當成學習。(三)體力負荷更是千差萬別，解說員需要運用聲音和身體兩種氣力，有的人積極取得證照，有的人以寓工作於娛樂的心態去面對。(四)外貌形象爲服務業重視的部分，她們都認定解說工作本身就是服務業，透過臉部表情及適當的肢體動作、展現親切笑容、穿制服戴識別證提升權威感、合宜的化妝與眼神、彰顯族群特性等方式達到賓主盡歡。

在此我們看到的是，原住民女性解說員爲了扮演好「解說員」這個角色，將「原住民」、「女性」的諸多特質也放入其中，希望與解說工作互相烘托、相得益彰。但不可否認的，無論受訪者彰顯與否，族群特質(原住民)與性別特質(女性)的存在本身，在解說現場難免引發主客互動時的緊張、衝突或尷尬，換言之，勞動現場名副其實成爲族群、性別、階級各種權力關係較勁消長的空間。緊接著，就從主客互動的脈絡繼續追蹤下去。

七、勞動現場：主客衝突與化解

如前所述，觀光活動中的性別權力關係如何呈現、如何轉換與如何對抗，正是「性別與觀光」研究的主要課題，因此，主方社會觀光從業人員的職場特質與職務行使，遂成爲研究觀察的最佳目標。Sinclair(1997a、1997b)、周慧玲(二〇〇二)、周華山(二〇〇一)均強調，觀光帶給主方社會的影響不是單一的破壞或建設，權力關係無所不在，主客之間也確實存在了不平等的權力關係，但主客互動是雙向的、連續的，主方社會的人們(包括觀光從業人員)絕非只是被宰制、被支配的一群，他們自有求生應對之道。解說工作既是一種高度的情緒勞動，原住民女性解說員的勞動現場通常就是主客互動的現場，無論透過電話、網路或面對面的接觸，互動引發的衝突在所難免，筆者將這些衝突分爲族群、性別、階級三個面向，也找出她們化解這些衝突的具體方法[5]。人的世界森羅萬象

5 主客衝突的原因有很多，像主辦者和參與者原始目的有落差而形成衝突(蕭文君，二〇〇七)，但本章強調的

詭譎多變，無庸置疑的，性別關係中通常也伴隨著族群關係與階級關係，族群、性別、階級等因素本是互相糾結、彼此纏繞，實在很難做明確的切割，在此，區分的目的是爲了凸顯也爲了說明三種因素在個別情境中如何呈現、如何作用，特別是本研究的對象爲觀光業原住民女性解說員的勞動身影，所以環繞在她們身上的族群、性別、階級等元素及其表徵方式更値得探究。

（一）族群衝突之對應：首先，來看的是原住民解說員與漢人遊客之間的衝突與解決之道，五位受訪者都是太魯閣族人，其中阿雅與意美輪廓較深，原住民的可視性較高；貝比和蒂姐的外表則感覺不太出來是原住民；雀喜爲原漢混血，在台北出生長大，外表和漢人無異。原住民特徵的有無都會影響她們做解說工作時，漢人遊客對於「原住民」、對於「解說員」的不同想像和期待，而這些來自漢人的想像和期待有時是原漢族群衝突的節點，但基於觀光業解說員的身分，她們會有不同回應：消極無奈、非正面的、幽默的。輪廓深邃、膚色較暗的阿雅回憶剛當上解說員還是菜鳥時的不愉快事情：

> 有位漢人男性遊客，很像是退休的高階主管對我說，「ㄟ，你們原住民的特考只要會寫名字就能上啦！」這話眞的很傷人，當時我沒回應，只是笑一笑有點儿錯愕，其實當下也不知如何反應，眞的太菜了。（阿雅）

（續）

是，主方社會觀光從業人員的個人特質（族群、性別、階級）引發主客互動關係的緊張。

意美的皮膚白皙粉嫩，輪廓深邃表情動人，也曾碰到漢人遊客叫原住民「番仔」，她就巧妙地回答說：「我們是番仔，對啊！木頭、石頭、番仔頭，你不是一次三種都看到了嗎！而且都很美，不虛此行耶。」她認爲原住民和漢人要和平共處，用笑臉、幽默化解衝突尷尬，絕對不能一張臭臉，不能激怒客人或想和客人對抗。有時面對漢人遊客的故意挑釁，在解說時她會刻意強調這裡就是她生長的地方，是她小時候被台灣獼猴打的所在，盡量製造臨場感，配合生活的點點滴滴，再加上淒美的愛情故事，轉移雙方不愉快或尷尬的場面，吸引遊客到他們想聽想了解的話題。

貝比的外表長得不很像原住民，但也不會刻意凸顯或隱瞞，當有遊客主動問她是不是原住民時，才會做進一步說明，也曾碰到漢人遊客露骨地表達對原住民的歧視與誤解，有中年男子問說：「妳們原住民都會殺人頭、喝酒喔！」所以，她很強調解說工作一定要有教育說明的意涵。同樣地，雀喜的外表也和一般漢人無異、也沒什麼原住民口音、自己也不刻意強調，所以絕大多數遊客不會知道她的族群特質，但即便如此，仍然碰到不少漢人遊客大放厥詞地說：「我們大江南北都去過了，這次來『番仔』的所在看看。」雀喜的回應是無奈中自有求生之道，她認爲做民宿是服務業，靠的是一張笑臉，她其實是披著原住民外衣的漢人，要裝可憐，利用遊客對原住民的成見，推銷原住民文化才是她的目的。

由此觀之，無論原住民外相特徵的有無強弱，都會影響原住民女性解說員在做解說工作時，漢人遊客對於「原住民」、對於「解說員」的負面想像，以及她們針對這些負面想像的不同回應。然而，漢人對原住民的鄙視與誤解，除了上述粗暴露骨的語言表達外，還發生在對原住民生態旅遊環境的破壞上。蒂姐的經驗是遊客對社區生態環境的漠視，特別是被某些開休旅車的漢人散客踐踏，她無奈地表示，生態旅遊是部落產業，公部門雖有介入但他們也有社區自治，若犧牲原住民權益，也不會歡迎這種遊客，但沒了觀光產業，在地就業機會隨之減少，確實是一種兩難矛盾。

漢人遊客說你拿什麼法律禁止我釣魚？我們這裡是護溪保育的地方耶，還敢帶釣竿來捕魚，不聽我們正面柔性的勸告，曾發生過肢體衝突，後來叫警察來才肯收竿。協會目前只有生態旅遊規約而已，縣政府法制室也無從管起，面對反客爲主、遊客人權與在地人權衝突時，坦白說，我也常常無所適從！（蒂姐）

原漢的族群衝突外，遊客中當然也有原住民，只是人數不多，那麼，原住民女性解說員與原住民遊客之間會有什麼齟齬呢？比較明顯的是出現在任職於太管處的阿雅，她說她現在是太管處的人了，但社區原住民的遊客又會認爲她是自己人、是社區的人，爲什麼在自己的土地上不能打獵，這是祖先的土地。她認爲有些原住民保育觀念欠缺，濫殺濫捕動物，應配合國家公園及林務局的法令才對，其回應方式是裝傻笑一笑，否則會越描越黑喔，那是政策問題，不是一個解說員可以解決的。除了阿雅因公務系統賦予的職責導致和原住民遊客意見衝突外，其他四位原住民女性解說員和原住民遊客的互動經驗都尚稱良好。貝比和原住民遊客之間沒有過什麼衝突，頂多被問到她是怎麼進國家公園的、薪水多少。雀喜的民宿中也有其他外地來的原住民遊客，不是自己部落的太魯閣族，布農、排灣、阿美、泰雅都有，人數不多，但相互的同理心高，頂多彼此聊聊哪一族的小米糕比較好吃，原住民們吵一吵就生氣起來，但很快又和好，吵架很像小孩子的嬉鬧，今天你來我家，下次我去你家，回去時還送他們禮物。意美的帶隊經驗中和原住民之間的衝突比較少，她認為或許彼此了解、惺惺相惜，有的是同為解說員的遊客，解說心得的分享交換，切磋部分反而比較多，她也會讚美阿美族的歌聲，布農族的打耳祭，類似太魯閣族的豐年祭、祖靈祭或成年禮。

(二)性別衝突之回應：解說工作是服務業，原住民女性解說員也得應付男遊客在性別和性方面的暗示及挑逗，她們各以不同方式一一擊破。阿雅碰到大陸男客對她說：「妳很漂亮，我要帶妳回去喔！」這種是無傷大雅的玩笑，她會無厘頭的回應，因為根本無須回應，完全忽視他們的存在；貝比說帶隊解說難免遇到吃豆腐的事，她都一概不予理會；經營民宿的雀喜外型壯碩高大、身材極為豐滿圓胖、手上不時叼根菸，她的經驗是言語上的性騷擾在所難免：

> 中年男客會想叫小姐，問我晚上有沒有陪睡？有沒有夜遊？有的還直接說妳的奶眞大耶！結婚沒？或是對我女性特質的存疑，攜家帶眷來的沙豬男性大有人在，還公然開黃腔，但我都會用專業蓋過他們的騷擾！(雀喜)

意美的對應比較婉轉而幽默，有男遊客問她晚上有沒有空、要不要去唱歌跳舞、手機號碼幾號？她當然只給協會的電話，然後回說她們這邊比較落後不發達，沒有手機！只要下次再來，就有一票超會唱歌跳舞的女孩，再多帶些朋友進來，我就介紹給你認識。

(三)階級衝突之化解：在來來往往的遊客中，不少是社經地位較高的人士或團體，像是教授、暴發戶、土財主、官員、立委，也有來自海外的歐美日本觀光客，近年來更不斷湧入大陸觀光團。

太魯閣國家公園是台灣代表性的景點，常被列為指定參訪之地，然而阿雅說大陸人的穿著、講話、習俗讓她「眼界大開」，也曾碰過立委團很跩的；貝比的經驗是遇過獅子會或立委助理團的人習慣很差，西方和日本遊客的水準都不錯很有禮貌，大陸遊客則很愛抽菸；來到雀喜民宿的外國遊客有很多種，有大陸團也有在台外商公司的人員；蒂姐強調她們社區是深度旅遊，不是進香團，團體過來的人程度都還不錯，大陸去年有教授過來，是政府帶來的，或是外交部、新聞局帶西方人士進來。

在原住民女性解說員的帶隊經驗中，和這些所謂上層階級遊客之間也存在不同的緊張互動，許多互動或許不是什麼劍拔弩張的衝突，但仍考驗著解說員的臨場應對及化解能力。阿雅曾帶大陸團到天祥晶華酒店，暴發戶型的陸客卻專買石頭，而且會「小看」台灣風景，她會回應我們台灣是小而美！貝比的經驗是不管原住民或漢人的立委都喜歡頤指氣使，那時她就充當一下小婢女添飯倒茶，反而不太需要向他們解說什麼了，也算是片刻休息吧。意美說她最喜歡帶到董哥董娘的觀光團，就是要想辦法讓暴發戶掏錢，要捧高他們，他們掏錢最大方，又能呼朋引伴，這邊少不了他們，她說自己靠解說員的工作，幫部落婦女賣掉手工織布桌巾作品，也讓暴發戶錢掏得心服口服！雀喜認為她和女遊客之間的衝突多出在價錢上[6]：

6　有的研究(Berno and Joney, 2001)會強調，來自先進國家女性觀光客「獨立自主或大膽性感」的行徑，多少會對照或刺激到主方社會(通常指發展中國家)女性的「保守封閉」，主客互動這件事本身，也是主方社會女性自我開放、自我檢視的一個管道。但筆者認為，此種論調多少帶有「主方社會落後—客方社會先進」強烈的二分法思維，可說是東方主義、觀光新殖民主義以及父權制的具體結盟。

她們就是喜歡殺價，覺得我們民宿太貴，我們多做多服務的部分，還被認爲是理所當然。曾有一對夫妻來投宿，太太是外交官夫人，一進來民宿劈頭就說，這是什麼鳥地方啊！……男遊客如果覺得這裡不好，頂多閉嘴，走到旁邊抽根悶菸，不會馬上說出來。對付她們的方法就是用曖昧方式來妥協，譬如以茶送客，有人嫌我們這裡沒有浴缸，我就講善意的謊言，故意在她面前打電話，假裝馬上要訂一個浴缸送過來。（雀喜）

由此觀之，受訪者的太魯閣族女性解說員面對族群、性別、階級的衝突場面可說是千奇百怪，她們的解決之道也是各顯神通、剛柔並濟，但「以客爲尊」似乎還是不變的基本原則，因爲，她們認知到解說員的工作就是服務業。（一）族群衝突之對應：無論原住民外相特徵的有無強弱，都會影響原住民女性解說員在做解說工作時，漢人遊客對於「原住民」、對於「解說員」兩種身分的不同想像與期待，特別是漢人對原住民的歧視誤解仍舊根深柢固，她們的回應多是消極無奈、非正面的或幽默的，甚至將這種成見當成原住民文化的賣點，只有被嚴重破壞踐踏時才會請警察出面。解說員與原住民遊客之間的對立較少，除了因公務系統賦予的職責導致和原住民遊客意見衝突外，雙方同理心高，惺惺相惜者爲多。（二）性別衝突之回應：面對來自男遊客無傷大雅的玩笑、吃豆腐、言語上的性騷擾，受訪者會以無厘頭的回應、完全忽視、用專業蓋過、婉轉而幽默等手段去應付。（三）階級衝突之化解：社經地位較高的遊客中有些是很跩的、習慣差、愛抽菸、小看台灣、喜歡頤指氣使的人，受訪者的臨場應對則回說台灣小而美、充當小婢女添飯倒茶順便休息、想辦法讓暴發戶掏錢，面對女遊客的挑剔，則用曖昧取得妥協、講善意的謊言沖淡彼此尷尬，可說是以退爲進、以柔克剛的多管齊下。

從受訪者的敘述裡了解到的是，主客互動中原漢的族群衝突比較露骨，這是台灣漢人社會長期以來對原住民鄙視的一個縮影，在解說這樣的觀光場域中，原漢不平等的權力關係依然如實地被反映出來；至於性別衝突與階級衝突似乎所在多有，不少觀光業的勞動現場如旅館餐廳也會看到，無分原漢（林玥秀、蕭靜芬，二〇〇七）。解說工作是服務業，女性從業人員多少都被要求或期待忍氣吞聲，維持表面和諧，但重要的是，本研究的五位受訪者在「以客爲尊」的前提下看似屈於劣勢，卻透過不同方式取得相對或部分的主控權與自主性，確實有扭轉或改變勞動現場權力關係的能耐，不容小覷。

八、勞動成果：主客互動的收穫

所謂的勞動成果，一般最具體的是反映在薪資收入上，五位太魯閣族女性解說員各依附在太管處、民宿、社區協會等大小不同規模及性質的體系中，解說工作並非全職主要的任務，要求她們說明因解說工作帶來多少薪資收入有其困難。阿雅與貝比所在的太管處是公務系統，她們的薪資是比照年資職等做調整，雀喜是民宿經營者，很多利潤取決於遊客的人數多寡及居留天數，蒂姐是協會理事長，是以協會發展的整體經濟收益爲主要考量，只有意美目前是以鐘點費的方式領取解說員費用。所以在此的勞動成果，不是指可量化的薪資收入，而是指解說工作帶給解說員心理上的滿足與收穫，關於此點，可從荒野保護協會資深解說員生命經驗的紀錄（趙韻婷，二〇〇四）或是各國家公園義務解說員網站的心情告白中，窺知一二。那麼，本研究受訪者的原住民女性解說員又如何呢？她們的工作大多是面對面直接與遊客互動，除了族群、性別、階級各種尷尬衝突之解決外，主客互動中也帶來許多正面、愉悅的美好經驗。肯定主客互動的論者Momsen(2002)就認爲，女性在觀光業中工作所帶來的歡愉、滿足、自我增強等層面不可忽視，包括增廣見聞、接觸外國人和異文化、拿小費禮物、穿漂亮制服或民族服裝等。

阿雅有收過遊客給的紀念品，但不能收錢，遊客要求拍照都會盡量配合，和遊客互動良好就是她最大的成就感。意美也說她最大的成就感是解說過程中聽到客人的「笑聲」，她最喜歡這種感覺了，遊客會送自己的隨身物，或是在其他地方買到的土產、小東西，也曾收過大官院長給的小費，是快上車前叫助理偷偷塞到她的背心。貝比則強調幫遊客解決需求或問題，就是最大的成就感：

> 介紹太魯閣或花蓮哪裡好吃好玩，遊客以笑臉回應時我就很開心……。有對韓國夫婦要介紹兒子給我當朋友，海軍總部退休將領也給過紅包，但我比較喜歡收到遊客回去後還寄給我明信片，寫些感言、謝謝我那天帶隊，我就覺得很高興。還有，舊地重遊者指名要我帶隊，可以接觸各式各樣的人，這些都會令我開心呢。（貝比）

除了個人層面的成就感與滿足感，外來遊客能認同原住民女性解說員的部落或社區時，也讓意美很有成就感：

有公部門的人來參觀，特地找我做解說，他們很認同這裡，後來就特別撥經費下來了……。當初剛開放這裡時，我帶過全車的媒體記者，什麼《壹周刊》、《蘋果日報》、各大報的旅遊版，還有旅遊雜誌介紹美食的，他們問得很細，記者嘛，會決定這裡到底值不值得寫、值不值得登，他們多報導我們這裡，我就很有成就感。（意美）

克服了主客之間的衝突，也獲得了主客互動所帶來的成就感與滿足感，連帶地，這些勞動成果也影響到原住民女性解說員對於自我，以及對於太魯閣族文化的重新認知。如前所述，觀光帶給主方社會的影響絕不是單一的破壞或建設，主方社會的人們對於觀光活動也有不同程度的迎拒和認知，五位受訪者的原住民女性解說員異口同聲地說，解說工作帶給她們自身許多具體的改變，先從個人層面去看，她們一致肯定個性變得更為圓融、開放。

阿雅談到接觸解說工作純粹是太管處指派的，接觸人或人群多的假日還是讓她覺得很煩、壓力很大，有時還會害怕人潮，自認脾氣本來不太好、牡羊座容易爆怒，但解說工作讓她ＥＱ控制變高了，還有也讓她的口才變好了，至少跟十年前比起來。同樣地，貝比也肯定當解說員後個性上的變化，原來她的個性是比較封閉的，與人接觸是最大的突破，應對進退、眼界大開看到各式各樣的人，也讓她自我反省，朋友變多了學習如何待人坦誠。笑容可掬的意美做解說員後的自我突破是，人與人之間的互動增多摩擦反而變少了，跟任何人在一起都ＯＫ，不管其身分地位為何，也比較看淡人世沒啥好計較的，和家人關係也有改善有很大的成長。意美喜歡別人對她說看到妳今天心情就很開心，人生更多彩多姿，也變得正向樂觀，更會控制情緒ＥＱ變高了不再鑽牛角尖，也不會感到寂寞了。蒂姐因從政多年，個性原本就比較海派大方，她強調自我改變的部分與其他受訪者稍有不同：

> 接協會理事長碰觸到解說工作後，變得更想多自我充實自我成長，我覺得自己書讀太少了，英文也不好。最開心的是交朋友，看他們開心地回去，互動中自我成長，東華、慈濟、台大的教授都有帶學生過來，給我很多指點收穫很多，他們教我「不要漢化」！我曾經當過五屆鄉代表做了二十年，那是喝酒打牌開會的日子，很不規律身體也搞壞，只想著利益結盟。當了協會理事長後，跳出政治的爾虞我詐，生活上心靈上每天呼吸新鮮的空氣，多讀書踏實許多，ＥＱ和ＩＱ都有提高更能發揮，算是我四十歲以後的事業第二春，返璞歸眞與大自然爲伍。（蒂姐）

除了個人層面外，透過對於太魯閣族文化的解說、展演及傳遞，也重新加深原住民女性解說員對於太魯閣族文化的認同，雀喜就強調當解說員後的具體改變之一是，對自己文化及部落更有自信及認可，意美也說當了解說員後更了解太魯閣族文化，對太魯閣族重新認識：

> 我們是有自尊的，山難救援必須多仰賴原住民，林務局的調查也需要原住民山青的引導，要依賴我們才能順利平安，這是我們太魯閣族對台灣社會的貢獻。……解說的目的不只是告訴，而是在傳達，很誠心地把太魯閣族文化傳播出去，遊客會再一而十、十而百地傳達

出去。我會回送些伴手禮像零錢包、小包包給遊客，有我的心意、我的時間、我的文化在裡面，希望他們珍惜這個文化，而不只是這個禮物而已，回去後能傳播太魯閣族文化，把太魯閣族文化帶出去。（意美）

縱觀上述原住民女性解說員對於勞動成果的滿足與收穫之敘述，可以清楚感受到，解說工作成就感的來源很多，主要是能接觸各式各樣的人、眼界大開，和遊客的互動中會產生不同的回饋，像拿到遊客餽贈的禮物小費、被遊客要求一起拍照、收到遊客笑臉笑聲的回應、幫遊客解決疑難雜症、讓遊客認同自己的母文化。這種主客互動的工作性質及其衍生的勞動成果，連帶地，也影響到原住民女性解說員對於自我、對於太魯閣族文化的重新認知，簡言之，個人變得更爲圓融開放、EQ控制變高、變得想多自我充實，對自己文化及部落也更有自信及認同。

九、結語

本章以太魯閣族女性解說員爲例，處理了特定觀光業中原住民女性的勞動身影，嘗試跳出性別化的國際關係或政治經濟學等巨視觀點，擺脫結構決定論的窠臼，藉由觀光業中的勞力分工這個脈絡，掌握影響觀光業中女性勞動身影的因素，包括個人資質條件、工作場所屬性、勞動特質等，透過她們對於主客互動的詮釋，還原原住民女性解說員的勞動實況，從太管處、民宿、社區協會三種正式與非正式、規模大小不同的工作場域切入，以五位太魯閣族女性解說員當事者的立場出發，在重視主客互動的觀光職場中，了解她們對解說這份工作如何勝任、如何認知、如何詮釋。研究發現：

她們努力培養勞動條件，從專業知識、情緒管理、體力負荷、外貌形象四個面向著手，讓自己「變成」原住民女性解說員。

她們在勞動現場和遊客互動的過程中，巧妙地處理族群／性別／階級的衝突，在「以客爲尊」的基本原則下，其解決之道也是各顯神通、剛柔並濟。

她們從主客互動的解說工作中獲得很多成果與收穫，連帶地，也影響到原住民女性解說員對於自我、對於太魯閣族文化的重新認知。

最後，必須和理論部分再做對照，以凸顯本研究的意義。本章以主客互動論的角度，還原「原住民」「女性」「解說員」的勞動實況，太魯閣族女性解說員的現身說法，提供了我們對於主客互動的眞實認識，也肯定了主客互動帶給主方社會女性觀光從業人員的影響，確實不容小覷，這也吻合了筆者從實際生活經驗出發，期望在研究者與研究對象彼此強化、互相增能的動機下進行此次調查的初衷。

表一之一　太魯閣族女性解說員的社會屬性

受訪者	族群	年齡	學歷	婚姻	語言能力	過去經歷	目前職務
阿雅	太魯閣族	36	二技	已婚	國語、太魯閣語	鄉公所職員	太管處職員
貝比	太魯閣族	37	大專	已婚	國語爲主	太管處職員	太管處職員
雀喜	母太魯閣族 父漢族閩南	29	大專	未婚	國語	無	民宿業者 鄉代表
蒂姐	太魯閣族	48	高中	未婚	國語、太魯閣語	鄉代表	社區協會理事長、民宿業者
意美	太魯閣族	37	二專	已婚	國語、太魯閣語	社區協會解說員	鄉公所辦事員

表一之二　其他報導人的社會屬性

受訪者	族群	性別	年齡	學歷	語言能力	目前職務
哲女	漢族	女	40左右	碩士	國語	太管處職員
男雄	太魯閣族	男	51	大學	國語、太魯閣語	社區協會經理、解說員

表二　太管處92-95年原住民社區關懷及文化傳承等業務概況

業務名稱	業務內容
原住民就業	(一)提供園區暨周邊環境清潔維護勞務外包與美化工程就業機會 (二)在地居民參與國家公園經營管理業務：持續辦理外來種監控與清除
社區關懷與生態資源保育	(一)社區關懷活動(92-95年) (二)太魯閣青年參與社區保育與文化溝通工作坊研習 (三)協助三棧、崇德、銅門、水源社區總體營造
原住民文化保存與傳承	(一)協助在地原住民社區辦理文化傳承活動 (二)提升原住民社區保育觀念及發展生態旅遊能力 (三)社區原住民工藝教室 (四)原住民文化研究
環境教育及生態旅遊	(一)學童環境教育深耕系列活動(92-94年) (二)解說宣導品展現太魯閣族文化 (三)遊客中心展示館展示太魯閣族文物(92-95年) (四)秀林鄉工坊培力合作計畫 (五)部落音樂會—峽谷合唱團表演(94-95年) (六)促進富世社區發展與生態旅遊

資料來源：太管處企劃課

參考文獻

第一章　離返與性別規範：一九六〇至七〇年代沖繩諸島的台灣女工

中文

于宗先、王金利（二〇〇九）。《台灣人口變動與經濟發展》。台北：聯經。
中琉文化經濟協會編（一九九八）。《中琉四十年交流紀要》。台北：中琉文化經濟協會。
方治（一九九〇）。《我生之旅》。台北：東大圖書公司。
朱惠足（二〇〇七）。〈做爲交界場域的「現代性」：往返於沖繩八重山諸島與殖民地台灣之間〉，《文化研究》，五：四九—八六。
江芳菁（二〇〇三）。《大林糖廠與大林地區社會經濟發展一九〇九—一九九六》。台北：臺灣師範大學歷史研究所碩士論文。

李美賢(二〇〇三)。〈離鄉・跨海・遠嫁・作「他」婦：由越南性別文化看「越南新娘」〉，收入蕭新煌編，《台灣與東南亞：南向政策與越南新娘》，頁二一五—二四八。台北：中央研究院亞太區域研究專題中心。

邱琡雯(二〇一一)。〈八重山　台灣女工〉，《自由時報》，一月二十八日自由廣場版。

林雅容(二〇〇五)。〈經濟變動中女性養家者的夫妻權力：以東石漁村爲例〉，《臺大社會工作學刊》，一一：一—四四。

胡台麗(一九八二)。《媳婦入門》。台北：時報。

——(一九八五)。〈台灣農村工業化對婦女地位的影響〉，收入《婦女在國家發展過程中的角色研討會論文集》，頁三三九—三五三。台北：台灣大學人口研究中心。

夏曉鵑編(二〇〇九)。《騷動流移》。台北：台灣社會研究雜誌社。

曹永和(一九八九)。〈華人在石垣島發展之事例〉，收入張希哲編，《中華文化在琉球：琉球歷史文物考察紀要》，頁一八一—一八五。台北：中琉文化經濟協會。

莊韻慧(二〇〇三)。《泰國鄉村女性遷移與都市勞動參與：以曼谷台商ECI工廠爲例》。台北：淡江大學東南亞研究所碩士論文。

陳憲明(二〇〇六)。〈琉球石垣島與台灣之間的區域互動：從移民及文化經濟交流層面的初步研究〉，臺灣師範大學地理學系地理學會，《地理教育》，三二：一—一六。

彭桂枝(二〇〇三)。《女人與工作：一群客家農村中年女工的工作經驗》。新竹：清華大學社會學研究所碩士論文。

曾嬿芬（二〇〇七）。〈研究移住／居臺灣：社會學研究現況〉，《臺灣社會研究》，六六：七五－一〇三。

黃蘭翔（二〇〇二）。〈日本殖民統制下台灣人在沖繩石垣島上之移墾與融入〉，中央研究院台灣史研究所籌備處、行政院文化建設委員會主辦「殖民主義與現代性的再檢討」國際學術研討會，於中央研究院台灣史研究所籌備處會議室，十二月二十三－二十四日。

楊玉鶯（二〇一〇）。《家庭經濟貢獻與家庭內的性別關係：探討曾為台灣移工之越南北部農村女性的家庭地位變化》。埔里：暨南國際大學東南亞研究所碩士論文。

簡瑞宏（一九八九）。〈琉球石垣島所見之中華文化〉，收入張希哲編，《中華文化在琉球：琉球歷史文物考察紀要》，頁一八六－一九三。台北：中琉文化經濟協會。

藍佩嘉（二〇〇八）。《跨國灰姑娘：當東南亞幫傭遇上台灣新富家庭》。台北：行人文化實驗室。

Butler, Judith著、郭劼譯（二〇〇九）。《消解性別》（*Undoing Gender*）。上海：三聯書店。

英文

Barlow, Tani E.(ed.)(1997). *Formation of colonial modernity in East Asia*. Durham: Duke University Press.

Chant, Sylvia H.(ed.)(1992). *Gender and migration in developing countries*. London: Belhaven Press.

Deshingkar, Priya & Farrington, John(eds.)(2009). *Circular migration and multi locational livelihood strategies in rural india*. Oxford: Oxford University Press.

Guest, P.(1993). The determinants of female migration from a multilevel perspective. In R. Bilsborrow(ed.). *Internal Migration of Women in Developing Countries*. New York: United Nations. pp. 223-242.

Massey, Douglas S.(1990). "Social Structure, Household Strategies, and the Cumulative Causation of Migration," *Population Index*, 56: 3-26.

Mills, Mary Beth(1999). *Thai Women In The Global Labor Force: Consuming Desires, Contested Selves*. London: Rutgers University Press.

Onica, Cristina(2009). *Women's Migration from Post-Soviet Moldova: Performing Transnational Motherhood.* Saarbrücken: VDM Verlag Dr. Müller.

Resurreccion, Bernadette P. & Khanh, Ha Thi Van(2007). "Able to come and go: Reproducing gender in female rural-urban migration in the Red River Delta," *Population, Space and Place*, (13)3: 211-224.

Tienda, Marta and Booth, Karen(1991). "Gender migration and social change," *International Sociology*, 6(1): 51-72.

Willis, Katie and Yeoh, Brenda S.A.(eds.)(2000). *Gender and Migration*. Cheltenham: Edward Elgar Publishing.

Wolf, Margery(1972). *Women and the family in rural Taiwan*. Stanford, Calif.: Stanford University Press.

日文

小ヶ谷千穂（二〇〇〇）。「フィリピン農村女性の海外出稼ぎとジェンダー関係の相関：ケーススタディからの考察」，『アジア女性研究』，九：七四—八〇。
小熊誠（一九八九）。「石垣島における台湾系移民の定着過程と民族的帰属意識の変化」，『第二回琉中歴史関係国際学術会議琉中歴史関係論文集』，頁五六九—六〇二。台北：中琉文化經濟協會。
小瀬木えりの（一九九八）。「国際出稼ぎと女性の役割：香港および日本で働くフィリピン女性の事例から」，『東南アジア史学会会報』，六八：一七—一八。
金戸幸子（二〇〇七）。「一九三〇年前後の八重山女性の植民地台湾への移動を促したプル要因：台湾における植民地的近代と女性の職業の拡大をめぐって」，琉球大学移民研究センター『移民研究』，三：一—二六。
木曽恵子（二〇〇七）。「東北タイ農村における移動労働と女性をめぐる規範：一九七〇年代以降女性の移動労働の展開を通して」，日本タイ学会『年報タイ研究』，七：五五—七八。
国永美智子（二〇一〇）。「台湾から八重山へ：パイン工場での労働と定住後の生活」七月十六日『日本の華僑華人社会にみる「台湾」：北東アジアにおけるアイデンティティの一側面』日本華僑華人学会、島根県立大学北東アジア地域研究センター主催交錯する「北東アジアアイデンティティの諸相」研究会。

呉俐君（二〇〇八）。『戦後沖縄本島における台湾系華僑の移住：琉球華僑総会の事例から』。琉球大学大学院人文社会科学研究科修士論文。

長田攻一（一九八七）。『社会学の要点整理（改訂版）』。東京：実務教育出版。

野入直美（二〇〇〇）。「石垣島の台湾人：生活史にみる民族関係の変容（一）」，琉球大学法文学部人間科学科紀要『人間科学』，五：一四一－一七〇。

——（二〇〇一）。「石垣島の台湾人：生活史にみる民族関係の変容（二）」，琉球大学法文学部人間科学科紀要『人間科学』、八：一〇三－一二五。

早瀬保子編（二〇〇二）。『途上国の人口移動とジェンダー』。東京：明石書店。

星山幸子（二〇〇三）。「トルコ農村社会における女性の劣位性とジェンダー分業：「アユップ」の行爲をとおして」，『国際開発研究フォーラム』，二四：九五－一一一。

松田ヒロ子（二〇〇八）。「沖縄県八重山地方から植民地下台湾への人の移動」，蘭信三編『日本帝国をめぐる人口移動の国際社会学』，頁五二九－五五八。東京：不二出版。

松田良孝（二〇〇四）。『八重山の台湾人』。石垣市：南山舎。

水田憲志（二〇〇三）。「日本植民地下の台北における沖縄出身「女中」」，関西大学史学・地理学会『史泉』，九八：三六－五五。

——（二〇〇八）。「戦後の石垣島における台湾人移民の入植」，法政大学沖縄文化研究所、関西大学東西学術研究所第一回研究交流会，一月二十八日。

八尾祥平（二〇一〇）。「戦後における台湾から「琉球」への技術者・労働者派遣事業につい

て」，『日本台湾学会報』，一二：二三九—二五三。
山本昭代(二〇〇七)。『メキシコ・ワステカ先住民農村のジェンダーと社会変化：フェミニスト人類学の視座』。東京：明石書店。

第二章　東方主義的再思考：南大東島島民與大林女工的雙向凝視

中文

宋國誠(二〇〇三)。《後殖民論述：從法農到薩依德》。台北：擎松。
邱琡雯(二〇一一)。〈八重山　台灣女工〉，《自由時報》，一月二十八日自由廣場版。
Kennedy, Valerie著，邱彥彬譯(二〇〇三)。《認識薩伊德》(*Edward Said: A Critical Introduction*)。台北：麥田。
Said, Edward W.著，王志弘等譯。(一九九九)。《東方主義》(*Orientalism*)。台北：立緒。

英文

Camp, Stephanie M.H.(2003). *Closer to Freedom: Enslaved Women and Everyday Resistance in the Plantation South*. North Carolina: The University of North Carolina Press.

Jain, S. & Reddock, R.(1998). *Women Plantation Workers: International Experiences*. London: Berg Publishers.

Lewis, R.(1995). *Gendering Orientalism: Race, Femininity and Representation*. NY: Routledge.

Martinez, S.(1996). *Peripheral Migrants: Haitians and Dominican Republic Sugar Plantations*. Tennessee: University of Tennessee Press.

Pratt, M.L.(1992). *Imperial Eyes: Travel Writing and Transculturation*. London: Routledge.

Thomas, N.(1994). *Colonialism's Culture: Anthropology, Travel, and Government*. Princeton: Princeton University Press.

White, D.G.(1999). *Ar'n't I a Woman?: Female Slaves in the Plantation South*. NY: W.W. Norton & Co.

日文

東和明、中井精一、ダニエル・ロング編(二〇〇九)。『南大東島の人と自然』。鹿児島市：南方新社。

飯田收治(一九九一)。「「プロイセン渡り」の季節労働者について-上—20世紀初，東欧からドイツ農業に出稼をした人々」，大阪市立大学文学部『人文研究』，四三(七)：五〇三—五三六。

飯田收治(一九九二)。「「プロイセン渡り」の季節労働者について-下—20世紀初，東欧からドイツ農業に出稼をした人々」，大阪市立大学文学部『人文研究』，四四(一二)：九一七—九三五。
飯高伸五(一九九九)。「日本統治下マリアナ諸島における製糖業の展開：南洋興発株式会社の沖縄県人労働移民導入と現地社会の変容」，慶應義塾大学文学部内三田史学會『史学』，六九(二)：一〇七—一四〇。
岡田泰弘(二〇〇九)。「冷戦期の黒人オリエンタリズム：一九五〇年代初期のアフリカ系アメリカ人による日本人女性の表象における人種とジェンダー」，『アメリカ・カナダ研究』，二七：四五—七九。
春日直樹編(一九九九)。「オセアニア・オリエンタリズム」。春日直樹編，『オセアニア・オリエンタリズム』，頁五—二七。京都：世界思想社。
朱恵足(二〇〇一)。「目取眞俊「魚群記」における皮膚色素／触覚／インターフェイス」，『現代思想』，二九：一八—三〇。
第一製糖株式会社(一九八〇)。『第一製糖株式会社20周年記念誌』。糸満(沖縄)：第一製糖株式会社。
崔吉城編(一九九四)。『日本植民地と文化変容：韓国・巨文島』。東京：御茶の水書房。
外村大、羅京洙(二〇〇九)。「一九七〇年代中期沖縄の韓国人季節労働者：移動の背景と実態」，日本移民学会『移民研究年報』，(一五)：七七—九五。
Thomas, Nicholas著，中川理訳(一九九九)。「美しきものと呪われたるもの：植民地文化における太平洋の構築」，春日直樹編，『オセアニア・オリエンタリズム』，頁三一—五二。京都：

世界思想社。

西成彦(二〇〇三)。「暴れるテラピアの筋肉に触れる」。西成彦、原毅彦編，『複数の沖縄：ディアスポラから希望へ』，頁七—一八。京都：人文書院。

藤野雅之(二〇〇四)。『与那国島サトウキビ刈り援農隊：私的回想の三十年』。那覇：ニライ社。

平岡昭利(一九九二)。「サトウキビ農業における外国人労働者の導入と実態」。サンゴ礁地域研究グループ編『熱い心の島：サンゴ礁の風土誌』，頁一二五—一三六。東京：古今書院。

平岡昭利(一九七八)。「南大東島における甘蔗農業への外国人労働力の導入と展開」，日本地理学会『地理学評論』，五一(四)：三一八—三二六。

南大東村誌編集委員会編(一九九〇)。『南大東村誌』。南大東村：南大東村役場。

宮本なつき(二〇〇七)。「砂糖黍畑の女たち：ハワイ日本人移民女性と一九二〇年のオアフ島第二次ストライキ」，『ジェンダー史学』，三：一九—三二。

目取眞俊(二〇〇三)。「魚群記」。『平和通りと名付けられた街を歩いて：目取眞俊初期短編集』，頁七—三一。東京：影書房。

目取眞俊(二〇〇一)。『沖縄／草の声・根の意志』。横浜：世織書房。

琉球政府労働局職業安定課編(一九七一)。『職業紹介関係年報一九七〇』。那覇：琉球政府労働局。

若夏社編(一九九二)。『琉球製糖株式会社四十周年記念誌』。南風原町(沖縄)：琉球製糖株式会社。

第三章　展演與認同：台北縣市國小多元文化週的女性移民

中文

王光宗（二〇〇七）。〈東南亞外籍母親在子女入學後母職經驗研究〉，《家庭教育雙月刊》，六：二四—五二。

王婉容（二〇〇四）。〈邁向少數劇場——後殖民主義中少數論述的劇場實踐：以臺灣「歡喜扮戲團」與英國「歲月流轉中心」的老人劇場展演主題內容爲例〉，《中外文學》，三三（五）：六九—一〇四。

朱柔若、孫碧霞（二〇一〇）。〈印尼與大陸配偶在臺社會排除經驗之研究〉，《教育與社會研究》，二〇：一—五二。

李國基（二〇〇七）。《東南亞外籍配偶子女雙族裔認同之研究》。屏東：屏東教育大學教育行政研究所博士論文。

宋國誠（二〇〇三）。《後殖民論述：從法農到薩依德》，台北：擎松。

林津如、王介言、吳紹文（二〇〇八）。〈新移民女性之組織工作：一個跨領域的實踐嘗試〉，夏曉鵑、陳信行、黃德北編，《跨界流離：全球化下的移民與移工》，頁二四一—二九八。台北：

台灣社會研究雜誌社。

林倩綺、王淑治、林菁眞、闕菊嬿(二〇〇八)。〈新移民女性之休閒行爲初探〉，《運動與遊憩研究》，三(一)：一一〇—一二四。

林慧卿(二〇〇六)。《外籍女性配偶母職自我效能與社會支持之相關研究：以台中縣市識字班學員爲例》。台中：靜宜大學青少年兒童福利研究所碩士論文。

邱琡雯編(二〇〇七)。〈從圖像看台灣公共空間內「新移民女性」的文化展現〉，南華大學社會學研究所《網路社會學通訊期刊》，第六七期十二月十五日。

邱琡雯(二〇〇八)。〈國際理解教育與女性移民的社會參與：從日常生活的歧視經驗出發〉，南華大學教育社會學研究所《教育與社會研究》，一六：六三—一〇三。

邱琡雯編(二〇〇九)。〈新移民女性對展演母文化的經驗詮釋〉，南華大學社會學研究所《網路社會學通訊期刊》，第七八期四月十五日。

胡台麗(二〇〇三)。《文化展演與台灣原住民》，台北：聯經。

張明慧(二〇〇四)。《新移民女性的母職困局：「新台灣之子」發展遲緩論述的緊箍咒》。台北：世新大學社會發展研究所碩士論文。

張亭婷、張翰璧(二〇〇八)。〈東南亞女性婚姻移民與客家文化傳承：越南與印尼籍女性的飲食烹調策略〉，《臺灣東南亞學刊》，五(一)：九三—一四五。

陳光興(一九九七)。〈文明主義的想像：杭廷頓與南地〉，《臺灣社會研究季刊》，二七：一七三—一九七。

陳雯鈴（二〇〇八）。《越裔新移民女性母職教育工作之研究》。屏東：屏東教育大學教育學系研究所碩士論文。

黃淑玲（二〇〇七）。《撥雲見日：家有青少年新移民女性之母職經驗》。嘉義：嘉義大學家庭教育與諮商研究所碩士論文。

黃貞瑋（二〇〇九）。《文化展演與認同：馬太鞍阿美豐年祭的傳統與現代》。埔里：暨南國際大學人類學研究所碩士論文。

翟振孝（二〇〇五）。《遷移、文化與認同：緬華移民的社群建構與跨國網絡》。新竹：清華大學人類學研究所博士論文。

韓建忠（二〇〇六）。《外籍母親在子女就讀國小後母職經驗之研究》。台中：台中教育大學社會科教育學系碩士班碩士論文。

鍾鳳嬌、林苑平、趙善如（二〇〇八）。〈電腦學習歷程：新移民女性增能經驗分析〉，《社區發展季刊》，一二三：三三六—三六〇。

釋自淳、夏曉鵑（二〇〇三）。〈識字與女性培力：以「外籍新娘識字班」爲例〉，《臺灣教育社會學研究》，三（二）：四一—八四。

Fanon, Frantz著，陳瑞樺譯（二〇〇五）。《黑皮膚、白面具》（*Peau Noire, Masques Blancs*）。台北：心靈工坊。

Said, Edward W.著，王志弘等譯（一九九九）。《東方主義》（*Orientalism*）。台北：立緒出版社。

英文

Alleyne-Dettmers, Patricia Tamara(2000). "Afro-Caribbean carnival as ethnic empowerment and migrant organization: Image building and women's changing role in contemporary carnival," In J. Knorr and B. Meier(eds.), *Women and migration: anthropological perspectives*. New York: St. Martin's Press.

Guss, David M.(2000). *The Festive state: Race, ethnicity, and nationalism as cultural performance*. California: University of California Press. pp. 99-118

Hall , Maurice L., Keane-Dawes, Jennifer & Rodriguez, Amardo(2004). *Embodying the postcolonial life: Immigrant stories of resistance*. New York: Humanity Books.

Joseph, May(1999). Nomadic identities: *The performance of citizenship.* Minnesota: University of Minnesota Press.

Keefe, Susan E.(1992). "Ethnic identity: The domain of perceptions of and attachment to ethnic groups and cultures," *Human Organization.* 51(1), 35-44.

Kurashige, Lon(2002). *Japanese American celebration and conflict: A history of ethnic identity and festival, 1934-1990*. Berkeley: University of California Press.

Lengel, Laura B.(ed.)(2004). *Intercultural communication and creative practice: music, dance, and women's cultural identity*. Westport, CT: Praeger.

Lengel, Laura B. & Warren,John T.(eds.)(2005). *Casting gender: Women and performance in intercultural contexts*. New York: Peter Lang Press.

Mihesuah, Devon Abbott(2003). *Indigenous American women:Decolonization, empowerment, activism*. Lincoln: University of Nebraska Press.

Negra, Diane(ed.)(2006). *The Irish in us: Irishness, performativity and popular culture*. Durham NC: Duke University Press.

Phinney, Jean S.(1990). "Ethnic identity in adolescents and adults: review of research," *Psychological Bulletin*, 108(3), 499-514.

日文

安貞美(二〇〇八)。「韓国における移住女性：映画「she is」を中心に」。千葉大学大学院人文社会科学研究科研究プロジェクト報告書第一五六集『身体・文化・政治』。頁八五—九六。千葉市：正文社。

玄武岩(二〇〇五)。「浮遊するディアスポラ「延辺チョンガ」をめぐる中国朝鮮族のアイデンティティ・ポリティクス」，東京大学大学院情報学環紀要『情報学研究』，六九：八三—一〇〇。

草津攻(一九七八)。「アイデンティティの社会学」，『思想』，六五三：一〇八—一四二。

高橋雄一郎(二〇〇五)。『身体化される知：パフォーマンス研究』。東京：せりか書房。

水越紀子(二〇〇三)。「在日フィリピン人女性とフェミニズム：「語られる」日本人を解釈す

る」，大阪市立大学『人権問題研究』，三：五三—六五。

第四章　從國際理解教育看女性移民的社會參與：川崎市的民族文化講師

中文

王光宗（二〇〇七）。〈東南亞外籍母親在子女入學後母職經驗研究〉，《家庭教育雙月刊》，六：二四—五二。

邱琡雯（二〇〇七a）。〈「移民區病理 vs.網絡集結點」的衝突與克服：以在台越南女性的店家為例〉，南華大學教育社會學研究所《教育與社會研究》，一三：九五—一二〇。

邱琡雯編（二〇〇七b）。〈從圖像看台灣公共空間內「新移民女性」的文化展現〉，南華大學社會學研究所《網路社會學通訊期刊》，第六七期十二月十五日。

夏曉鵑（二〇〇六）。〈新移民運動的形成：差異政治、主體化與社會性運動〉，《台灣社會研究》，六一：一—七一。

張雅翕（二〇〇六）。《移民社會網絡及政治參與：以「南洋台灣姊妹會」為例》。嘉義：中正大學政治學研究所碩士論文。

黃淑玲（二〇〇七）。《撥雲見日：家有青少年新移民女性之母職經驗》。嘉義：嘉義大學家庭教育與諮商研究所碩士論文。

葉啓政（二〇〇八）。《邁向修養社會學》。台北：三民。

趙彥寧（二〇〇六）。〈情感政治與另類正義：在台大陸配偶的社會運動經驗〉，《政治與社會哲學評論》，一六：八七—一五二。

韓建中（二〇〇六）。《外籍母親在子女就讀國小後母職經驗之研究》。台中：台中教育大學社會科教育學系碩士班碩士論文。

Berger, P.L. & Luckmann, T.著，鄒理民譯（一九九七）。《知識社會學：社會實體的建構》（*The Social Construction of Reality: A Treatise in the Sociology of Knowledge*）。台北：巨流出版社。

英文

Agnew, V.（1993）. "Community groups: An overview," Paper presented at a session on "*South Asian Women's Community Organizations*" at the Biennial Conference of the Canadian Ethnic Studies Association, Vancouver, November 27-30.

Agnew, V.（1996）. *Resisting Discrimination: Women from Asia, Africa and the Caribbean and the Women's Movement in Canada*. Toronto: University of Toronto Press.

Carreón, G.P., Drake, C. and Barton, A.C.（2005）. "The Importance of presence: Immigrant parents' school engagement experiences," *American Educational Research Journal*（42）: 465-498.

Epp, M., Iacovetta, F. and Swyripa, F.（2004）. *Sisters or Strangers? Immigrant, ethnic, and racialized women in Canadian history*. Toronto: University of Toronto Press.

Jones-Correa, M.(1998). "Different paths: Gender, immigration and political participation," *International Migration Review*, 32(2): 149-191.

Kibria, N.(1993). *Family tightrope: The changing lives of Vietnamese Americans*. Princeton: Princeton University Press.

Kofman, E.(2004). "Gendered global migrations," *International Feminist Journal of Politics* 6(4): 643-665.

Mahler, S.(1998). "Theoretical and empirical contributions towards a research agenda for Transnationalism," In Michael Peter Smith & Luis Edualdo Guarnizo(eds.)*Transnationalism from Below*. New Brunswick: Transaction Publishers.

Nederveen Pieterse, J.(2001). "Globalization and collective action," In Pierre Hamel, Henri Lustiger-Thaler, Jan Nederveen Pieterse, Sasha Roseneil(eds.). *Globalization and social movements*. New York: Palgrave Macmillan.

Quiminal, C.(2000). "The associative movements of African women and new forms of citizenship," In Jane Freedman & Carriue Tarr(eds.)*Women, Immigration and Identities in France*. Oxford: Berg Publishers.

Reyes-Cruz, M.(2008). *Mexican immigrant parents advocating school reform*. New York : LFB Scholarly Publishers.

Ryan, L.(2007). "Migrant women, social networks and motherhood: the experiences of Irish nurses in Britain," *Sociology*, 41(2)295-312.

Simpson, G.E. and Yinger, J.M.(1953). *Racial and cultural minorities：An analysis of prejudice and discrimination*. New York : Harper and Row.

Sohn, S. and Wang, X. Christine(2006). "Immigrant parents' involvement in American schools: Perspectives from Korean mothers," *Early Childhood Education Journal*, 34(2): 125-132.

Tsuda, T.(2003). *Strangers in the ethnic homeland: Japanese Brazilian return migration in transnational perspective*. New York: Columbia University Press.

Van den Berghe, Pierre L.(1987). *The ethnic phenomenon*. New York: Praeger.

日文

アマラ、ファドゥラ(Amara, F.)著、堀田一陽訳(二〇〇六)。『売女でもなく、忍従の女でもなく：混血のフランス共和国を求めて』。東京：社会評論社。

石塚美枝(二〇〇四)。「小学校における交流活動参加を通した留学生の学び：留学生にとっての「異文化トレーニング」という視点から」，『国際理解教育』，第十號六月。

稲葉茂勝、米田伸次(二〇〇二)。『地域でできるこれからの国際交流〈一〉国際交流入門』。東京：岩崎書店。

岩野雅子(二〇〇三)。「山口県の先導的施策支援事業：地球市民教育(国際理解教育)促進事業の一年間を終えて」，『自治体国際フォーラム：特集地域国際化協会と国際理解教育』，一六五：一二一一五。

邱琡雯(二〇〇三)。「移住女性の主体性構築：川崎市在住のフィリピン人妻の社会參加」，立教大学社会学研究科，『応用社会学研究』，四五：八一—九六。
ゴウ，リサ(Go, L.)、鄭暎恵(一九九九)。『私という旅：ジェンダーとレイシズムを越えて』。東京：青土社。
佐藤郡衛(二〇〇一)。『国際理解教育：多文化共生社会の学校づくり』。東京：明石書店。
志柿禎子(二〇〇一)。「アメリカ合衆国におけるプエルトリコ系移民社会の歴史的推移とアイデンティティの変容」，『岩手県立大学社会学福祉学部紀要』，三(二)：二三—三一。
徐阿貴(二〇〇二)。「在日コリアン女性の政治参加：ジェンダーの視点から」，『日欧における「新しい市民権」と参加』，立教大学国際シンポジム事務局。
園部裕子(二〇〇一)。「フランスにおける移民女性研究の現在とその争点」，東京大学大学院総合文化研究科地域文化研究，『年報地域文化研究』，五：一八六—二〇八。
中川和代(二〇〇五)。「総合的な学習の時間における国際理解教育の授業づくり：直江津港におけるロシア船員との交流を通して」，日本国際理解教育学会，『国際理解教育』，一一。
藤原孝章(二〇〇五)。「国際理解教育のカリキュラム開発—教師のカリキュラム・デザイン力と関連して」，日本国際理解教育学会，『国際理解教育』，一一：一七二—一九一。
樋口直人(二〇〇〇)。「対抗と協力：市政決定メカニズムのなかで」，宮島喬編，『外国人市民と政治参加』。頁二〇—三八。東京：有信堂。
星野修美(二〇〇五)。『自治体の変革と在日コリアン：共生の施策づくりとその苦悩』。東京：

明石書店。
宮島喬編(二〇〇〇)。『外国人市民と政治参加』。東京：有信堂。
武蔵野市国際交流協会(二〇〇二)『わーい！外国人が教室にやってきた！』学校と地域がつくる国際理解教育教員ワークショップ報告書。
森千香子(二〇〇四)。「売女でもなく、服従する女でもなく：フランス郊外の女性運動とその「政治化」」。頁二四二―二四九。『世界』岩波書店九月號。
山崎信喜(二〇〇五)。「外国人の住みやすいまちは日本人も住みやすい：多文化共生社会を目指す川崎市の外国人市民施策」，財団法人自治体国際化協会，『自治体国際化フォーラム』，一九一：六―九。
山中啓子(二〇〇四)。「移民統合過程における女性の役割と意義：日系ブラジル人母親グループの教育支援事例の考察」，頁一一―二八。伊藤るり編，『現代日本社会における国際民とジェンダー関係の再編に関する研究』，平成十三年―十五年度科学研究費補助金(基礎研究(C)(一))研究成果報告書。
吉澤寿一、紙屋剛、橋本愼一、平間眞実(二〇〇一)。「多文化共生の社会をめざした国際理解教育：多様な文化を学ぶ学習活動の構成」，川崎市総合教育センター『研究紀要』，一五：三七―五二。
ロウ，L・(Lowe, L.)著、浜邦彦訳(一九九六)。「アジア系アメリカ：異質性・雑種性・複数性」，『思想』，八五九：二二二―二四九。

第五章 「移民區病理─網絡集結點」的衝突與克服：在台越南女性的店家

中文

王志弘（二〇〇六）。〈移／置認同與空間政治：桃園火車站週邊消費族裔地景研究〉，《台灣社會研究季刊》，六一：一四九—二〇三。

吳泰儒（二〇〇三）。《大都市裡的「原」汁「原」味——都會區原住民主題餐廳的社會資本與多元文化認同》。台北：東吳大學社會學研究所碩士論文。

邱琡雯編（二〇〇五ａ）。〈移民文化與在地社會：外籍配偶的店〉，南華大學社會學研究所，《網路社會學通訊期刊》，第四八期六月十五日。

邱琡雯（二〇〇五ｂ）。《性別與移動：日本與台灣的亞洲新娘（增訂一版）》。台北：巨流。

張正（二〇〇四ａ）。〈「全球化之下新移民／工社群的跨界文化鬥爭：從闖入台灣的東南亞小店開始」碩士論文簡介〉，中央研究院亞太區域研究專題中心，《亞太研究論壇》，二六：二八〇—二八二。

張正（二〇〇四ｂ）。〈小店風雲：「跨界者」的美麗與哀愁：東南亞小店經營者的文化鬥爭〉，《台灣人文研究中心》，九月十一日。

鄭陸霖（二〇〇四）。〈全球在地化的多重軌跡：臺北市異國餐飲的時空構成〉，《東吳社會學報》，一七：一—四一。

英文

Aldrich, H.E. & Waldinger, R.(1990). "Ethnicity and entrepreneurship," *Annual Review of Sociology* 16: 111-135.

Clark, Kenneth B.(1967). *Dark Ghetto: Dilemmas of Social Power*. New York: Harper & Row.

Gabaccia, Donna R.(1998). *We Are What We Eat : Ethnic Food and the Making of Americans*. Cambridge: Harvard University Press.

Hosler, Akiko S.(2000). *Japanese Immigrant Entrepreneurs in New York City: A New Wave of Ethnic Business*. New York: Garland Publishing.

Light, I. & Bonacich, E.(1988). *Immigrant Entrepreneurship: Koreans in Los Angeles, 1965-1982*. Berkeley: University of California Press.

Light, I. & Bhachu, P.(eds.)(1993). *Immigration and Entrepreneurship: Culture, Capital, and Ethnic Networks*. New Brunswick: Transactions Publishers.

Portes, A.(1989). *The informal economy: Studies in advanced and developed countries*. Baltimore: Johns Hopkins University Press.

Portes, A. & Bach, Robert L.(1985). *Latin Journey: Cuban and Mexican Immigrants in the United States*. Berkeley: University of California Press.

Waldinger, R., Aldrich, H. & Ward, R.H. *Ethnic Entrepreneurs : Immigrant Business in Industrial Societies*. Newbury Park: Sage.

Westwood ,S. & Bhachu, P.(eds.)(1988). *Enterprising Women: ethnicity, economy and gender relations*. London : Routledge.

日文

奥田道大・田嶋淳子編(一九九五)。『新版池袋のアジア系外国人：回路を閉じた日本型都市でなく』。東京：明石書店。

片岡博美(二〇〇四)。「浜松市におけるエスニック・ビジネスの成立・展開と地域社会」，『経済地理学年報』，五〇(一)：一—二五。

白岩砂紀(一九九七)。「エスニック・ビジネスの生成に関する事例的研究：広がるネットワークと企業家精神」，奥田道大編，『都市エスニシティの社会学』。頁八九—一二一。京都：ミネルヴァ書房。

田嶋淳子(一九九八)。『世界都市・東京のアジア系移住者』。東京：学文社。

藤原法子(一九九八)。「国境をを越える女性たちの生き方と地域の相互扶助的関係に関する一考察」，『日本都市社会学年報』，一六：一〇三—一一七。

第六章　過剩與闕如：千禧年後日本女遊書寫下的台灣意象

中文

杉本房代、張嘉玲（二〇〇三）。〈觀光客上門囉！招牌菜在哪兒？——由日本來台旅客結構變動看台灣觀光產業未來的發展方向〉，《台灣經濟研究月刊》，二六（五）：七三—八四。
岡田章子著，邱琡雯譯（二〇〇三）。〈日本女性雜誌再現下的亞洲流行意象：東方主義之眼的三重交錯〉，邱琡雯主編，《日本流行文化在台灣與亞洲II》。頁一一四—一三九。台北：遠流。
邱琡雯（二〇〇〇）。〈建構出來的峇里島文化〉，《當代》，一一：七〇—七九。
邱琡雯編（二〇〇一）。〈旅遊、家、與父權〉，南華大學社會學研究所，《網路社會學通訊期刊》，第一九期十二月十五日。
邱琡雯（二〇〇四）。〈觀光意象的建構：夏威夷和加勒比海地區〉，《歷史月刊》，一一：一一七—一二三。
邱琡雯編（二〇〇五a）。〈旅遊與情慾開發〉，南華大學社會學研究所，《網路社會學通訊期刊》，第四四期一月十五日。
邱琡雯，（二〇〇五b）。〈性觀光：經營人類學的觀點評市野沢潤平著『ゴーゴーバーの経営人類学：バンコク中心部におけるセックスツーリズムに関する微視的研究』〉，台灣大學婦女

研究室，《婦研縱橫》，七六：八一—九八。

南博著，邱琡雯譯（二〇〇三）。《日本人論：從明治維新到現代》。台北：立緒。

黃雅歆（二〇〇三）。〈從三毛「撒哈拉傳奇」看「女遊」的潛能開發與假想〉，《台北師院語文集刊》，八：二七—五四。

蕭肅騰（二〇〇四）。《日治時期台灣殖民觀光意象之解構》。嘉義：南華大學亞太研究所碩士論文。

英文

Beno, Tracy and Jones, Trudy(2001). "Power women and tourism development in the South Pacific," in Yorghos Apostolopoulos, Sevil Sonmez and Dallen J. Timothy(eds.). *Women as Producers and Consumers of Tourism in Developing* Regions. Westport, CT: Praeger.

Bryden, John M.(1973). *Tourism and development: A case study of the Commonwealth Caribbean*. New York, Cambridge: Cambridge University press.

Dole, Carla M.(2002). "Magazines: Women's indispensable guides to travel," in Margaret Byrne Swain and Janet Henshall Momsen(eds.), *Gender/Tourism/Fun.* New York: Cognizant Communication.

Erisman, H. Michael(1983). "Tourism and cultural dependency in the West Indies," *Annals of Tourism Research*, Vol. 10, No. 3, pp. 337-361.

Hall, Derek R.(2001). "The Forgotten Giants: Women's role in Africa's delayed tourism development," in

Yorghos Apostolopoulos, Sevil Sonmez and Dallen J. Timothy(eds.), *Women as Producers and Consumers of Tourism in Developing Regions*. Westport, CT: Praeger.

Kinnaird, Vivian and Hall, Derek(1994). "A note on woman travelers," in Vivian Kinnaird and Derek Hall(eds.), *Tourism: A gender analysis*. New York: WILEY.

MacCannell, Dean(1982). *The time of the sign: A semiotic interpretation of modern culture*. Bloomington: Indiana University.

Pruitt, Deborah and Lafont, Suzanne(1995). "For love and money: Romance tourism in Jamaica," *Annals of tourism research*, Vol. 22, No. 2, pp. 422-440.

Ryan, Chris(2000). "Sex tourism: paradigms of confusion?" in Stephen Clift and Simon Carter(eds.), *Tourism and Sex: Culture, Commerce and Coercion*. London: Cassell .

Said, Edward W.(1979). Orientalism. NY: Vintage.

Sinclair, Thea(ed.)(1997). Gender, work and tourism. London: Routledge.

Sonmez, Sevil(2001). "Tourism behind the veil of Islam: Women and development in the Middle East," in Yorghos Apostolopoulos, Sevil Sonmez, and Dallen J. Timothy(eds.), *Women as Producers and Consumers of Tourism in Developing* Regions. Westport, CT: Praeger.

Thomas, Michelle(2000). "Exploring the contexts and meanings of women's experiences of sexual intercourse on holiday," in Stephen Clift and Simon Carter(eds.), *Tourism and Sex: Culture, Commerce and Coercion*. London: Cassell .

Yuval-Davis, Nira and Anthias, Floya(eds.)(1989). *Woman-Nation-State*. London: Macmillan.

日文

市野沢潤平(二〇〇三)。『ゴーゴーバーの経営人類学：バンコク中心部におけるセックスツーリズムに関する微視的研究』。東京：めこん出版社。

江口信清(一九九八)。『観光と権力：カリブ海地域社会の観光現象』。東京：多賀出版。

大谷裕文(一九九六)。「楽園幻想とポリネシア観光」，石森秀三編，『観光の20世紀』。頁四三—五五。東京：ドメス出版。

大橋昭一(二〇〇二)。「第二次世界大戦後ドイツ語圏における観光概念の展開過程：観光事業経学のための特徴的諸論点を中心に」，『大阪明浄大学紀要』，二：一七—三〇。

春日直樹(一九九九)。「オセアニア・オリエンタリズム」，春日直樹編，『オセアニア・オリエンタリズム』。頁五—二七。京都：世界思想社。

工藤泰子(二〇〇三)。「京都観光と女性」，石森秀三・安福恵美子編，国立民族学博物館調査報告，『Senri Ethnological Reports 37観光とジェンダー』，三七：一二七—一四〇。

柴桂子(一九九七)。『近世おんな旅日記』。東京：吉川弘文館。

柴桂子(二〇〇五)。『近世の女旅日記事典』。東京：東京堂出版。

Thomas, Nicholas著、中川理訳(一九九九)。「美しきものと呪われたもの：植民地文化における太平洋の構築」，春日直樹編，『オセアニア・オリエンタリズム』。頁三一—五二。京都：世界思想社。
タイ女性の友編集（二〇〇〇）。『出版倫理とアジア女性の人権：「タイ買春読本」抗議・裁判の記録』。東京：明石書店。
豊田三佳（一九九六）。「観光と性」，山下晋司編，『観光人類学』。頁一三一—一四〇。東京：新曜社。
トルン，T. D.著、田中紀子・山下明子訳（一九九五）。『売春：性労働の社会構造と国際経済』。東京：明石書店。
橋本和也（一九九九）。「西からの視線、南からの視線：オセアニアに見られるオリエンタリズム」，春日直樹編，『オセアニア・オリエンタリズム』。頁一〇四—一二九。京都：世界思想社。
橋本佳恵（一九九七）。「観光におけるジェンダー問題に関する研究」，『日本観光研究学会第十二回全国大会論文集』，頁一—八。
橋本佳恵（一九九九）。「観光案内書の写真情報に見られるジェンダー表現に関する研究」，『立教観光学研究紀要』，一：二五—三一。
羽田令子（二〇〇一）。『アジア「年金老人」買春ツアー：国境なき「性市場」』。東京：講談社。
松井やより（一九九三）。『アジアの観光開発と日本：アジアが見えてくる』。東京：新幹社。
安福恵美子（一九九六ａ）。「観光がアジアの女性に与えたインパクト：タイの事例から」，『旅

の文化研究所研究報告』，四：三一—四一。

安福恵美子（一九九六b）。「観光と買売春：東南アジアを中心に」，石森秀三編，『観光の20世紀』。頁一七三—一九一。東京：ドメス出版。

安村克己（一九九六）。「観光社会学の現状と課題」，『社會学評論』，一四七（三）：四八—五九。

山下晋司（一九九九）。『バリ観光人類学のレッスン』。東京：東京大学出版会。

山中速人（一九九二）。『イメージの「楽園」』。東京：筑摩書房。

リム，L. L.著、津田守・さくまゆみこ訳（一九九九）。『セックス「産業」：東南アジアにおける買売春の背景』。東京：日本労働研究機構。

第七章　過猶不及：千禧年後台灣女遊書寫下的日本意象

中文

何寄澎（二〇〇六）。〈試論林文月、蔡珠兒的「飲食散文」：兼述台灣當代散文體式與格調的轉變〉，《台灣文學研究集刊》，二：一九一—二〇六。

何琬琦（二〇〇七）。《台灣女性與旅遊的對話：台灣女遊書寫研究（1949-2007）》。台北：臺灣師範大學國文學系在職進修碩士班碩士論文。

何慧雯（二〇〇一）。《時間與空間的雙重變奏：日本流行文化與文化認同實踐》。台北：輔仁大學大眾傳播研究所碩士論文。

李明璁（二〇〇三）。〈這裡想像，那裡實踐：「日劇場景之旅」與台灣年輕人的跨文化認同〉，收入邱琡雯編，《日本流行文化在台灣與亞洲Ⅱ》，頁四二—七三。台北：遠流。

李淑宏（一九九九）。《因爲旅行，所以存在：旅行世紀的台灣新世代》。台北：臺灣大學新聞研究所碩士論文。

李雅倩（二〇〇八）。《徐鍾珮、鍾梅音遊記散文研究》，台中：東海大學中國文學所碩士論文。

李御寧著，沈文訓譯（二〇〇八）。《日本人的縮小意識：豆物狂的傳奇》。台北：漫遊者文化。

沈松僑（二〇〇六）。〈江山如此多嬌：一九三〇年代的西北旅行書寫與國族想像〉，《臺大歷史學報》，三七：一四五—二一六。

邱琡雯（二〇〇二）。〈文化想像：日本偶像劇在台灣〉，收入李天鐸編，《日本流行文化在台灣與亞洲Ⅰ》，頁五〇—六七。台北：遠流。

林大鈞（二〇〇二）。《心遊於物：席慕蓉、舒國治、鍾文音的旅行書寫》。台北：政治大學中國文學所碩士論文。

林怡煖（二〇〇〇）。《前往東瀛之路：台灣留日制度與留學生問題之探討》。台北：臺灣大學新聞研究所碩士論文。

林淑媛（二〇〇六）。〈現代作家的朝聖書寫：以陳若曦、施叔青、鍾文音爲探討〉，收入台中技術學院應用中文系編，《台灣旅遊文學論文集》，頁一五九—一七四。台北：五南。

林瑞端（二〇〇〇）。《媒介、消費與認同：台灣青少年收看日本偶像劇之效果研究》。台北：世新大學傳播研究所碩士論文。

林翠鳳（二〇〇一）。〈黃金川的詩學養成及其「金川詩草」內容探討〉，《東海中文學報》，一三：一九五—二一九。

哈日杏子（一九九八）。《我得了哈日症》。台北：時報文化。

洪啓明（二〇〇五）。《觀光客出國旅遊參與型態與重遊意願關係之研究：以日本線爲例》。彰化：大葉大學事業經營研究所在職專班碩士論文。

南博著，邱琡雯譯（二〇〇三）。《日本人論：從明治維新到現代》。台北：立緒。

高凡晴（二〇〇四）。《台灣日文短期留學制度之研究：以其現狀及問題點爲中心》。台北：銘傳大學應用日語研究所碩士論文。

陳忻岱（二〇〇七）。《在旅行轉彎處看見：女性背包客旅行與部落格書寫之主體建構》。花蓮：東華大學族群關係與文化研究所碩士論文。

陳室如（二〇〇三）。《出發與回歸的辨證：台灣現代旅行書寫(1949-2002)研究》。彰化：彰化師範大學國文學系研究所碩士論文。

——（二〇〇六）。〈閨閣與世界的碰撞：單士釐旅行書寫的性別意識與帝國凝視〉，《彰化師大國文學誌》，一三：二五七—二八二。

許茹菁（二〇〇一）。《掙扎輿圖：女性／旅行／書寫》。花蓮：花蓮師範學院多元文化研究所碩士論文。

黃孟慧(二〇〇四)。《台灣九〇年代以來旅行文學研究》。台北：台北市立師範學院應用語言文學研究所碩士論文。

黃雅歆(二〇〇三)。〈從三毛「撒哈拉傳奇」看「女遊」的潛能開發與假想〉，《臺北師院語文集刊》，八：二七—五四。

葉秀燕(二〇〇七)。〈凝視、移動和現代性〉，收入《觀光客的凝視》，頁一一一—一一四。台北：書林。

趙培華(二〇〇〇)。《台灣青少年對日本偶像劇的觀看，解讀與消費》。高雄：中山大學傳播管理研究所碩士論文。

賴雅慧(二〇〇四)。《女性空間旅行經驗研究：以1949-2000年台灣女作家的旅行文學爲例》。中壢：中原大學室內設計研究所碩士論文。

鍾文音(二〇〇三)。《情人的城市：我和莒哈絲、卡蜜兒、西蒙波娃的巴黎對話》。台北：玉山社。

羅秀美(二〇〇七)。〈蔡珠兒的食物書寫：兼論女性食物書寫在知性散文脈絡中的可能性〉，《台灣文學研究學報》，四：一三九—一六五。

蘇宇鈴(一九九九)。《虛構的敘事／想像的眞實：日本偶像劇的流行文化解讀》。台北：輔仁大學大眾傳播研究所碩士論文。

Urry, John著，葉浩譯(二〇〇七)。《觀光客的凝視》(*The Tourist Gaze*)。台北：書林。

英文

Bickersteth, Mary Jane(2004). Japan as we saw it. *Japan in English 1890-99*. Tokyo: Edition Synapse.

Birkeland, Inger(2005). *Making Place, Making Self: Travel, Subjectivity And Sexual Difference.* Farnham: Ashgate Publishing.

Dahles, Heidi(2002). "Gigolos and Rastamen: Tourism, Sex and Changing Gender Identities," In Margaret B. Swain & Janet H. Momsen(eds.), *Gender/Tourism/Fun?* NY: Cognizant Communication. pp. 180-194.

Dole, Carla M.(2002). "Magazines: Women's Indispensable Guides to Travel," In Margaret B. Swain & Janet H. Momsen (eds.), *Gender/Tourism/Fun?* NY: Cognizant Communication. pp. 53-62.

García-Ramon, M. Dolors(2002). "Gender and the Colonial Encounter: European Women's Travel Narratives from the Arab World," *Society and Space*, 21: 653-672.

García-Ramon, M. Dolors & Mas, Albeti(2002). "Women's Travel Narratives in Northern Africa," In Margaret B. Swain & Janet H. Momsen(eds.), *Gender/Tourism/Fun?* NY: Cognizant Communication Corporation. pp. 39-52.

Gibson, Heather J.(2001). "Gender in Tourism: Theoretical Perspectives," In Yorghos Apostolopoulos, Sevil F. Sonmez & Dallen J. Timothy(eds.), *Women as Producers and Consumers of Tourism in Developing Regions.* Westport: Praeger. pp. 19-46.

Hodgson, Barbara(2005). *Dreaming of East: Western Women and the Exotic Allure of the Orient*. Vancouver: Douglas & McIntyre.

Hottola, Petri(2002). "Amoral and Available? Western Women Travelers in South Asia," In Margaret B. Swain & Janet H. Momsen(eds.), *Gender/Tourism/Fun?* NY: Cognizant Communication Corp. pp. 164-171.

Kelsky, Karen(2001). *Women on the Verge: Japanese Women, Western Dreams*. London: Duke University Press.

McCauley, Lucy(ed.)(2008). *The Best Women's Travel Writing 2008: True Stories from Around the World*. California: Travelers' Tales.

Middleton, Dorothy(1993). *Victorian Lady Travelers*. Chicago: Academy Chicago Publishers.

Phillips, Joan L.(2002). "The Beach Boy of Barbados: Post-Colonial Entrepreneurs," In Susanne Thorbek & Bandana Pattanaik(eds.), *Transnational Prostitution: Changing Patterns in a Global Context* London: Zed Books. pp. 42-55.

Selänniemi, Tom(2002). "Couples on Holiday: (En)gendered or Endangered Experiences?" In Margaret B. Swain & Janet H. Momsen(eds.), *Gender/Tourism/Fun?* NY: Cognizant Communication Corp. pp. 15-23.

Siegel, Kristi(2004). *Gender, Genre, and Identity in Women's Travel Writing*. NY: Peter Lang Publishing.

Timothy, Dallen J.(2001). "Gender Relations in Tourism: Revisiting Patriarchy and Underdevelopment," In

Yorghos Apostolopoulos, Sevil F. Sonmez & Dallen J. Timothy(eds.), *Women as Producers and Consumers of Tourism in Developing Regions* Westport, CT: Praeger. pp. 235-248.

Tucker, Hazel(1997). “The Ideal Village: Interactions through Tourism in Central Anatolia,” In Simone Abram, Jackie D. Waldren and Don Macleod(eds.), *Tourism and Tourist: Identifying with People and Places.* Oxford: Berg Publishers. pp. 107-128

日文

赤坂憲雄（二〇〇六）。『イザベラ・バードの会津紀行』。三島町（福島）：奥会津書房。

加納孝代（一九九六）。「イザベラ・バード『日本奥地紀行』：十九世紀最大の女性旅行家」，『国文学解釈と鑑賞』，六〇（三）：一一四—一二三。

加納孝代（一九八七）。「イザベラ・バード 日本奥地紀行」，佐伯彰一・芳賀徹編，『外国人による日本論の名著：ゴンチャロフからパンゲまで』。東京：中央公論社。

吳月娥（一九九九）。『ある台湾人女性の自分史』。東京：芙蓉書房出版。

須賀敦子（一九九六）。『ユルスナールの靴』。東京：河出書房新社。

シドモア，エリザ・R.著、外崎克久訳（二〇〇二）。『シドモア日本紀行：明治の人力車ツアー』。東京：講談社。

謝雅梅（一九九九）。『台湾人と日本人：日本人に知ってほしいこと』。東京：総合法令出版。

謝雅梅（二〇〇〇）。『日本に恋した台湾人』。東京：総合法令出版。

謝雅梅（二〇〇一）。『新視点「台湾人と日本人」：女子留学生が見た「合わせ鏡」の両国』。東京：小学館。
謝雅梅（二〇〇二）。『いま、日本人に伝えたい台湾と中国のこと』。東京：総合法令出版。
ジョフリー，セオダテ（ウェイマン，ドロシー・G.）著、中西道子訳（一九九八）。『横浜ものがたり』。東京：雄松堂。
ダウナー，L.著、高瀬素子訳（一九九四）。『芭蕉の道ひとり旅：イギリス女性の「おくのほそ道」』。東京：新潮社。
バード，I. L.著、高梨健吉訳（一九七三）。『日本奥地紀行』。東京：平凡社。
哈日杏子著、小島早依訳（二〇〇一）。『哈日杏子のニッポン中毒：日本にハマッた台湾人トーキョー熱烈滞在記』。東京：小学館。
宮本常一（二〇〇二）。『イザベラ・バードの『日本奥地紀行』を読む』。東京：平凡社。
楊素秋（二〇〇三）。『日本人はとても素敵だった：忘れ去られようとしている日本国という名を持っていた台湾人の心象風景』。東京：桜の花出版。

第八章　觀光業原住民女性的勞動身影：太魯閣族解說員對主客互動的詮釋

中文

王嵩山（二〇〇三）。《聚落經濟、國家政策與歷史：一個台灣中部原住民族的例子》。南投市：台灣文獻館。

林玥秀、蕭靜芬（二〇〇七）。〈國際觀光旅館餐廳外場員工遭受性騷擾狀況與其對防制性騷擾措施認知之探討〉，《臺灣觀光學報》，四：一—二五。

金惠雯（二〇〇一）。《編織、部落、夢：原住民婦女手工藝品生產之政治經濟分析》。台北：世新大學社會發展研究所碩士論文。

邱琡雯編（二〇〇一）。〈旅遊、家與父權〉，南華大學社會學研究所，《網路社會學通訊期刊》，第一九期十二月十五日。

——（二〇〇五）。〈旅遊與情慾開發〉，南華大學社會學研究所，《網路社會學通訊期刊》，第四四期一月五日。

——（二〇〇七）。〈台灣女遊書寫下的日本意象〉，南華大學社會學研究所，《網路社會學通訊期刊》，第六二期四月十五日。

邱琡雯（二〇〇六）。〈解構1990年代之後日本女遊書寫下的台灣意象：過剩與闕如〉，南華大學亞太研究所《亞太研究通訊》，四：七—四一。
周華山（二〇〇一）。《無父無夫的國度？：重女不輕男的母系摩梭》。香港：正港資訊。
周慧玲（二〇〇二）。〈田野書寫、觀光行爲與傳統再造：印尼峇里與台灣臺東「布農部落」的文化表演比較研究〉，《台灣社會學刊》，二八：七七—一五一。
紀駿傑（一九九八）。〈從觀光原住民到原住民自主的觀光〉，發表於台北中華民國戶外遊憩學會《原住民文化與觀光休閒發展研討會論文集》，頁二一—三六。
郭孟佳（二〇〇四）。〈公主變女傭：觀光發展下的烏來泰雅族女性〉。台北：世新大學社會發展研究所碩士論文。
張家銘（二〇〇一）。〈解說員最常面臨的考驗、困境與調適、化解之道〉，《博物館學季刊》，一五（四）：一〇一—一一五。
張明洵、林玥秀（二〇〇五）。《解說概論》。台北：揚智。
梁莉芳（二〇〇一）。《召回我們的力量：一個阿美族部落舞團女性的生命經驗》。花蓮：花蓮師範學院多元文化教育研究所碩士論文。
游登良編（一九九八）。《太魯閣國家公園解說員手冊》。花蓮縣：內政部營建署太魯閣國家公園管理處。
黃國超（二〇〇三）。〈原住民觀光與社區自主權：泰雅族鎮西堡部落發展生態旅遊之研究〉，《原住民教育季刊》，三一：二七—四四。
黃鵬仁（一九九五）。《族群性別的政治經濟學考察：一個北部泰雅女性的生命史研究》。台北：政治大學民族學研究所碩士論文。

趙韻婷（二〇〇四）。《與自然相愛：一個解說員生命經驗的吉光片羽》。台北：台灣師範大學社會教育研究所碩士論文。

蔣文鵑（二〇〇一）。《傳承、變奏與斷裂：以當代太魯閣族女性之織布文化為例》。花蓮：東華大學族群關係與文化研究所碩士論文。

蔡文輝（一九九四）。《社會學理論》。台北：三民。

賴美麗（二〇〇四）。《太魯閣國家公園原住民員工對其職場角色的認同與衝突之探討》。花蓮：東華大學族群關係與文化研究所碩士論文。

劉可強、王應棠（一九九八）。〈觀光產業對原住民文化的衝擊與對策芻議：社區自主的觀點〉，發表於台北中華民國戶外遊憩學會《原住民文化與觀光休閒發展研討會論文集》，頁三七—五二。

蕭文君（二〇〇七）。《勞動假期主客衝突之研究：以2006年南華生態工作假期為例》。台北：中國文化大學觀光事業研究所碩士論文。

謝世忠（一九九四）。《山胞觀光：當代山地文化展現的人類學詮釋》。台北：自立晚報社。

——（二〇〇四）。《族群人類學的宏觀探索：台灣原住民論集》。台北：台大出版中心。

Grinder, Alison & McCoy, E. Sue著，閻蕙群譯（二〇〇六）。《如何培養優秀的導覽員》（*The Good Guide: A Sourcebook for Interpreters, Docents Tour Guides*）。台北：五觀藝術。

英文

Abram, S. & Waldren, J.(1997). "Introduction," In S. Abram, J. Waldren & D. Macleod(eds.) *Tourists and tourism: Identifying with people and places* , London: Berg Publishers. pp.1-11.

Berno, T. & Jones, T.(2001). "Power, women and tourism development in the South Pacific," In Y. Apostolopoulos, Sevil F. Sonmez & Dallen J. Timothy(eds.). *Women as producers and consumers of tourism in developing regions*, NY: Greenwood Press. pp. 93-103 .

Chant, S.(1997). "Gender and tourism employment in Mexico and Philippines," In M.T. Sinclair(ed.). *Gender, work and tourism*. London and New York: Routledge. pp.120-179.

Cohen, E.(1996). *Thai tourism, hill tribes and open-ended prostitution*. Bangkok: White Lotus.

Halliday, F.(1998) "Gender and IR: Progress, backlash, and prospect," *Millennium*, (27)4: 833-846.

Hart, A.(1998) *Buying and selling power: Anthropological reflections on prostitution in Spain*. Oxford: Westview Press.

Hochschild, Arlie R.(1983). *The managed heart: commercialization of human feeling*. Berkeley: University of California Press.

Kinnaird, V., Kothari, U. & Hall, D.(1994). "Tourism: Gender perspectives," In V. Kinnaird & D. Hall(eds.) *Tourism: A gender analysis*, Chichester: John Wiley. pp.1-34.

Long, V.H. & Kindon, S.L.(1997). "Gender and tourism development in Balinese village," In M.T.

Sinclair(ed.). *Gender, work and tourism*. London and New York: Routledge. pp.91-119.

Momsen, J.H.(2002). "Conclusion," In M.B. Swain & J.H. Momsen(eds.). *Gender/Tourism/Fun*. NY: Cognizant Communication. pp.151-153.

Phillip, J. & Dan, G.(1998). "Bar girls in central Bangkok: Prostitution as entrepreneurship," In M. Oppermann(ed.) *Sex tourism and prostitution: Aspects of leisure, recreation, and work*. NY: Cognizant Communication. pp. 60-71.

Pruitt, D. & Lafont, S.(1995). "For love and money: Romance tourism in Jamaica," *Annals of tourism research*, (22): 422-440.

Ryan, C.(2000). "Sex tourism: Paradigm and confusion," In S. Clift & S. Carter(eds.), *Tourism and sex: Culture, commerce and coercion*. London: Cassell. pp.23-41.

Scott, J.(1997). "Changes and choices: Women and tourism in northern Cyprus," In M.T. Sinclair(ed.) *Gender, work and tourism*, London and New York: Routledge. pp.60-90.

Sinclair, M.T.(ed.)(1997a). "Issues and theories of gender and work in tourism," In M.T. Sinclair(ed.) *Gender, work and tourism*. London and New York: Routledge. pp.1-15.

———(1997b). "Gendered work in tourism: Comparative perspectives," In M.T. Sinclair(ed.) *Gender, work and tourism*. London and New York: Routledge. pp.1-15.

Swain, M.B. & Momsen, J.H.(2001). *Gender/Tourism/Fun. Elmsford*, NY: Cognizant Communication .

Tadiar, Neferti Xina M.(1998). "Sexual economies in the Asia-Pacific community," In A. Dirkik (ed.) *What's in a rim*. Lanham: Rowman & Littlefield. pp. 183-210.

日文

石森秀三・安福恵美子編（二〇〇三）。国立民族学博物館調査報告『Senri Ethnological Reports 37 観光とジェンダー』。

市野沢潤平（二〇〇三）。『ゴーゴーバーの経営人類学：バンコク中心部におけるセックスツーリズムに関する微視的研究』。東京：めこん出版社。

太田好信（一九九九）。『トランスポジションの思想：文化人類学の再想像』。京都：世界思想社。

萩原なつ子（一九九四）。「観光開発と女性：マレーシア・ペナン島における事例調査から」，原ひろ子・大沢眞理・丸山眞人・山本泰編，『ライブラリ相関社会科学2：ジェンダー』。頁三九六―四〇四。東京：サイエンス社。

永渕康之（一九九八）。『バリ島』。東京：講談社。

安福恵美子（一九九六a）。「観光がアジアの女性に与えたインパクト：タイの事例から」，『旅の文化研究所研究報告』，四：三一―四一。

――（一九九六b）。「観光と買売春：東南アジアを中心に」，石森秀三編，『観光の20世紀』。頁一七三―一九一。東京：ドメス出版。

――（二〇〇五）。「観光とジェンダー研究」，江口信清編，『総合的現象としての観光』。頁一〇三—一一九。京都：晃洋書房。

安村克己（一九九六a）。「観光社会学の現状と課題」，『社会学評論』，一四七(三)：四八—五九。

——（一九九六b）。「観光の不均衡問題とエスニックツーリズム運営の「格率」：ホストによる文化創造の可能性」，前田勇編，『現代観光学の展開』。頁四五—六四。東京：学文社。

山下晋司（一九九九）。『バリ観光人類学のレッスン』。東京：東京大学出版。

各章原始出處

第一章

〈離返與性別規範：一九六〇至一九七〇年代沖繩諸島的台灣女工〉，《思與言》，二〇一一年第四十九卷，第三期，頁一六七—二一八(NSC 98-2410-H-343-022-MY2)。

第二章

〈一九六〇至七〇年代沖繩諸島台灣女工的多元身影：「東方主義的再思考」〉，中研院亞太區域研究專題中心《亞太研究論壇》，二〇一一年十二月號第五十四期，頁一一—九四(NSC 98-2410-H-343-022-MY2)。

第三章

〈展演與認同：台北縣市國小多元文化週的女性移民〉，施慧玲主編，《婚姻移民人權之理論與實務》，台北：五南出版社，二〇一二年，頁一四五—一七〇（NSC 97-2410-H-343-026）。

第四章

〈國際理解教育與女性移民的社會參與：從日常生活的歧視經驗出發〉，南華大學教育社會學研究所，《教育與社會研究》，二〇〇八年十二月號，第十六期，頁六三—一〇三。

第五章

〈「移民區病理 vs. 網絡集結點」的衝突與克服：以在台越南女性的店家爲例〉，南華大學教育社會學研究所，《教育與社會研究》，二〇〇七年六月號，第十三期，頁九五—一二〇。

第六章

〈解構一九九〇年代之後日本女遊書寫下的台灣意象：過剩與闕如〉，南華大學亞太研究所，《亞太研究通訊》，二〇〇六年七月號，第四期，頁七—四一。

第七章

〈過猶不及：解構千禧年後台灣女遊書寫下的日本意象〉，《思與言》，二〇一〇年第四十八卷，第二期，頁一五九—二一〇（NSC 96-2412-H-343-002）。

第八章

〈觀光業原住民女性的勞動身影：解說員對主客互動的詮釋〉，《思與言》，二〇〇八年第四十六卷，第二期，頁八七—一三二（NSC 95-2412-H-343-003）。

台灣與東亞

出外：台日跨國女性的離返經驗

2013年9月初版　　定價：新臺幣450元
2018年3月初版第二刷

著　　者　邱琡雯
叢書主編　沙淑芬
校　　對　吳美滿
封面設計　沈佳德

出版者　聯經出版事業股份有限公司
地址　新北市汐止區大同路一段369號1樓
編輯部地址　新北市汐止區大同路一段369號1樓
叢書主編電話　(02)86925588轉5310
台北聯經書房　台北市新生南路三段94號
電話　(02)23620308
台中分公司　台中市北區崇德路一段198號
暨門市電話　(04)22312023
郵政劃撥帳戶第0100559-3號
郵撥電話　(02)23620308
印刷者　世和印製企業有限公司
總經銷　聯合發行股份有限公司
發行所　新北市新店區寶橋路235巷6弄6號2F
電話　(02)29178022

總編輯　胡金倫
總經理　陳芝宇
社　長　羅國俊
發行人　林載爵

行政院新聞局出版事業登記證局版臺業字第0130號

本書如有缺頁，破損，倒裝請寄回台北聯經書房更換。　ISBN 978-957-08-4250-0 (平裝)
聯經網址 http://www.linkingbooks.com.tw
電子信箱 e-mail:linking@udngroup.com

國家圖書館出版品預行編目資料

出外：台日跨國女性的離返經驗/邱琡雯著．
初版．新北市．聯經．2013.09
424面；14.8×21公分．(台灣與東亞)
ISBN 978-957-08-4250-0（平裝）
[2018年3月初版第二刷]

1.女性　2.性別研究　3.台灣　4.日本

544.5933　　102015698